MEERESFISCHE

MEERESFISCHE		DM	
Autor – Titel			
3-7684-2940-7 ISBN	Einb.	1. Aufl.	Bd.
Reihe u. ä.			
Werner Dausien 63 403 Hanau/Main Verlag		11 208 Verkehrs-Nr.	

BUCHLAUFKARTE

Meeresfische

Text von S. Frank

Illustrationen von L. und J. Knotek

Werner Dausien · Hanau

MEERESFISCHE

Text von Stanislav Frank
Deutsch von Heinz Koblischke
Illustrationen von Jaromír Knotek und Libuše Knotková
Graphische Gestaltung von Jaromír Knotek

VERLAG WERNER DAUSIEN • HANAU
ISBN 3-7684-2940-7
3/15/35/52-01

Inhalt

Einführung

Meeresfische sind die ersten Wirbeltiere, die sich in den Urmeeren unseres Planeten entwickelt haben. Bekannt sind sie aus fast 500 Millionen Jahre alten fossilen Funden. Diese ersten Fische der Klasse Schalenhäuter (*Ostracodermi*), des Unterstammes Schädeltiere (*Craniata*) und der Überklasse Kieferlose (*Agnatha*) waren klein, ihr Körper war mit einem Panzer aus Knochenplatten bedeckt und sie ernährten sich von Algen, kleinen wirbellosen Tieren und Schleimorganismen am Boden der Meere und Seen. Es fehlten ihnen Kiefer und meist auch die paarigen Flossen, wie sie für die Fische von heute charakteristisch sind. Dennoch waren bei einigen zumindest Brustflossen entwickelt. Die meisten gemeinsamen Merkmale hatten sie mit den heutigen Neunaugen (*Petromyzoniformes*) und Ingern (*Myxiniformes*), die eher Würmern ähneln als Fischen. Die Vertreter der Ordnung *Cephalaspidiformes* hatten seitlich am Kopf paarige elektrische Organe.

Die ersten Kieferfische oder Kiefermäuler der Überklasse *Gnathostomata* mit paarigen Flossen wurden in viel jüngeren, kaum 440 Millionen Jahre alten fossilen Schichten (im Untersilur) gefunden und gehören zur Klasse der Acanthodier (*Acanthodii*). Manche Arten, z.B. der Ordnung *Climatiiformes*, hatten an den Körperseiten eine größere Anzahl paariger Flossen, während die rezenten Fische nur je ein Paar Brust- und Bauchflossen haben. Die ziemlich bizarren Vertreter der Klassen *Pterichthyes, Coccostei* und *Acanthodii* hatten einen Gehirnschädel (Neurocranium) aus dünnen Knochen, die aus Knorpel und teilweise aus Haut entstanden waren; den Körper bedeckten rautenförmige Schuppen aus dentin- und ganoinüberzogenem Knochengewebe. Sie lebten am Grunde der Gewässer, und ihre räuberischen Arten erreichten Längen bis zu 10 m. Ganze 100 Millionen Jahre lang beherrschten sie die damaligen Ozeane, ehe sie von drei evolutionsmäßig jüngeren, fortgeschritteneren Gruppen ersetzt wurden: der Klasse Plattenkiemer (*Elasmobranchii*) – Haie und Rochen, der Klasse Seedrachen oder Chimären (*Holocephali*) und der Klasse der Knochen- oder Höheren Fische (*Osteichthyes*, syn. *Teleostomi*), die teilweise bis in unsere Tage hinein überlebt haben. Haie und Rochen verbrachten ihre ganze Evolution im Salzwasser, zum Unterschied von den Knochenfischen, die sich im Süßwasser entwickelten und später nach und nach teilweise ins Salzwasser zurückkehrten. Die Haie schweben im Wasser dank einer großen Menge Leichtöl in ihren Körpergeweben, während den Knochenfischen eine gasgefüllte Blase das Schwimmen erleichtert.

Die Unterklassen Quastenflosser (*Crossopterygii*), Strahlenflosser (*Actinopterygii*) und Knorpelganoiden oder Störartige (*Chondrostei*) haben mit unzähligen Vertretern bis heute überlebt. Seit Mitte der Kreidezeit – ungefähr in den letzten 100 Millionen Jahren – hat die Unterklasse der Echten Knochenfische (*Teleostei*) ihre höchste Entfaltung mit einem unermeßlichen Artenreichtum und einer riesigen Vielfalt der Formen und Farben erfahren und in allen Gewässern eine dominante Stellung erlangt.

Der Lebensraum der Fische

Von den äußeren physikalischen und chemischen Faktoren, die auf die Fische einwirken, sind die wichtigsten der Salzgehalt, die Wassertemperatur, der pH-Wert, der Sauerstoffgehalt, der Druck, die Tiefe, das Licht, die Größe des Wasserraums, die Strömung und ihre Richtung, die Wellenbewegung, der Einfluß von Ebbe und Flut sowie die Erdanziehung oder Gravitation. Jeder dieser Faktoren beeinflußt mehr oder weniger direkt die Existenz der Fische oder zumindest ihr Verhalten, die Bildung von Schwärmen, den Zeitpunkt einer intensiven Wanderung usw. Die Kenntnis dieser Faktoren ist von theoretischer und praktischer Bedeutung für die wirtschaftliche Nutzung des Fischfangs.

Der Salzgehalt des Wassers

Einige Fische leben ständig im Süß-, andere im Salzwasser. Für manche ist die eine dieser Umweltbedingungen die vorherrschende und die andere nur eine zeitweilige. Es gibt aber auch Arten, regelmäßig zwischen Salz- und Süßwasser wechseln bzw. ständig in Brackgewässern (Mischung von Salz- und Süßwasser) leben können, z.B. in Flußmündungen. Der durchschnittliche Salzgehalt (sog. Salinität) von Meerwasser beträgt 3,5 %. Fische, die große Schwankungen in der Salzkonzentration des Wassers vertragen, sind euryhalin, Arten hingegen, die nur an das Leben innerhalb bestimmter, oft sehr enger Grenzen im Salzgehalt angepaßt sind, stenohalin. Zur Laichzeit ziehen die Fische oftmals in Schwärmen an die Küste und halten sich eine Zeitlang in Gewässern mit einer viel geringeren Dichte auf – oder aber dringen in Tiefen mit einer größeren Wasserdichte vor.

Die Wassertemperatur

Jede Art hat ihr Optimum an Wassertemperatur – in der Jugend wie im Reifealter. Von der Wassertemperatur hängt die Dauer der Fischembryonenentwicklung ab, sie hat Einfluß auf die Anzahl der Wirbel, auf die Anzahl der Flossenstrahlen und der Schuppen in der Seitenlinie. Eine höhere Temperatur beschleunigt das Wachstum und die Geschlechtsreife der Fische. Manche Meeresarten hingegen suchen zur Fortpflanzung kalte Gewässer auf: die im Atlantik lebenden Dorsche laichen bei einer Temperatur um 4°C, in einigen Buchten sogar um 0°C. Fische mit einer großen Wärmeanpassungsfähigkeit heißen eurytherm und Arten, die nur geringe Temperaturschwankungen vertragen, stenotherm. Zu den stenothermen Fischen gehören die Höhlenformen und vor allem die Bewohner der Polarmeere – schon unmerkliche Temperaturveränderungen können bei ihnen den Tod hervorrufen. Aus diesen Gründen kommt es bei den Ziegelfischen (*Lopholatilus chamaeleonticeps*), die in den Tiefen der warmen Golfstromschichten an den Küsten Nordamerikas leben, bei einer plötzlichen Abkühlung durch den Zustrom kalter arktischer Gewässer zu einem Massensterben. An den Küsten Japans wiederum halten sich Tiefseelebensformen nur 50–100 m unter dem Meeresspiegel in kalten Strömungen auf. Nach der Temperatur und dem Salzgehalt des Wassers läßt sich oftmals auch die Verbreitung der einzelnen Fischarten feststellen. Pelagische Fische, die ständig auf offener See an der Oberfläche leben, halten sich häufig an Stellen mit jäher Temperaturveränderung, einem sog. Temperatursprung auf. Der Gold- oder Rotbarsch (*Sebastes norvegicus*) ist in den wärmeren Tiefenschichten des Golfstroms häufiger anzutreffen als die dortigen Dorschfische. Am Meeresgrund verspätet sich der „hydrobiologische Sommer“ gegenüber dem Wasserspiegel, und daher sind am Boden oftmals andere Fischarten verbreitet als in den oberen Wasserschichten. Eine optimale Wassertemperatur bewirkt im Fischorganismus höchste Aktivität, während ein übermäßiges Absinken der Temperatur zu einem lethargischen Zustand, einem Winterschlaf führen kann, ebenso wie eine übermäßige Erwärmung zu einem Sommerschlaf. Mit den äußeren Lebensbedingungen, vor allem mit der Temperatur und dem pH-Wert des Wassers, hängen auch die jährlichen Fischwanderungen – besonders die der Süßwasserarten – zusammen. Der pH-Wert des Meereswassers ist viel stabiler und weist keine größeren Schwankungen auf.

Druck, Tiefe und Licht

Die in den Tiefen der Ozeane lebenden Fische sind einem gewaltigen Druck ausgesetzt. Das Eindringen von Licht hängt von der Färbung und Sauberkeit des Wassers ab. Nach der Intensität der Beleuchtung wird die Wassersäule in drei Zonen eingeteilt. Die obere Schicht bis zu einer Tiefe von 80 m, die maximal beleuchtet und reich an Phytoplankton und Pflanzenwuchs ist, heißt euphotisch, d.h. lichtreich. In der zweiten, disphotischen Zone von 80–350/400 m mit geringer Beleuchtung nehmen mit wachsender Tiefe die pflanzlichen Organismen ab, nur Kieselalgen (*Diatomaceae*) gedeihen noch dort, während die dritte, die aphotische (lichtlose) Zone in einer Tiefe unter 400 m in ewige Dunkelheit gehüllt ist; Pflanzen gibt es hier nicht mehr.

Die genaue Beachtung der Lichtverhältnisse hat z.B. bei den Heringszügen praktische wirtschaftliche Bedeutung. Früh am Morgen wandern die Heringe nämlich in östlicher und abends in westlicher Richtung, so daß zu verschiedenen Tageszeiten an verschiedenen Stellen gefischt wird. Bei schwachem Mondschein, in bewölkten Nächten und in der Morgendämmerung versammeln sie sich dicht unter der Wasseroberfläche, nur 30 cm tief. Bei prallem Sonnenlicht steigen sie etwa 3 m hinab, größere Exemplare noch tiefer. Die Verbreitung der Fische in bestimmten Zonen hängt eng mit den erwähnten Faktoren zusammen. Die meisten leben in Küstennähe und in der litoralen Zone. Alle Fische sind ein Bestandteil von Biozönosen, der Lebensgemeinschaften von Tieren und Pflanzen. Die Korallenfische beispielsweise gehören zur sog. Biozönose der Korallenriffe, einer sehr ausgeprägten und streng abgegrenzten Gemeinschaft. Die Gliederung der Fische nach Zonen ist – mit geringen Abweichungen – im Süß- und im Salzwasser, in Seen und Meeren analog: Knapp an den Ufern befindet sich die seichte litorale und etwas weiter weg die sublitorale Zone. Im freien Wasser großer Seen und auf dem offenen Meer erstreckt sich die pelagische Zone. Bathypelagisch ist das freie Tiefenwasser, die abyssale Zone ist der Meeres- bzw. Seegrund in Tiefen unter 2400 m. Alle Zonen haben ihre charakteristischen Tier- und Pflanzenarten. Fische fängt man im Meer intensiv in einer relativ seichten Wasserschicht. Im Pazifik stellen z.B. solche zum Fischfang geeigneten Gewässer nur ungefähr 8 % seiner Gesamtfläche dar. Die litoralen und sublitoralen Fische sind gewöhnlich eurytherm und euryhalin. In der Brandungszone lebende Arten haben – wie etwa die Grundeln (*Gobius*) – oft eine Haftscheibe (Saugplatte), die aus zusammengewachsenen Bauchflossen gebildet wird. Die Küsten- und pelagischen Formen der Fische bevölkern gewöhnlich die Oberflächengewässer, steigen nur selten in größere Tiefen als 400–500 m hinab.

Wellenbewegung, Ebbe und Flut, Erdanziehung

Gewöhnlich versuchen die Fische, gegen die Strömung zu schwimmen (sog. positive Rheotaxis). Das gilt vor allem für die Flußbewohner, die sich mit ihrem Gesichtssinn orientieren. Die Wellenbewegung hat oft eine ungünstige Auswirkung auf bestimmte Entwicklungsstadien des Laichs, z.B. bei Dorsch- und Plattfischen, denn bei starkem Wellenschlag gehen ihre Eigelege zugrunde. Fische mit einem hohen Sauerstoffbedarf, beispielsweise Schleimfische (*Blennius, Salaria*) und Grundeln (*Gobius*), leben aber speziell in der Brandungszone, wo sie am besten gedeihen.

Der Einfluß der Gezeiten kann für einige Arten nachteilig sein, da ihr Laich bei Ebbe vertrocknet. Andere Arten wiederum legen ihre Eier gerade während der höchsten Flut auf Pflanzen ab, so daß ihre weitere Entwicklung später teilweise außerhalb des Wassers vor sich geht, beispielsweise der Hechtling *Austrocobitis attenuatus* aus der Familie *Galaxiidae*, der bei maximaler Flut laicht; seine Embryonen entwickeln sich dann in der Eihülle rund 14 Tage lang zeitweilig in nur feuchter Umgebung.

Positive Geotaxis ist die Bewegung der Fische in Richtung auf die Wirkung der Schwerkraft – der Erdanziehung (Gravitation). Sie zeigt sich hauptsächlich bei Jungtieren, die im Meer bei abfallendem Grund oft in die Tiefe wandern, während die erwachsenen Fische in Küstennähe zurückschwimmen.

Färbung

Das farbliche Äußere verleihen den Fischen die Pigmentzellen, sog. Chromatophoren, die in der Haut und in verschiedenen Körperorganen vorkommen. Häufig ändert sich die Färbung nicht nur mit dem Alter, sondern auch von Geschlecht zu Geschlecht und in der Zeit der Fortpflanzung; Unterschiede gibt es weiterhin zwischen der Tages- und der Nachtfärbung. Allerdings läßt die Buntheit aller Fische mit ihrem Wachstum und Älterwerden nach, sie verblaßt oder verschwimmt zu Grau- bis Schwarztönen. Die Färbung ändert sich allmählich, teilweise auch rasch – innerhalb weniger Sekunden – bei Erregung oder einem Stimmungswechsel des Tieres. Und sie ändert sich in Abhängigkeit von der Intensität der Beleuchtung und vom Untergrund, auf dem der Fisch sich gerade befindet: Je mehr Licht auf ihn fällt und je heller der Untergrund ist, desto heller ist auch er. Im Schatten dagegen und auf dunklem Untergrund dunkelt der Fisch ebenfalls.

Höhlenarten sind gewöhnlich fleischrot oder gelblich gefärbt, da ihnen Pigmentzellen ganz oder teilweise fehlen. Tiefseefische sollten also auch farblos sein, sind in Wirklichkeit aber dunkelbraun oder schwarz, wie z.B. *Holosaurus*. Einige Gattungen, beispielweise *Macrurus* und *Bathydraco*, sind am Rücken heller, andere sogar bunt gefärbt, wie *Bathysaurus* und *Chlorophthalmus,* was als eine unvollkommene Anpassung an das Leben in der Tiefe angesehen wird. Nur ganz wenige Tiefseefische sind silberweiß, etwa die Vertreter der Gattungen *Sternoptyx* und *Argyropelecus,* oder violett wie *Alepocephalus niger*.

Durchscheinend, transparent und farblos sind nur einige Arten der Familie Ölfische (*Commephoridae*), von denen die Vertreter der Gattung *Anoplopoma* im Pazifik von den Aleuten bis nach Kalifornien verbreitet sind.

Leuchtorgane

In der Haut einiger Fischarten haben sich Photophoren („Lichtträger“) entwickelt, die zu Leuchtorganen gruppiert sind, in denen der untere Teil der Lederhaut eine Pigmentisolierung und Rückstrahlfläche – einen Reflektor – bildet. Ihre Form und die Verteilung am Körper der Tiere sind unterschiedlich. Einige Fische haben die Leuchtorgane am Ende der verschiedenen Körperauswüchse und Flossenstrahlen, wie z.B. die Fische der Gattung *Idiacanthus*, andere haben lumineszierende Stellen an den Bartfäden, wie wir sie bei der Familie *Stomiatidae* kennen, oder an den Kiemendeckeln, etwa bei der Gattung *Bathylychnus.* Zu den Fischen mit Leuchtorganen in der Nähe der Augen gehört der *Malacosteus.* Bei vielen sind diese Organe an verschiedenen Körperteilen symmetrisch oder asymmetrisch angeordnet. Bei den Seeteufeln (*Lophius*) sitzen sie an den Angelköder (Illicium) genannten strahlenförmigen Ausläufern der Rückenflosse und dienen zum Anlocken der

Beute. Oft finden wir sie bei bathypelagischen Arten, während sie bei benthischen (d.h. am Meeresboden vorkommenden) fehlen. Fische in der Nähe der Küste oder zwischen Korallen lumineszieren nur ausnahmsweise, z.B. die Gattungen *Anomalops* und *Photoblepharon.* Von den mehreren hundert Arten leuchtender Fische leben die meisten in mäßigen Tiefen, im Halbdunkel, d.h. ungefähr bis 400 m tief. Die Leuchtorgane haben auch eine Signalbedeutung, denn die Färbung der in erhellten Gewässern beheimateten Tiere ist – ähnlich wie ihre lumineszierende Zeichnung in dunklen Tiefen – wichtig für die Orientierung der Exemplare derselben Art untereinander.

Schuppen-Drachenfische (*Stomias*), Viperfische (*Chauliodus*) und viele andere Gattungen, wie *Melanostomias, Astronesthes, Grammatostomias, Photonectes* und *Malacosteus* haben an den Kiefern kräftige Zähne. Die bis 30 cm langen Viperfische wurden im Pazifik und Atlantik in Tiefen unter 5000 m gefangen. Sie haben große Augen und gewaltige Kippzähne, um das Maul überhaupt schließen zu können. Die Leuchtorgane sind in zwei Reihen an den Bauchseiten und am Kopf angeordnet. Die Schuppen-Drachenfische tragen ihre Leuchtorgane in einer Reihe am Bauch und Kopf, und sie leben in einer Tiefe um 2000 m.

Aus dem Indischen Ozean ist in einer Tiefe von etwa 900 m der Weichrippenfisch (*Malacosteus indicus*) mit niedrigem Körper bekannt, im Unterschied zum hochrückigen, nur ungefähr 8 cm langen Silberbeil (*Argyropelecus*) oder dem noch kleineren Beilbauch (*Sternoptyx*), der kaum 5 cm erreicht und in Schwärmen an der Oberfläche beider Weltozeane lebt.

Albinismus, Xanthorismus, Melanismus

Bei der Entstehung von Mutanten – Individuen mit abweichenden erblichen Merkmalen und Eigenschaften – kommt es mitunter zu Defekten, z.B. Albinismus, Xanthorismus und Melanismus. Albinotischen Fischen fehlen die Hautpigmentzellen, und ihre Augen sind rot. Xanthorische Tiere wiederum haben gelbe Farbstoffe im Körper und lediglich schwarze Augen. Helle Fische aber fallen in der freien Natur auf und werden leicht die Beute von Räubern. Statt fehlender Hautpigmente können aber auch zu viele vorhanden sein. Beispielsweise kann die Konzentration von schwarzem Farbstoff in den Melanophoren so groß sein, daß die betroffenen Körperteile zerfallen oder sich Melanome bilden, an denen die Fische zugrundegehen.

Farbwechsel

Färbung und Farbwechsel sind für das Leben der Fische sehr wichtig. Oftmals wird eine Schutzfärbung entwickelt – die Fische passen sich dem Untergrund oder dem Milieu, in dem sie leben, an, um der Aufmerksamkeit von Feinden zu entgehen, oder sie imitieren gefürchtete Fischarten. Am häufigsten verschmelzen sie in Farbe und Gestalt mit der Umgebung. Die Kaspische Seenadel *Syngnathus nigrolineatus caspius* beispielsweise lebt im Seegrasbewuchs der Gattung *Zostera* und ist vollkommen unauffällig. Der australische Große Fetzenfisch (*Phyllopteryx eques*) kann mit seinem fransenförmigen Körper inmitten der Teppiche aus Meeresalgen, zwischen denen er sich heimisch fühlt, kaum gesehen werden. Auch Bodenbewohner wie Drachenköpfe (*Scorpaena*), Steinfische (*Synanceja*), Plattfische u.a. passen sich in ihrer Färbung dem Untergrund an, auf dem sie sich gerade aufhalten. Sogar ganz durchsichtige pelagisch lebende Formen verschmelzen mit der Umgebung, z.B. die Larven von Heringen, Stinten und Aalen. Die erwachsenen Meeresgrundeln der Gattungen *Crystalogobius* und *Aphya* leben pelagisch und sind ganz durchsichtig.

Im Süß-, Brack- und Salzwasser des Indischen Ozeans und bei den Philippinen finden sich die kleinen Exemplare der Familien *Neostethidae* und *Phallostethidae* in gewaltigen Schwärmen, und sie sind so durchsichtig, daß nur ihre dunkelpigmentierten Augen auf sie aufmerksam machen. Im tropischen Indischen Ozean und im australischen Bereich des Pazifiks leben die ganz durchscheinenden Lanzenfische der Familie *Kraemeriidae*. Die Meere rund um die Antarktis bewohnen die halbdurchsichtigen Eisfische der Familie *Chaenichthyidae*, deren Blut keine roten Blutkörperchen enthält.

Mimese

Einige Anpassungen an die Umgebung durch Farbe und Körperform (Mimese) sind sehr attraktiv. So verschmilzt z.B. der Sargassofisch (*Histrio histrio*) dank seiner Körperanhängsel und Färbung ganz mit dem Milieu, in dem er lebt, denn diese flachen, blattförmigen Anhängsel mit weißen Flecken imitieren frappant die Schneckenschalen der Gattung *Spirorbis*, von denen es auf dem treibenden Tang der Sargassosee eine riesige Menge gibt. In ähnlicher Weise ahmt die Grasnadel (*Syngnathus typhle*) die Blätter einer Wasserpflanze der Gattung *Posidonia* mit Kalkinkrustationen nach. Bemerkenswert sind auch die Arten *Chirolophius naresi* und *Emmydrichthys vulcanus*, die sich zwischen den schwarzen Lavatrümmern an der Küste Tahitis aufhalten und ihnen in Form und Farbe ähneln. Der Fühlerfisch *Antennarius sanguifluus* imitiert mit schwarzen Flecken die Korallen um sich herum, und der Feilenfisch *Monacanthus*, aus dessen erster Rückenflosse sich nur ein einziger Strahl erhalten hat, entgeht ganz der Aufmerksamkeit anderer, wenn er kopfüber zwischen den Korallenästen steht und mit seinen Flossen vibriert.

Die Lautorgane der Fische

Die Fische geben mit Hilfe ihrer gasgefüllten Schwimmblase, durch Reiben bestimmter Knochen aneinander, bei den Atembewegungen und auf andere Art und Weise Laute von sich. Durch Reiben der Flossenstützknochen (Flossenstrahlenträger) an den Knochen des Becken- bzw. Schultergürtels erzeugen die Welse der Gattungen *Doras* und *Amblydoras*, die Drückerfische der Gattung *Balistes* und die Schnepfenmesserfische der Gattungen *Centriscus* und *Aeoliscus* Töne. Einige Umberfische (*Sciaenidae*) geben Laute mit Hilfe der Schwimmblase von sich, aus der sie Gas in zusätzliche Kammern (Säcke) drücken. Der Trommelfisch (*Pogonias chromis*), der 150 cm lang wird, bringt hauptsächlich während der Laichzeit Töne hervor. Auch der Adlerfisch (*Johnius hololepidotus*) macht zur Zeit der Fortpflanzung durch Trommeln, Kollern oder Schnarren auf sich aufmerksam und ist aus einer Tiefe von 30–50 m ziemlich weit zu hören. Die Froschfische der Familie *Batrachoididae* bringen mit ihrer durch eine Längswand geteilte Schwimmblase ebenfalls Töne hervor, und die Knurrhähne (*Triglidae*) geben sogar außerhalb des Wassers knurrende oder grunzende Laute aus der Schwimmblase von sich. Außer diesen für das menschliche Ohr wahrnehmbaren Lauten erzeugen die Fische noch Niederfrequenztöne, und diese unterscheiden sich während der Brautwerbung, bei den Balz- und Hochzeitsspielen, während der Brutpflege, beim Anblick schmackhafter Nahrung, bei ihrem Ergreifen und Verzehren, und wieder anders sind die Lautäußerungen, wenn der Fisch erschrickt oder einen Warnruf ausstößt.

Elektrische Fische

Die elektrischen Organe der Fische sind aus umgewandeltem quergestreiftem Muskelfleisch gebildet und an verschiedenen Körperstellen angeordnet – entweder seitlich vorn zwischen Kiemen und Brustflossen, wie bei den Elektrischen Rochen der Gattungen *Torpedo* und *Narcine*, an den Seiten wie beim Elektrischen Wels oder im Schwanzteil beim Großen Zitteraal (*Electrophorus electricus*), der die stärksten uns bekannten Schläge mit einer Spannung bis 800 V austeilt. Heftige Entladungen liefern auch die Himmelsgucker der Gattungen *Uranoscopus* und *Astroscopus*. Ihre elektrischen Organe sind ungewöhnlich entstanden, aus Augenmuskeln. Sie alle verwenden die Entladungen zum Fangen von Beutetieren sowie zu ihrer Verteidigung.

Pseudoelektrische Fische

Die elektrischen Entladungen der Eigentlichen Nilhechte (*Mormyridae*) sind schwach und dienen zur Orientierung. Die pseudoelektrischen Fische der Familie Großnilhechte (*Gymnarchidae*) geben unaufhörlich schwache Hochfrequenzentladungen von sich und haben besondere Hautrezeptoren, mit denen sie einen elektrischen Reiz wahrnehmen. Alle diese Fische können leitende von nichtleitenden Gegenständen unterscheiden.

Symbiose, Mutualismus, Kommensalismus

Die Symbiose tritt in zwei Formen auf: als Mutualismus, d.h. als Zusammenleben zweier Arten, das für beide beteiligte Seiten vorteilhaft ist, und als Kommensalismus („Tischgemeinschaft", also Mitessertum), wenn das Zusammenleben nur einem Partner Vorteile bringt, ohne daß der andere geschädigt wird; beim Parasitismus dagegen lebt die eine Art am oder direkt im Körper des Wirtes und bezieht die Nahrung aus seinen Geweben, wobei sie ihn schädigt. Neben diesen ausgeprägten Formen kennen wir viele Übergangstypen eines Zusammenlebens.

Das bekannteste Beispiel von Kommensalismus ist der Lotsenfisch (*Naucrates ductor*), der Haie, Wale und Schiffe begleitet und dabei flink und behende genug ist, sich selber vor den Haien zu schützen. Viel enger noch ist die Beziehung des Schiffshalters (*Echeneis*) zu seinem Wirt (Hai, Wal oder Schiff), dessen Nahrungsabfälle er in erheblichem Maße konsumiert und den er gleichzeitig als Transportmittel benutzt. Das kleine indische Fischlein *Minous inermis* beherbergt an seinem Körper das Hohltier *Stylactis minoi*, das im freien Wasser nie in großen Mengen vorkommt.

Der Eingeweidefisch oder Nadelfisch *Fierasfer vermicularis* versteckt sich in der Kloake der Seewalze (*Holothuria*) – in einer wurden sogar sieben dieser Fischlein gefunden, die den Tag hier überdauerten und nachts auf Jagd loszogen. Auch die Seewalzen des Mittelmeeres, *Stichopus regalis* und *Holothuria tubulosa*, haben einen interessanten Untermieter, den Eingeweidefisch *Fierasfer acus*, der sich als Jungtier von den Geschlechtsdrüsen seines Wirtes ernährt; bei einer übergroßen Reizung stößt die Seewalze dann nicht nur die Fischlein ab, sondern auch ihre eigenen Eingeweide, die sich nach und nach aber wieder regenerieren. Bekannt sind mehr als 10 Arten von Eingeweidefischen, doch nicht alle haben ein gleich leichtes Leben. Der Nadelfisch *Fierasfer bermudensis*, der die Gewässer im westlichen Teil des Atlantischen Ozeans bewohnt, hat die Seewalze *Actinopyga agassizi* als Wirt, und sie wehrt sich gegen das Eindringen von Eingeweidefischen durch giftige Sekrete, die sie manchmal töten. Andere Arten verstecken sich in Seesternen, Manteltieren und Mollusken. In Indischen und Pazifischen Ozean lebt z.B. der nicht wählerische *Carapus homei* in Seewalzen, Mantel- und Weichtieren. Die Gattung *Aponichthys* vor der Küste Floridas verkriecht sich tagsüber in der Mantelhöhle von Mollusken und in Seeschwämmen. Einige Eingeweidefischartige (*Fierasferidae*) im westlichen Teil des Indischen Ozeans leben im Mantelraum der Perlmuschel *Meleagris margaritifera.* Schwimmt ein Fischlein aber unvorsichtigerweise ins Muschelinnere, kann es zwischen Mantel und Kalkschale geraten und geht in diesem Gefängnis zugrunde. Da die Perlmuscheln nicht imstande sind, sich von einem Fremdkörper zu befreien, überziehen sie das ganze Fischlein mit einer Perlmuttschicht. Beweise dafür können in Museen besichtigt werden.

Der Orangeringelfisch (*Amphiprion ocellaris*), ein Korallen- oder Anemonenfisch, sucht Zuflucht in einer großen Seeanemone der Gattung *Heteractis*, „wälzt sich" buchstäblich in ihren Tentankeln und ist gegenüber ihren Nesselzellen unempfindlich. Die aalartigen Fische der Familie Schlangenaale (*Ophichthyidae*) erinnern in Körperform und Färbung an Schlangen. Bekannt sind sie von der Küste Amerikas, vom Golf von Mexiko, Brasilien, von den Galapagosinseln und vom Mittelmeer. Der *Ophichthys bimaculatus* versteckt sich im Kiemenraum großer Rochen. Andere Arten, die über 2 m lang werden, leben ein verborgenes Dasein in Felsspalten.

Parasitismus

In reiner Form sehen wir Parasitismus bei Fischen nur selten. Die Inger fallen tote oder kranke Exemplare an und können großen Schaden bei geschwächten oder in Netzen und Reusen gefangenen Tieren anrichten, wo diese nur eine beschränkte Bewegungsfreiheit haben und nicht entkommen können. Der Japanische Inger (*Bdellostoma burgeri*) attakkiert auch lebende Fische und Sepien. Die Neunaugen saugen sich an den Tieren fest und ernähren sich von ihrem Blut und Muskelfleisch. Manchmal haften sie sich auch an größere Arten und benutzen sie als Transportmittel. Am Atlantischen Seeteufel (*Lophius piscatorius*) parasitieren aalartige Fische der Gattungen *Ophichthys* und *Apterichthys.* An der Küste Neufundlands lebt der parasitische Aal *Simenchelys parasiticus.* In seinem querstehenden Maul hat er auffallende Zähne, mit denen er sich wie ein Inger in die Körperhöhle von Plattfischen durchbeißt.

Viel häufiger aber fallen die Fische anderen Tieren zum Opfer. Die Gemeine Netzreuse (*Nassa reticulata*), eine kleine Schnecke, geht im Netz gefangene Fische an und läßt von ihnen nur Haut und Knochen übrig. Einige Krebsarten in der Barentssee wiederum benagen Fische, die an Angelhaken hängen. Und fast jeden Fisch attackiert eine Vielzahl äußerer und innerer Schmarotzer, die zu den verschiedensten Tier- und Pflanzenklassen gehören. Darüber hinaus sind die Fische oftmals Zwischenwirte bestimmter Entwicklungsstadien von Parasiten anderer Fische, aber auch von Schmarotzern von Landtieren, Vögeln und Säugern, den Menschen nicht ausgenommen.

Aktive Wanderungen

Eine interessante und wichtige Erscheinung im Leben der Fische sind ihre Wanderungen, d.h. die gesetzmäßigen Wege, Züge der Fische zu einer bestimmten Zeit. Aus gewerblicher Sicht sind solche Fischarten die wichtigsten, die sich zum Zeitpunkt ihrer Wanderung zu möglichst zahlreichen Schwärmen zusammenfinden. Die Gründe für die Schwarmbildung sind unterschiedlich. Beim Laichen vereinigen sich bisweilen kleinere Fischgruppen, die sich um die Nachkommenschaft kümmern, ein andermal bilden sich Schwärme von Tieren eines bestimmten Alters u.dgl. Die Wege der wandernden Fische zu kennen, hat praktische Bedeutung für einen erfolgreichen Fang. Von der richtigen Kenntnis und Nutzung dieser Migrationen hängt auch die Größe der jährlichen Anlandungen ab. Die Züge können z.B. in den Flüssen anadrom (stromaufwärts) oder katadrom (stromabwärts) sein. So ist die Ankunft der Heringe aus der Tiefe oder vom offenen Meer an die Küsten und das Aufsteigen der Störe vom Meer in die Flüsse anadrom, die Wanderung der Plattfische aus Flüssen oder Küstenzonen in die Tiefe oder in salzhaltigere Meeresteile jedoch katadrom wie etwa die Migration des Aales zur Fortpflanzung aus den Flüssen in die Sargassosee. Einige Wanderungen entsprechen freilich nicht den erwähnten Typen, sie werden beeinflußt durch Meeresströmungen, Ebbe und Flut, durch örtliche, windverursachte Strömungen sowie durch die Brandung.

Die langen Wanderungen sind sehr kompliziert und nicht auf einmal entstanden, sondern nach und nach, im Laufe der Entwicklung der Lebewesen und der klimatischen Veränderungen auf der Erde. Die heutigen riesigen Areale der Fischzüge bringen die Zoogeographen mit dem Rückzug der Gletscher in Verbindung. Man meint, die Migrationen seien früher viel kürzer und ihre Gebiete weniger ausgedehnt gewesen, von Gletschern und schwimmenden Eisschollen nach Süden gedrängt. Mit dem Zurückweichen der Gletscher verlängerten sich dann die Wanderungen, bis sie die heutige Ausdehnung erreichten. Doch auch heute sind sie nicht unveränderlich: Da die arktischen Regionen sich ständig erwärmen, ziehen manche Fischarten ostwärts – ihre Migrationswege erweitern sich und ihre Laichplätze verschieben sich.

Passive Wanderungen

Fischeier und kleine Fische werden von der Strömung oftmals über weite Entfernungen mitgenommen. Diese passive Verlagerung kann in vertikaler und horizontaler Richtung erfolgen. Pelagischer Laich und Brut können je nach dem spezifischen Gewicht des Wassers vertikal verbracht werden. Plattfischeier, die in der Nordsee an der Wasseroberfläche schwimmen, sinken in der Ostsee mit ihrer geringeren Wasserdichte in tiefere Schichten ab, im östlichen Teil sogar bis auf den Grund. Mit der Entwicklung der Embryonen (durch Verzehren des Dottersackes mit leichten Fettröpfchen) wächst das spezifische Gewicht des Laichs, so daß er nach und nach immer tiefer sinkt. Die geschlüpften Larven können jedoch ihr Körpergewicht durch Hinaufschwimmen zum Wasserspiegel überwinden und sich aktiv in horizontaler Richtung fortbewegen. So lassen sich tagsüber und nachts regelmäßige Wanderungen der Fischbrut beobachten, die oft der Verlagerung des Planktons entsprechen, das sich nachts der Wasseroberfläche nähert. Passive und aktive Wanderungen können einander also abwechseln. Die Strömung treibt pelagische Fischeier und Brut oft weit von den Laichplätzen weg. Wenn diese so über Untiefen in Bereiche geraten, wo ihnen die Bedingungen nicht zusagen, gehen sie zugrunde. Daher halten sich die Larven mit Vorliebe in Küstennähe auf. Die Scholle beispielsweise laicht in der Nordsee in etwa 40 m Tiefe und in der Barentssee noch tiefer, ihre Brut aber wandert an die Küsten, und die jungen Schollen leben im ersten Jahr in einer Tiefe von 0,5–5,0 m auf sandigem Grund. Mit dem Größerwerden ziehen sie nach und nach weiter aufs offene Meer hinaus. Diese jährlichen Züge sind durchsetzt von Saisonwanderungen – von einer Standortveränderung in tiefere Wasserschichten im Winter und näher zur Küste im Sommer, je nach Alters- und Größenklassen. Dadurch entsteht eine zonale Verteilung der Schollen nach ihrem Alter.

BILDTEIL

Heringshai
Lamna nasus

Heringshaie
Lamnidae

Der Heringshai lebt in den atlantischen Gewässern von der Ostküste Nordamerikas bis zur westeuropäischen Küste, von Skandinavien nach Süden zu bis Nordwestafrika einschließlich Mittelmeer und Adria. Er wird 3,5 m lang und 200 kg schwer, hält sich an der Wasseroberfläche auf und steigt nur selten bis 150 m tief hinab. Er pflanzt sich das ganze Jahr über fort, ist lebendgebärend und wirft 1–4 Junge, die etwa 60 cm lang sind. Er ernährt sich von Heringen, Makrelen, Dorschen und Plattfischen, verschmäht auch die Jungen anderer Haie nicht. Sein Fleisch wird geschätzt, es ähnelt im Geschmack Kalbfleisch. Die Leber großer Tiere wiegt bis 50 kg und ist sehr reich an Fischtran.

Der Blauhai (*Prionace glauca*) aus der Familie *Carcharhinidae* ist in allen wärmeren Meeren zwischen dem Nördlichen und Südlichen Wendekreis verbreitet. Seine Augen sind mit einer Nickhaut ausgestattet, und vor den Rückenflossen fehlen die Stacheln. Er wird ungefähr 4 m lang, ist lebendgebärend und wirft 25–50 Junge, die 50–60 cm lang sind. Er ernährt sich von Makrelen, Heringen, Kalmaren und anderen Tintenfischen, geht aber auch kleinere Haie an. In Europa hat er keine wirtschaftliche Bedeutung, wird aber in Japan intensiv gefangen.

Die Ordnung Haie (*Selachii*) gehört zur Klasse Plattenkiemer (*Elasmobranchii*). Diese fischartigen Wirbeltiere haben ein Knorpelskelett, gutentwickelte paarige und unpaarige Flossen, und ihr Maul ist gewöhnlich transversal und unterhalb des Kopfes (unterständig). Die meist 5 (5–7) Kiemenspalten liegen seitlich hinter dem Kopf. Haie sind sowohl eierlegend als auch lebendgebärend; die hornartigen Eihüllen haben lange elastische Haftfäden. Bekannt sind etwa 400 Arten. Sie leben meist ubiquitär als Räuber oder Allesfresser.

Erwachsener männlicher Heringshai, dessen Bauchflossen zum paarigen Begattungsorgan (Myxipterygia) umgewandelt sind (1).

Der Blauhai (2) zeigt die typische torpedoartige Körperform der meisten Haie, die ausdauernde und ausgezeichnete Schnellschwimmer sind.

Beim Heringshai sind die Zähne in den Kiefern in mehreren Reihen angeordnet, die größten sind vorn (3). Bei Verlust der vorderen Zahnreihe wachsen die Zähne der zweiten rasch nach und übernehmen deren Funktion. Die Zähne des Blauhais (4) sind flach, gesägt und sehr scharf – die Beute wird buchstäblich zerschnitten.

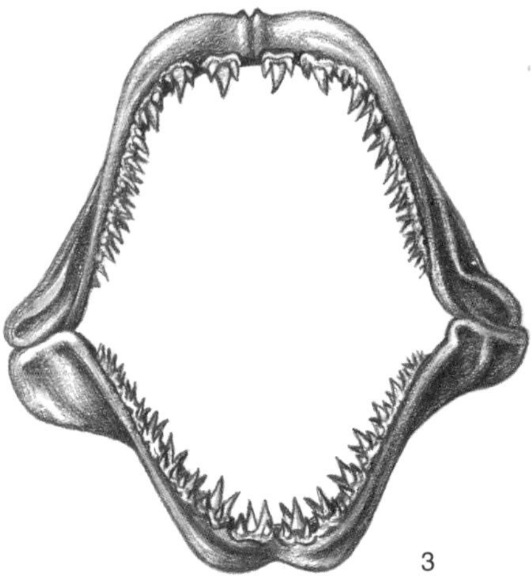

3

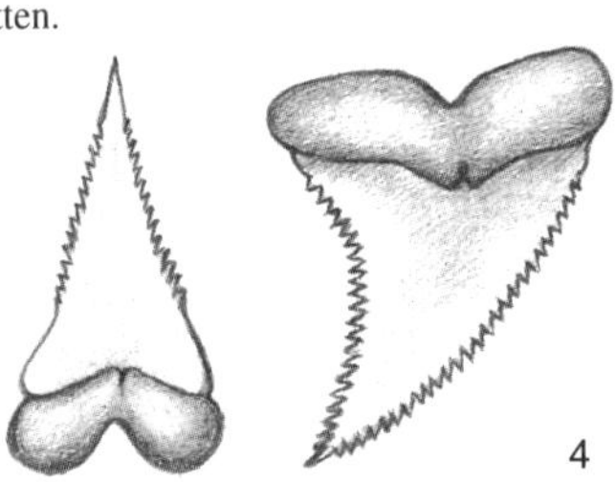

4

2

Nur einige in Bodennähe lebende Haiarten haben robuste Mahlzähne, mit denen Schneckengehäuse und Muschelschalen zerkleinert werden.

1

Der Weißhai lebt in allen warmen Ozeanen. Er wird 8–10 m lang und bis 2–3 t schwer. Schon ein 4 m großes Tier kann einen Menschen mit einem einzigen Biß zerteilen, ein 8 m großes ihn im ganzen verschlingen. Dieser Hai ist ein Allesfresser und hat 3–5 cm große dreieckige, ausgesprochen gesägte Zähne in 5–6 Reihen. Ausgestorbene Verwandte von ihm wurden bis 30 m lang und hatten 13 cm große Zähne. Die Länge des auch heute noch lebenden *Carcharodon megalodon* wird aufgrund des Fundes rezenter (nicht fossilisierter) 15–18 cm großer Zähne auf 25 m geschätzt. Dem Weißhai werden die meisten Angriffe auf Menschen und kleinere Seeboote zugeschrieben, wie man nach den Zahnabdrücken festgestellt hat, und es sind viele tödlichen Verletzungen bekannt, die in den USA und in Australien auf sein Konto gehen.

Der Riesenhai (*Cetorhinus maximus*) aus der Familie *Cetorhinidae* lebt im Atlantik und Pazifik auf dem offenen Meer nahe dem Wasserspiegel. Gern sonnt er sich an der Oberfläche. Zur Küste schwimmt er nur selten. Er wird etwa 10 m lang und um 6 t schwer. Im Nordatlantik wurde er wegen seines Lebertrans gefischt und zu Fischmehl verarbeitet. Er ernährt sich nur von Zooplankton – er schwimmt mit offenem Maul und filtriert mit seinen Reusendornen an den Kiemenbogen kleine Lebewesen aus dem Wasser.

Der Walhai (*Rhincodon typus*) aus der Familie *Rhincodontidae* ist aus allen tropischen Meeren bekannt. Er wird 18 m lang und ist überwiegend Planktonfresser.

Kleinere Exemplare des Weißhais (1) werden in Australien stellenweise mit der Angel gefangen. Obwohl dieser Hai ziemlich häufig ist, wissen wir nur wenig von seiner Fortpflanzung. Vermutlich bringt er bis 9 lebende Junge zur Welt und erreicht mit einer Länge von 3–4 m Geschlechtsreife.

Der Riesenhai (2) ist in den warmen Meeren das ganze Jahr über aktiv; in kalten Gewässern liegt er in einer Art Erstarrung – in einem Winterschlaf – auf dem Grund und überdauert so die ungünstige Zeit.

Den Walhai (3) trifft man auf offenem Meer häufig in der Nähe verschiedener Katastrophen und Schiffbrüche an, für die er von den Seeleuten oft zu Unrecht verantwortlich gemacht wird. Belegt ist ein maximales Gewicht von 20 t. Über seine Fortpflanzung wissen wir wenig. Im Golf von Mexiko hat man 30 cm lange Eier herausgefischt. Voll entwickelte, unausgeschlüpfte Junge, die aus den Eihüllen befreit wurden, maßen im Durchschnitt 36 cm. Auf natürliche Weise geschlüpfte Junge sind bisher nicht bekannt.

2

3

1

Fuchshai oder Drescher
Alopias vulpinus

Der Fuchshai findet sich in allen Ozeanen der tropischen und warmen Regionen. Die Oberseite seines Körpers ist braun oder schiefergrau bis schwarz gefärbt. Er wird etwa 6 m lang, bis 500 kg schwer und zieht dicht unter dem Wasserspiegel dahin. Er wirft 2–4 Junge, die 1–1,5 m lang sind, und jagt ausschließlich pelagisch lebende Schwarmfische, z.B. Heringe und Makrelen. Oft schwimmt er im Kreis um einen Schwarm herum und schlägt mit seiner großen Schwanzflosse aufs Wasser (deshalb auch als Drescher bezeichnet); dadurch drückt er die erschreckten Beutetiere zu einer dichten Masse – Körper an Körper – zusammen. Sportfischer fangen ihn bei Großbritannien und im Atlantik an den Ostküsten der USA im Sommer und Herbst, wenn er vom offenen Meer an die Küste schwimmt. Wirtschaftlich ist er bedeutungslos.

Der Glatte oder Gemeine Hammerhai (*Sphyrna zygaena*) aus der Familie *Sphyrnidae* lebt hauptsächlich im tropischen und subtropischen Teil des Atlantischen, Indischen und Pazifischen Ozeans. Sein Kopf ist seitlich hammerartig verbreitert, er wird über 4 m lang und ernährt sich von lebenden und toten Fischen sowie von Rochen. Auch einem im Meer badenden Menschen kann er gefährlich werden. Früher jagte man ihn in Mexiko und in den USA und gewann aus seiner großen Leber industriell Vitamin A, das jetzt synthetisch hergestellt wird.

Der Japanische Hornhai (*Heterodontus japonicus*) aus der Familie *Heterodontidae* bewohnt die seichten Küstengewässer des Indischen und Pazifischen Ozeans. Er wird nur etwas über 1 m lang. Seine flachen Vorderzähne haben drei Spitzen; die mittleren und hinteren Zähne sind groß, breit und gerundet wie Backenzähne und dienen zum Zerreiben und Zermalmen der Nahrung. Er lebt am Meeresboden und ernährt sich von Weichtieren, Krebsen, Seeigeln usw. Er legt Eier von März bis Mai; ein Ei mißt bis 15 cm.

Der Fuchshai (1) wird in der Umgebung von Australien gewöhnlich mit den Synonymen *Alopias caudatus* oder *Alopias greyi* bezeichnet. Typisch für ihn ist die Schwanzflosse, die genauso lang wie sein Körper oder sogar noch etwas länger ist.

Der Glatte Hammerhai (2) hat einen auffallend hammerartig verbreiterten Kopf; die Augen und Riechöffnungen befinden sich seitlich an diesen Ausläufern, möglichst weit vom eigentlichen Kopf entfernt. Man nimmt

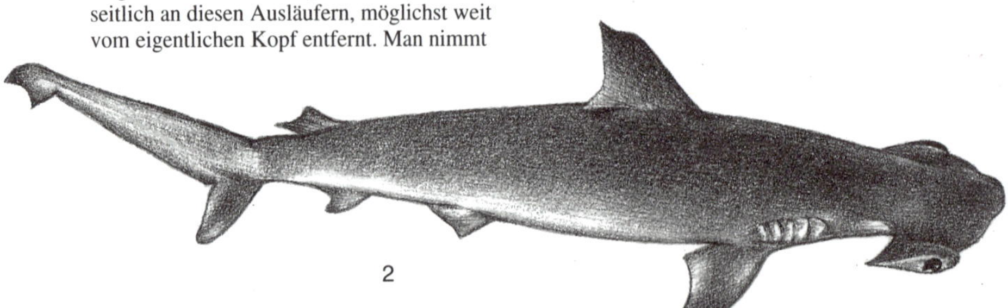

2

3

an, daß er sie so besser als Seh- oder als Geruchsorgane zur Orientierung sowie beim Manövrieren verwenden kann – alle Hammerhaie sind nämlich außerordentlich schnelle und gewandte Schwimmer mit einem enormen Navigationsvermögen und der Fähigkeit, abrupt die Richtung zu ändern.

Der Japanische Hornhai (3) hat vor beiden Rückenflossen je einen kräftigen freien Stachel. Die Familie *Heterodontidae* umfaßt vielleicht nur vier bekannte, nomenklatorisch gültige Arten.

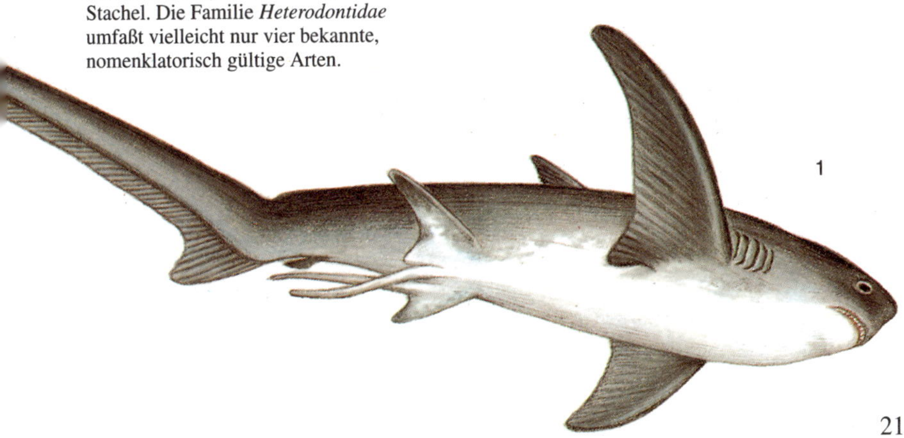

1

Vieräugiger Rochen
Raja miraletus

Braune oder Echte Rochen
Rajidae

Der Vieräugige Rochen ist im Mittel- und Adriatischen Meer recht häufig. Schwanz und Zwischenaugenraum sind mit Dornen bedeckt. Auffallend sind zwei runde Flecke auf der Rückenseite – bei erwachsenen Tieren leuchtend hellblau, bei jungen rot. Er wird 40 cm lang und hält sich auf weichem schlamm- und reich sedimentbedeckten Boden auf.

Die größte Art der Familie *Rajidae* im östlichen Atlantik ist der Glattrochen (*Raja batis*), verbreitet vom Nördlichen Eismeer nach Süden zu bis Madeira und zum Mittelmeer und normalerweise in einer Tiefe von 30–600 m anzutreffen. Er hat wirtschaftliche Bedeutung, da er bis 2,5 m lang und 100 kg schwer wird. Seine Nahrung bilden nicht nur Fische, z.B. Dorsche und Rochen, sondern auch Krebse, Kraken u.dgl.

Der Marmor- oder Zitterrochen (*Torpedo torpedo*) aus der Familie *Torpedinidae* lebt im Mittelmeer und im östlichen Atlantik von der Biscaya an der westafrikanischen Küste entlang bis nach Angola und wird etwa 60 cm lang. Seine aus Muskelfleisch entstandenen elektrischen Organe befinden sich in Gestalt zweier nierenförmiger Gebilde im vorderen Rumpfteil. In diesen Organen sind einzelne Muskelfasern zu vielen elektrischen Elementen, sog. Elektroplaxen, umgewandelt. Die Spannung der einzelnen Elemente ist zwar unbeträchtlich, aber wenn sie sich summiert, erreicht der Rochen eine Entladung bis 300 V (bei einer Stromintensität von 7–8 A). Elektrische Schläge teilt er zur eigenen Verteidigung aus, doch kann er auch großen Lebewesen gefährlich werden.

Alle Rochen haben einen dorsoventral abgeflachten Körper, wobei die Augen und die dahinter liegenden Spritzlöcher (die veränderte erste Kiemenspalte) auf der Rückenseite sind. An der Unterseite des Körpers befinden sich das Maul und die restlichen echten Kiemenspalten.

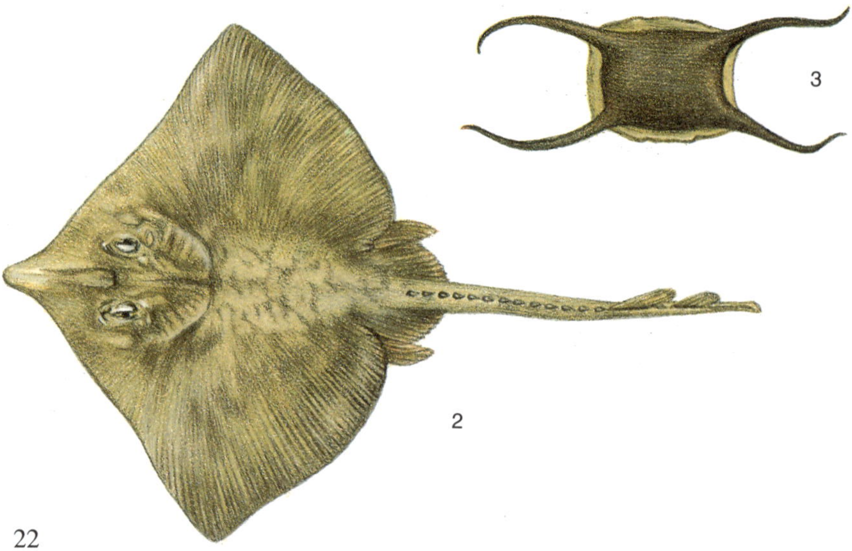

3

2

1

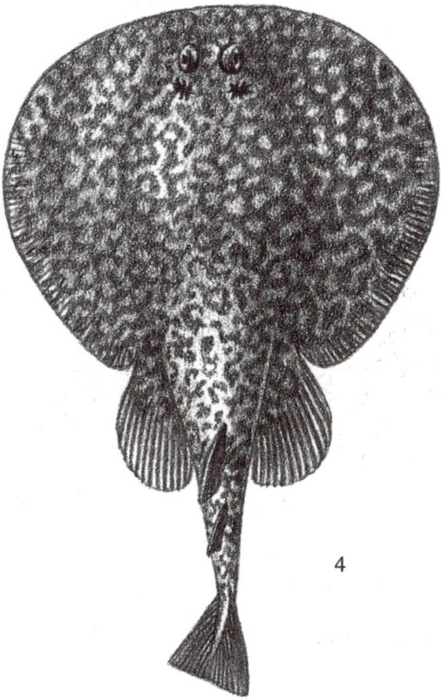

4

Der Vieräugige Rochen (1) hat – wie im Deutschen – in vielen Sprachen eine volkstümliche Bezeichnung, die von seinen zwei Augen und den zwei auffälligen runden Flecken am Rücken abgeleitet sind.

Der Glattrochen (2) ist eierlegend. Diese Eier (3) haben eine feste Hornkapsel und vier Haftfäden und sind außergewöhnlich groß (13 × 24 cm). Nach dem Laichen im Spätherbst und Winter ist die Eihülle grün, später dunkelbraun.

Der Zitterrochen (4) ist lebendgebärend, die Zahl der Jungen aus einem Wurf schwankt je nach Größe des Weibchens zwischen 3 und 21.

Dieser blaugefleckte Rochen lebt im ganzen tropischen Teil des Indischen und Pazifischen Ozeans sowie im Roten Meer. Er wird 2,5 m lang und hat einen seitlich abgeflachten Schwanz, der länger als der Körper ist und 1–2 lange Stacheln aufweist. Er hält sich in seichten Gewässern und Lagunen auf und ernährt sich von Krustentieren und Würmern. Gefährlich ist sein langer Schwanzdorn, mit dem er schwere Verletzungen beibringen kann.

Der Japanische Falter- oder Schmetterlingsrochen (*Gymnura japonica*) aus der Familie *Dasyatidae* (*Gymnuridae*) ist aus Japan über Korea bis zur Ostküste Afrikas bekannt und wird etwa 1 m lang. Er hat einen sehr flachen, breiten Körper und eine kurze Schnauze. Sein Schwanzstachel ist wenig entwickelt und kurz.

Der Japanische Teufelsrochen (*Mobula japonica*) aus der Familie *Mobulidae* ist von Nordjapan bis Korea und Indien, östlich bis Hawaii verbreitet. Er wird etwa 2,5 m lang. Den Vorderteil der Brustflossen bilden bewegliche Flügel, an deren Bau auch die Wände der Nasenöffnungen beteiligt sind. Seitlich des Maules entstehen so Hilfs-Kopfflossen, die den Wasserstrom mit der Nahrung ins Maul leiten. Verzehrt werden Plankton und in Schwärmen auftretende Fischbrut.

Der Gewöhnliche Stechrochen (*Dasyatis pastinaca*) aus der Familie *Dasyatidae* ist von der Ost- und Nordsee entlang der westeuropäischen und westafrikanischen Küste über das Mittelmeer und die Adria bis zum Kaspischen Meer hin verbreitet. Er wird 2,5 m lang und wiegt etwa 10 kg. Der Schwanzstachel hat eine Giftdrüse und Widerhaken und ist 8–35 cm lang. Er ernährt sich von Fischen, Krusten- und Weichtieren.

Der Gewöhnliche Stechrochen (4) ist lebendgebärend und wegen seines Giftstachels gefürchtet; eine wirtschaftliche Verwendung oder Bedeutung hat er nicht.

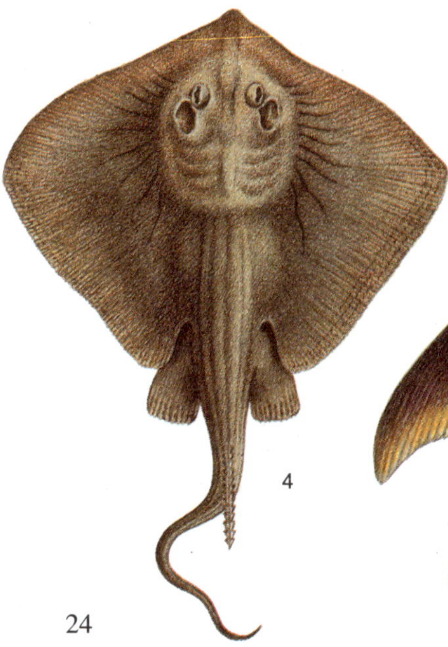

4

3

Junge Blauflecken-Stechrochen (1) werden wegen ihrer Buntheit und Vorliebe, im freien Wasser zu schwimmen, gern in Meeresaquarien gehalten.

1

Der Japanische Falterrochen (2) und der Japanische Teufelsrochen (3) sind ovovivipar, d.h. sie legen Eier mit vollentwickelten, unmittelbar darauf schlüpfenden Embryonen und haben aus einem Wurf gewöhnlich 8 Junge.

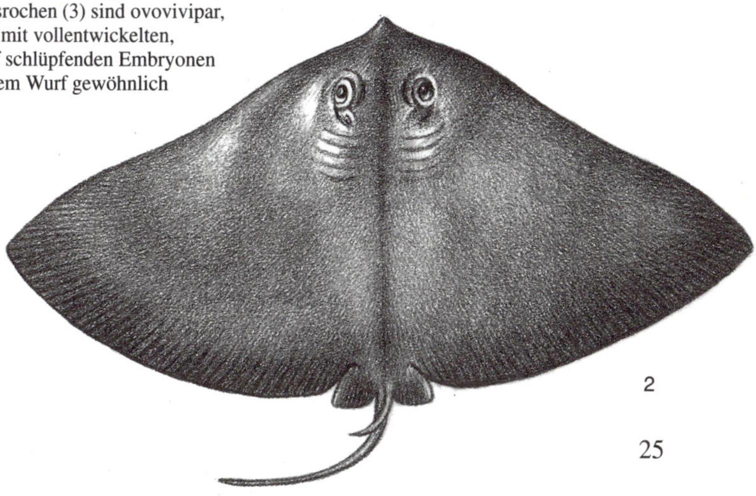

2

Baltischer oder Gemeiner Stör
Acipenser sturio

Der Baltische Stör ist bei Skandinavien in der Ost- und Nordsee sowie im östlichen Atlantik rund um ganz Europa einschließlich Mittelmeer, Adria und Schwarzes Meer verbreitet. Sein torpedoförmiger Körper ist mit 5 Reihen Knochenplatten bedeckt, die auch einen Kopfpanzer bilden. Er wird 3 m lang und wiegt etwa 200 kg. Den größten Teil seines Lebens verbringt er im Meer und gehört zu den anadromen Fischen, die zum Laichen die Flüsse stromaufwärts ziehen. Diese Wanderung erfolgt im April bis Juni. Ein Teil der Population steigt dabei hoch die Flüsse hinauf, ein anderer Teil bleibt am Unterlauf. Gelaicht wird in einer Tiefe von 2–10 m. Ein voll entwickeltes Weibchen legt bis zu 2,5 Millionen dunkelgraue Eier ab. Nach dem Laichen kehren die erwachsenen Tiere ins Meer zurück. Der Rogen mißt im Durchschnitt 3 mm, und nach 3–6 Tagen schlüpfen etwa 9 mm lange Junge. Diese wandern nach 1–2 Jahren Aufenthalt im Fluß ins Meer. Dort bleiben sie bis zu ihrer Geschlechtsreife, d.h. die Männchen 7–9 Jahre und die Weibchen 8–14. Der berühmte graue bis schwarze russische Kaviar ist eigentlich nichts anderes als der aus seiner Hülle gelöste rohe, eingesalzene Rogen dieses Störs. In den westeuropäischen stark verunreinigten Flüssen, die von einer Kette von Talsperrenmauern versperrt werden, sind die ziehenden Störe praktisch am Aussterben.

An der Nordküste Japans lebt der Stör *Acipenser mikadoi*. Er wird 1,5 m lang, steigt im April und Mai die Flüsse Ishikari, Teshio u.a. hinauf und laicht im Juli und August. Die kleinen Eier haften an Wasserpflanzen. Die Jungen schwimmen schon im Herbst ins Meer. Aus dem Rogen wird Kaviar hergestellt und aus der Schwimmblase Gelatine.

Die Störe weisen altertümliche, primitive Merkmale auf und stehen mit ihrem Knorpelskelett den Haien nahe, auch das Gesamtaussehen und der asymmetrische heterocerke Bau der Schwanzflosse erinnern auffallend an diese. Dennoch werden sie aus phylogenetischer Sicht als selbständige Ordnung *Acipenseriformes* an den Beginn des Systems der Knochenfische (*Osteichthyes*, syn. *Teleostomi*) gestellt.

Sie leben nur in den Gewässern der nördlichen Erdhalbkugel, und es sind in 4–6 Gattungen bekannt, die etwa 25 Arten umfassen. Der größte bekannte Stör, der Europäische Hausen (*Huso huso*), bewohnt das Kaspische, Schwarze und Asowsche Meer. Er laicht in großen Flüssen – in der Wolga, im Don, in der Donau und anderen –, wird 8 m lang und bis 1500 kg schwer. Heute fängt man nur noch 2–3 m lange Hausen, die höchstens 150 kg wiegen. Sie liefern den besten schwarzen Kaviar, der in der ganzen Welt bekannt ist.

1

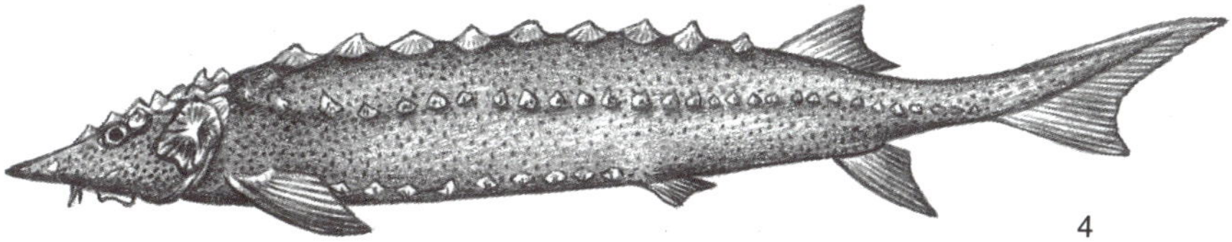

4

Acipenser mikadoi (4) hat einen grünlichen Körper, orangebraune Flossen und rote Augen wie der Baltische Stör.

2

3

Der Baltische Stör (1) wird etwa 40 Jahre alt. Sein zahnloses Maul ist klein und trichterförmig vorstülpbar. Damit nimmt er die Nahrung vom weichen schlammigen und sandigen Boden auf, ernährt sich vor allem von Insektenlarven, Weichtieren und Würmern, die er einsaugt. Vor seinem Maul sind vier glatte, in einer Querreihe angeordnete Tastbarteln (2), die ihm bei der Nahrungssuche helfen. Die geschlüpften Protopterygiolarven (d.h. Larven mit einheitlichem undifferenziertem Flossensaum) dieses Störs (3) haben schon gutentwickelte Barteln.

Atlantischer Hering
Clupea harengus

Der Atlantische Hering ist oberhalb des 45. nördlichen Breitenkreises im Atlantik zwischen Nordamerika und Europa sowie von Island und vom Weißen Meer bis nach Gibraltar und im westlichen Atlantik von Labrador bis zum Kap Hatteras weit verbreitet. Er wird etwa 40 cm lang und 20–25 Jahre alt und hält sich pelagisch, d.h. auf dem freien Meer, unterhalb des Wasserspiegels in riesigen Schwärmen von Tausenden Tonnen Fisch auf. Je nach Größe, Wachstumstempo und territorialen Wanderungen wird er in viele Rassen eingeteilt, die sich durch die Anzahl der Wirbel, die Schuppenzahl, die Zeit und den Ort des Ablaichens u.dgl. voneinander unterscheiden. Die bekanntesten sind die Weißmeer-, die Murmansker, die norwegischen und baltischen Heringe. Aus wirtschaftlicher Sicht ist der norwegische Hering der bedeutsamste. Schwärme ausgewachsener Tiere kommen im Winter und Frühling in die Nordsee und laichen von Februar bis April an der norwegischen Küste. Das Weibchen legt 20 000–25 000 Eier im freien Wasser ab. Der befruchtete Laich ist im Durchschnitt 1,35 mm groß und schwerer als Wasser und sinkt daher zu Boden, wo er an Steinen, Algen u.dgl. klebenbleibt. Nach Schätzungen der Fischer werden allein an der norwegischen Küste 1–3 Millionen Tonnen Eier gelegt. Innerhalb von zwei Wochen schlüpfen bei 9 °C warmem Wasser Eleutherembryonen (d.h. freie Keimlinge). Sie schwimmen an die Oberfläche, zehren in einer Woche den Dottersack auf und ernähren sich dann, nach Schwimmblasenvollfüllung, von Mikroplankton. Im ersten Jahr ziehen sie nur an der norwegischen Küste entlang.

Die Sprotte, auch Sprott, Brisling oder Breitling genannt (*Sprattus sprattus*), ist um ganz Europa herum verbreitet, von Norwegen bis zum Mittel-, zum Adriatischen und Schwarzen Meer. Sie wird nur 14 cm lang. Ihr Laich ist pelagisch, leichter als Meerwasser und schwimmt an der Oberfläche. Für alle westeuropäischen Küstenländer ist die Sprotte ein wirtschaftlich bedeutsamer Fisch.

Der Stint (*Osmerus eperlanus*) aus der Familie *Salmonidae* ist ein kleiner Wanderfisch und von der Biscaya über die Ostsee bis zum Weißen Meer verbreitet. Er wird etwa 30 cm lang, man verfüttert ihn dem Vieh oder gewinnt Fischtran aus ihm, auch der Mensch konsumiert ihn in unvorstellbaren Mengen.

3

1

Beim Atlantischen Hering (1) befindet sich die Basis der Bauchflossen hinter der Lotrechten am Anfang der Rückenflossenbasis.

Bei der Sprotte (2) dagegen ist die Basis der Bauchflossen nach vorn verschoben, d.h. sie liegt vor der Lotrechten am Anfang der Rückenflossenbasis. Ihre Kielschuppen (4) zwischen Bauchflossen und Afterflosse sind viel stärker entwickelt als beim Atlantischen Hering und gleichzeitig scharf geschweift und weisen mit dem spitzen Ende nach hinten. Die Sprotte laicht von Januar bis Juli an der Küste in einer Tiefe von 10–12 m. Das Weibchen legt 6 000–10 000 Eier ab, die 0,8–1,5 mm groß sind. Die Larven schlüpfen nach etwa 7 Tagen. Bei kaltem windigem Wetter geht viel Brut zugrunde. Den Jungen dient Zooplankton als Nahrung, doch sind auch sie eine willkommene Beute für Raubfische. Die erwachsenen Sprotten werden mit Scherschleppnetzen, Beutelnetzen (Ringwaden) oder Uferwaden gefangen. Jährlinge konserviert man wie Sardinen in Öl, zweijährige Fische werden mariniert und unter dem Handelsnamen „Anchovis“ verkauft – in Deutschland räuchert und schätzt man sie als „Kieler Sprotten“. Ein Teil des Fanges wird zu Fischmehl verarbeitet.

2

Für den Stint (3) ist eine kleine Fettflosse zwischen Rücken- und Schwanzflosse charakteristisch. Er kommt von April bis Mai in Schwärmen in den Unterlauf der Flüsse, wo er ablaicht. Die Fischeier, von denen ein Weibchen 9 000–40 000 legt, messen im Durchschnitt 0,8 mm und haften an Pflanzen und am sandigen Grund. Die Jungen schlüpfen nach 3–5 Wochen und ernähren sich zuerst von Zooplankton, Krustentieren und Insektenlarven, später werden sie räuberisch und fressen andere kleinere Fische.
Das Stintfleisch riecht und schmeckt nach Gurken und wird meist als Leckerbissen geschätzt.

4

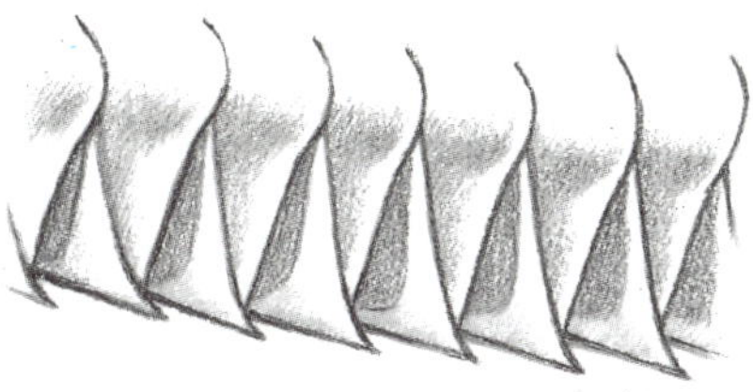

Pilchard (Sardine)
Sardina pilchardus

Der Pilchard, in seiner Jugendform Sardine genannt, lebt an der Küste Westeuropas vom Ärmelkanal südwärts an Frankreich und Spanien entlang, im Atlantik an den Kanarischen Inseln, vor Nordwestafrika, im Mittel- und Adriatischen Meer und selten auch im Schwarzen Meer. Im Alter von etwa 15 Jahren wird er 26 cm lang. Der Kiemendeckel ist strahlenförmig gefurcht. Die Basis der Bauchflossen liegt unter dem hinteren Rand der Rückenflosse. 30 der relativ großen Schuppen sind in der mittleren seitlichen Längsreihe. Er wird mit 3 Jahren geschlechtsreif und ernährt sich von Plankton-Krustentieren, Fischeiern und anderen kleinen Lebewesen. Er laicht im freien Wasser von April bis November vor Südengland, von Dezember bis Februar in der Biscaya, von Februar bis April bei Portugal und das ganze Jahr über im Mittelmeer. Nach 2–4 Tagen schlüpfen aus den befruchteten Eiern 4 mm lange Eleutherembryonen. Jährlich werden in Europa 250 000–350 000 t dieses Fisches angelandet. Ein Viertel bis ein Drittel des Fanges wird gesalzen und in Öl konserviert.

Die *Setipina breviceps* (2) ist im Indischen und Pazifischen Ozean beheimatet. Sie wird 15 cm lang und hat nicht nur eine interessante Körperform und Färbung, sondern auch fadenförmig langgestreckte Brustflossen, was ihr die volkstümliche Bezeichnung „hairfin anchovy" – Haarflossen-Anchovis – einbrachte.

Die Europäische Sardelle oder Anchovis (*Engraulis encrasicholus*) aus der Familie *Engraulidae* hat die gleiche geographische Verbreitung wie der Pilchard und lebt außerdem in der Nordsee. Das Maul ist unterständig und die Basis ihrer Bauchflossen merklich vor die Basis der Rückenflosse verschoben. Sie wird selten länger als 16 cm.

Die Japanische Sardine (*Sardinops melanosticta*, 4) ist aus der Umgebung von Sachalin, aus Südjapan, Korea und Südchina bekannt und wird 25 cm lang. Gewöhnlich wandert sie nicht und laicht von Februar bis Mai. Sie ist einer der wirtschaftlich wichtigsten Fische Japans und wird in frischem Zustand konsumiert oder in Öl konserviert.

4

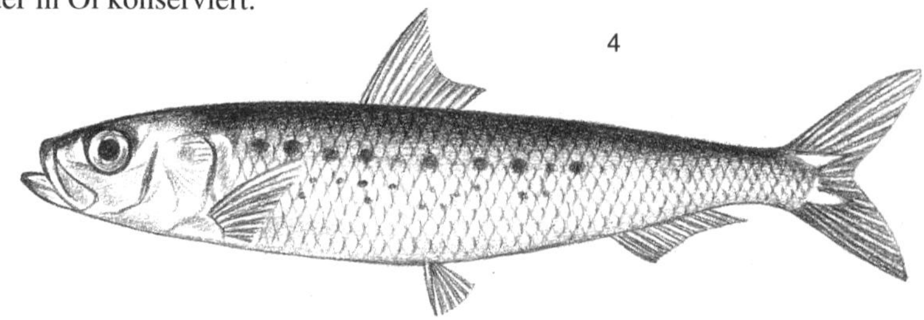

Der Pilchard (1) wird an der ganzen europäischen Küste gefangen. Die verschiedenen Sardinenarten sind in der ganzen Welt wichtige Nutzfische.

Die Europäische Sardelle oder Anchovis (3) hat etwa 5 geographische Rassen, von denen die kleinsten im Asowschen (10 cm) und im Mittelmeer (12,5 cm) vorkommen. Sie leben pelagisch in Schwärmen und ernähren sich von Zooplankton. Das Weibchen legt 13 000–20 000 ovale pelagische Eier ab, aus denen nach 2 Tagen 3 mm lange

1

Eleutherembryonen schlüpfen. Im südlichen Teil der Nordsee wird von Juni bis August gelaicht, im Mittelmeer von April bis September und im Asowschen Meer von Mai bis August. Die Weibchen legen die Eier portionsweise (in Schüben) ab, d.h. sie laichen während der Fortpflanzungsperiode mehrmals, da ihre Eier sukzessive reif werden. Im Sommer schwimmen die Tiere an die Küste, im Winter wandern sie in größere Tiefen. Der europäische Fang beträgt 120 000–180 000 t, im Asowschen Meer sind es nochmals etwa 18 000 t. Das Anchovisfleisch hat einen bitteren Beigeschmack. Bitter sind hauptsächlich die Kiemen; deshalb wird der ganze Kopf vor der Konservierung abgeschnitten, oder man verkauft die Fische in einer Salz- oder Gewürztunke. Ein Teil des Fanges wird zu Scheiben (Filetstücken) verarbeitet und in Öl eingelegt. Kommerziell wichtig sind auch andere Arten der Gattung *Engraulis*, die in anderen Meeren leben.

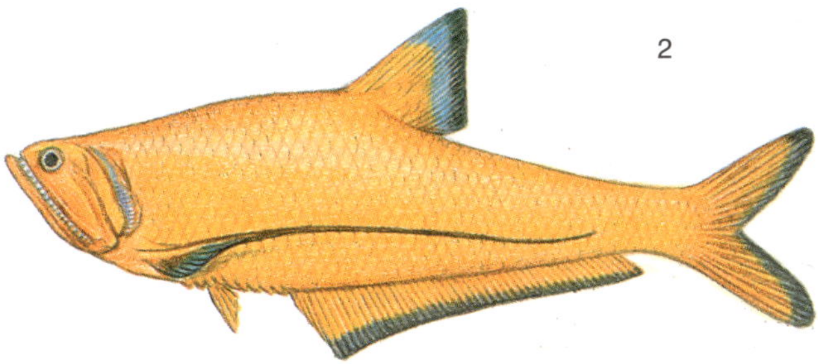

2

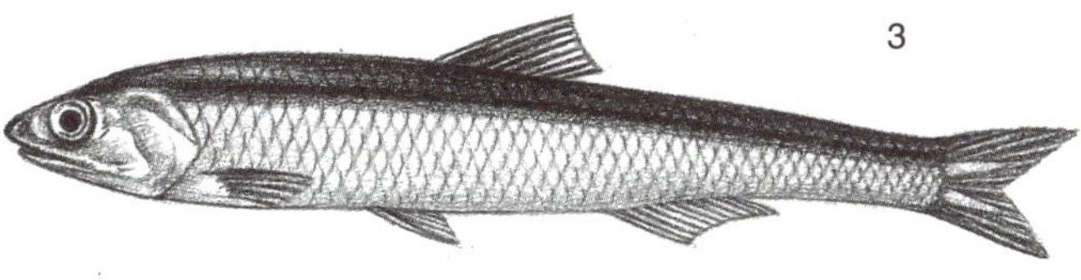

3

Meer- oder Seeaal

Conger conger

Meeraale
Congridae

Der Meeraal ist an der ganzen Atlantikküste Westeuropas und Nordafrikas verbreitet sowie im Mittelmeer, in der Adria und im Ionischen Meer. Die Männchen werden etwa 1 m, die Weibchen bis 2 m lang, vereinzelt wurden sogar 3 m lange gefangen. Der Fisch ist gefräßig und räuberisch und ernährt sich von Heringen, Dorschen, Hummern, Langusten und Tintenfischen. Fortpflanzungsfähig wird er mit 5–15 Jahren, und die Geschlechtsprodukte machen vor dem Ablaichen etwa ein Drittel seines Körpergewichts aus. In dieser Zeit degenerieren seine Eingeweide und Gedärme, das Skelett entkalkt. Er laicht im Sommer im Gebiet von der Sargassosee bis zum östlichen Teil des Mittelmeeres, wo es 2 000–3 000 m tief ist, doch in was für einer Tiefe dies geschieht, weiß man bisher nicht. Das Weibchen legt 3–8 Millionen Eier. Nach dem Ablaichen gehen die erwachsenen Tiere zugrunde. Die aus den Eiern geschlüpften Larven leben 1–2 Jahre in 100–200 m Tiefe pelagisch. Wenn sie 14–16 cm lang sind, verändert sich ihr Aussehen zur typisch aalförmigen Gestalt und sie gehen in Küstennähe zu einem Bodenleben über.

Im tropischen Teil des Indischen und Pazifischen Ozeans lebt der Goldbraune Aal (*Conger cinereus*, 4), dessen Rückenflosse sehr nahe hinter dem Kopf beginnt. Er wird ungefähr 150 cm lang und ist in der Jugend (mit 22 cm) grau. Die hellen Brustflossen sind schwarz gesäumt. Vollerwachsene Exemplare sind orangebraun bis goldgelb.

Der Europäische Hornhecht (*Belone belone*) aus der Familie *Belonidae* ist von Südisland, Norwegen und Großbritannien über die Azoren, Madeira, die Kanarischen Inseln, die nordwestafrikanische Küste und das ganze Mittelmeer bis ins Schwarze Meer verbreitet. Drei- bis vierjährige Tiere erreichen eine Länge von etwa 70 cm und wiegen bis 1 kg. Die maximale bekannte Länge beträgt 90 cm. Meist wird von April bis Juni gelaicht, doch kann sich diese Zeit bis zum September hinziehen. Das Weibchen legt je nach Größe und Ernährungszustand 1 000–35 000 Eier. Die Eihülle hat an der Oberfläche 60–80 klebrige Fäden, mit denen sie an Wasserpflanzen und Steinen haften bleiben. Nach 5 Wochen schlüpft aus den befruchteten Eiern die 13 mm große Brut mit kurzen Kiefern.

2

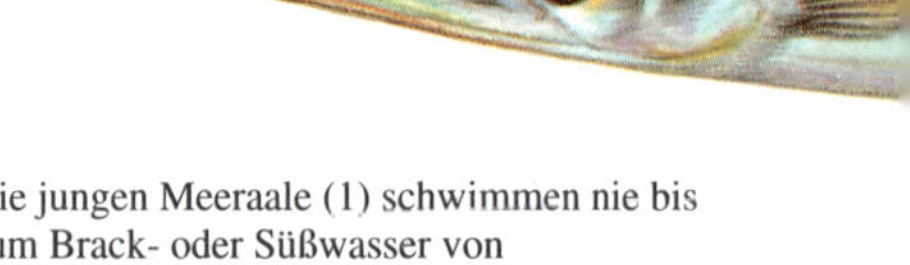

3

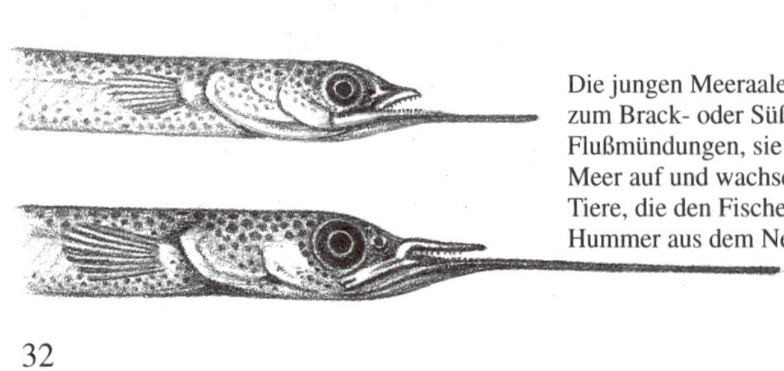

Die jungen Meeraale (1) schwimmen nie bis zum Brack- oder Süßwasser von Flußmündungen, sie halten sich immer im Meer auf und wachsen schnell. Die adulten Tiere, die den Fischern oftmals Fische und Hummer aus dem Netz stehlen, werden an

1

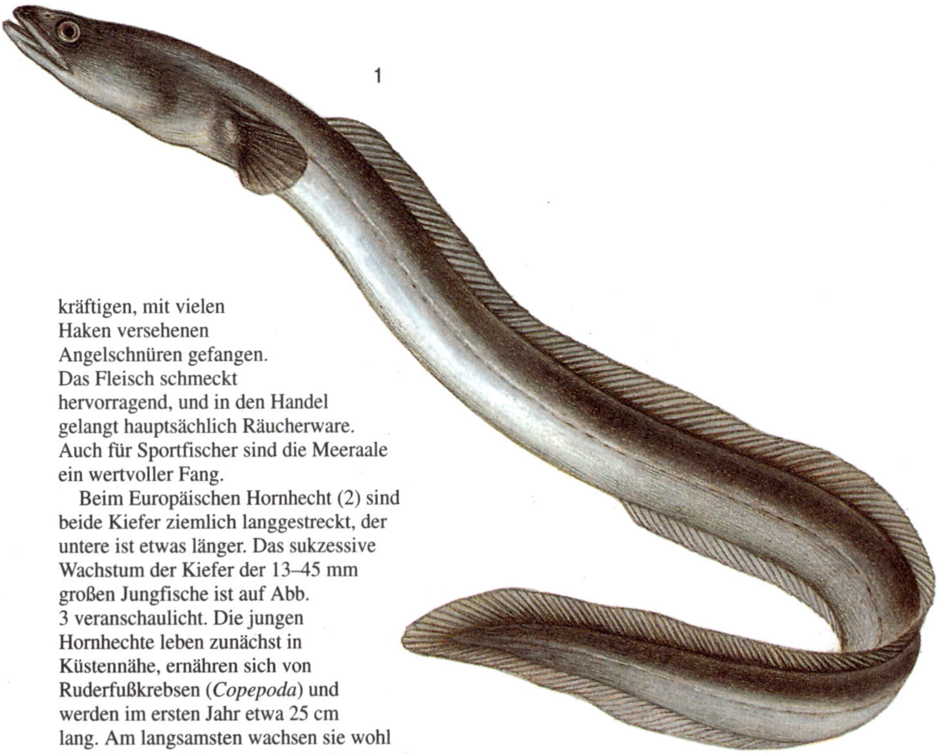

kräftigen, mit vielen Haken versehenen Angelschnüren gefangen. Das Fleisch schmeckt hervorragend, und in den Handel gelangt hauptsächlich Räucherware. Auch für Sportfischer sind die Meeraale ein wertvoller Fang.

Beim Europäischen Hornhecht (2) sind beide Kiefer ziemlich langgestreckt, der untere ist etwas länger. Das sukzessive Wachstum der Kiefer der 13–45 mm großen Jungfische ist auf Abb. 3 veranschaulicht. Die jungen Hornhechte leben zunächst in Küstennähe, ernähren sich von Ruderfußkrebsen (*Copepoda*) und werden im ersten Jahr etwa 25 cm lang. Am langsamsten wachsen sie wohl im Schwarzen Meer, wo sie bis 18 Jahre alt werden. Nach dem Laichen ernähren sich die erwachsenen Tiere ausgiebig von kleinen Heringen, Stichlingen und verschiedenen Krustentieren und ziehen zum Jahresende wieder an die Süd- und Westküste Englands. Ähnliche Laich- und Nahrungswanderungen führen sie auch im Mittel- und Schwarzen Meer durch. Die Hornhechte sind ausgezeichnete Schwimmer und retten sich vor Thunfischen und Delphinen oft durch einen Sprung über den Wasserspiegel. Ihr Fleisch ist schmackhaft, aber ziemlich trocken. Viele Kunden schreckt ihre ungewöhnliche grüne Knochenfärbung ab, obwohl dieser Farbstoff gesundheitlich unbedenklich ist.

Die europäische Jahresausbeute beträgt nur 5 000–7 000 t, wobei die meisten Hornhechte in Dänemark, Spanien und Italien gefangen werden.

4

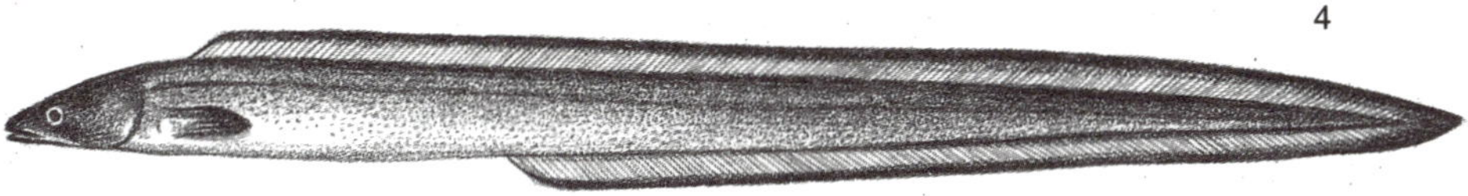

Die Panthermuräne ist im mittleren indopazifischen Raum zahlreich verbreitet. Oft wird sie unter dem Synonym *Gymnothorax flavomarginatus* geführt. Sie ist goldgelb gefärbt, mit zahlreichen kleinen, teilweise ineinander verschmelzenden dunklen Flecken. Ein größerer dunkler Fleck umsäumt die Kiemenöffnung hinter dem Kopf. Das Pflugscharbein (Vomer) ist nach vorn zu mit auseinanderlaufenden Zahnreihen bedeckt. Die Panthermuräne wird etwa 160 cm lang und gilt als aggressiv.

Der Körper der Muränen ist schuppenlos und bei vielen Arten buntgefärbt, der Schwanz sehr lang, und die unpaarigen Flossen sind verkümmert; Brust- und Bauchflossen fehlen. Bekannt sind mehr als 100 Arten, die mehreren Gattungen zugeordnet werden. Alle Muränen sind recht angriffslustig, oftmals ohne provoziert worden zu sein. Besonders die großen, bis 2,5 m langen Arten gelten als die gefährlichsten Lebewesen der tropischen Meere. Ihr Blutserum ist giftig und kommt gewöhnlich aus der Umgebung des Pflugscharbeins, wo die Blutgefäße in der zarten Schleimhaut am Gaumen des Tieres platzen. Wenn es in die durch einen Muränenbiß verursachte Wunde eindringt, ruft es beim betroffenen Menschen eine Zersetzung der roten Blutkörperchen hervor. Durch Küchenzubereitung bei einer Temperatur über 75 °C verschwindet die Toxizität des Blutes. Vermutete Giftdrüsen an den Zähnen einiger Muränenarten konnten nicht zuverlässig nachgewiesen werden.

Am vielleicht bekanntesten ist die Mittelmeer-Muräne (*Muraena helena*). Wie die meisten Muränen hat sie röhrenförmig langgestreckte Nasenöffnungen. Sie lebt im Mittelmeer und im östlichen Teil des Atlantiks, dringt nach Norden bis in die englischen Gewässer vor und wird ca. 120 cm lang. Ihr Fleisch wurde von den alten Römern sehr geschätzt und durfte bei keinem Festgelage fehlen.

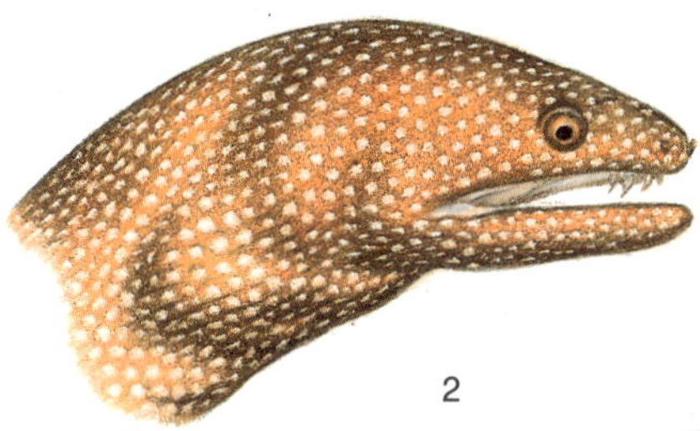

2

Die Weißmaulmuräne (*Lycodontis*, syn. *Gymnothorax, meleagris*, 2) ist in der mittleren Tropenregion südwärts bis zum südostafrikanischen Durban weit verbreitet. Sie wird etwa 1 m lang und hat im Oberkiefer seitlich zwei Reihen Zähne, im Unterkiefer eine; auch das Pflugscharbein ist zahnbesetzt.

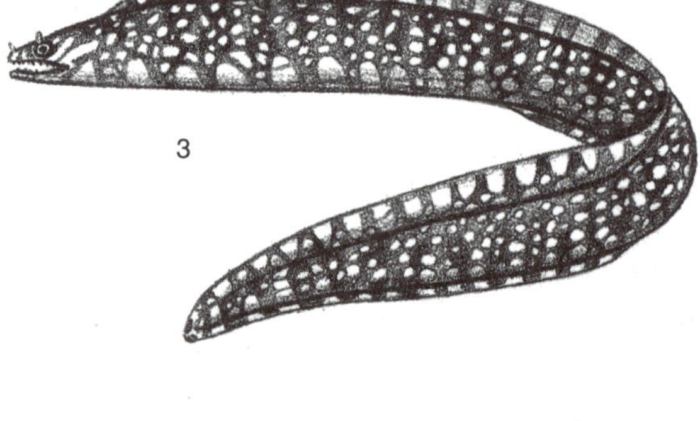

3

1

Wie alle Muränen versteckt die Panthermuräne (1) sich gern in Felsspalten oder Korallenriffen.

Die Drachenmuräne (*Muraena pardalis,* 3) gehört zu den sehr bunten Arten im indopazifischen Raum. Am bekanntesten ist sie in der Region um Japan, Korea und Madagaskar, in Polynesien und Hawaii. Ihr Körper ist robust, das Maul breit und gut bezahnt, die hinteren Nasenöffnungen sind ungewöhnlich röhrenartig ausgezogen und gelb. Sie lebt in Felsenhöhlen entlang der Küste und ist räuberisch und sehr gefräßig. Sie wird zwar nur 80 cm lang, aber wütend und außerordentlich geschickt greift sie selbst riesige Kraken an und kann auch dem Menschen gefährliche Verletzungen zufügen. Wegen ihrer bunten Färbung und geringen Größe werden junge Exemplare mitunter für Aquarienzwecke importiert, doch verhindert ihre Unverträglickeit hier eine nennenswerte Verbreitung.

Atlantischer Makrelenhecht
Scomberesox saurus

Der Atlantische Makrelenhecht ist dem Europäischen Hornhecht sehr ähnlich, hat aber einen höheren und seitlich stärker abgeflachten Körper und keine Grünknochen. Er hat kleine hinter der Rücken- und Afterflosse am Schwanz entwikkelte Flössel. Er bewohnt die wärmeren atlantischen Gewässer an den Küsten Nord- und Südamerikas sowie Westeuropas und Nordwestafrikas einschließlich des Mittel- und Schwarzen Meeres. Er erreicht eine maximale Länge von 50 cm und ist ein pelagischer Fisch, der sich an der Wasseroberfläche aufhält. Seine kleinen Eier (2 mm) haben kürzere Haftfäden und schwimmen dicht unter der Wasseroberfläche. Die geschlüpften und frei schwimmenden Larven haben kürzere Kiefer. Ober- und Unterkiefer wachsen und verlängern sich fast gleichmäßig. Er ernährt sich von Krustentieren und kleinen Fischen.

Der Atlantische Kinnbartel-Flugfisch (*Cypselurus heterurus*) aus der Familie *Exocoetidae* ist ein in den warmen und tropischen Bereichen des Atlantiks und im Mittelmeer verbreiteter fliegender Fisch. Er hat gutentwickelte Brust- und Bauchflossen, wird 43 cm lang und legt runde Eier mit langen klebrigen Fäden ab, mit denen sie an Schwimmpflanzen haften bleiben oder in schwebenden Ballen umhertreiben. Die geschlüpften Jungen haben ein paar kurze Barteln am Unterkiefer und halten sich in Küstennähe auf.

Aus dieser Familie ist auch der Schwalbenfisch (*Exocoetus volitans*), der in denselben Gewässern wie der vorige lebt und außerdem im Indischen und Pazifischen Ozean sehr weit verbreitet ist. Er wird nur ungefähr 30 cm lang.

Die Familie Fliegende Fische (*Exocoetidae*) umfaßt auch die sog. Flugfische, die in den Äquatorgewässern des Pazifischen, des Atlantischen und des Indischen Ozeans leben. Sie haben charakteristisch geformte Brust- und manchmal auch Bauchflossen und einen verlängerten Unterlappen der Schwanzflosse, der ihnen zum Steuern in der Luft dient. Die Brustflossen sind breit und lang und in ihrer ganzen Länge von kräftigen Flossenstrahlen durchsetzt. Der Gleitflug durch die Luft dauert bis zu 10 Sekunden, und die Fische legen dabei Entfernungen über 100 m zurück, hauptsächlich bei günstigem Auf- und Gegenwind. Diese Flugfische sind eng mit den Vertretern der Familie Makrelenhechte (*Scomberesocidae*) und der Familie Hornhechte (*Belonidae*) verwandt.

1

2

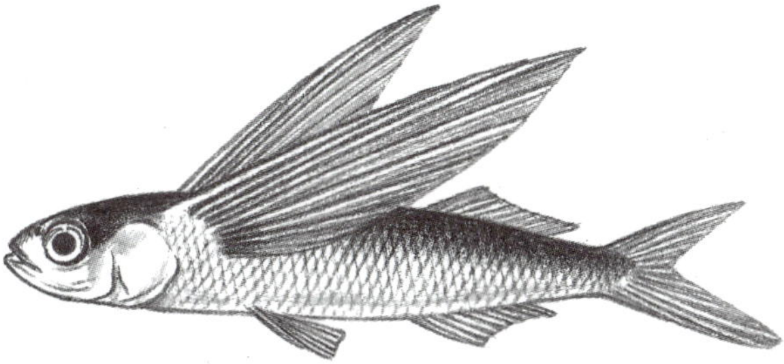

3

Der Atlantische Makrelenhecht (1) ist wirtschaftlich wenig bedeutsam. Er wird zwar mit Netz und an der Angel gefangen, doch übersteigt die jährliche Weltgesamtausbeute nicht 4000 t.

Der Atlantische Kinnbartel-Flugfisch (2) verirrt sich aus den warmen Gewässern oftmals recht weit in kalte hinein – so wurde er auch schon an der kanadischen und der dänischen Küste gefangen, ja sogar in einem norwegischen Fjord bei Oslo.

Neben dem Schwalbenfisch (3) treffen wir in der Adria noch den Flugfisch *Exonautes rondeleti*, der 35 cm lang wird und buntfarbene Brustflossen hat. Beide Arten sehen wir hauptsächlich im Herbst über den Wasserspiegel segeln. Ihr Fleisch ist sehr schmackhaft.

Kabeljau oder Dorsch

Gadus morhua

Dorsche
Gadidae

Der Kabeljau (1), oft nur in seiner Jugendform Dorsch genannt, ist im Nordatlantik an der europäischen und amerikanischen Küste verbreitet. In Europa lebt er von der Biscaya nach Norden zu bis an die Barentssee und in den arktischen Gewässern, in Nordamerika von der Hudson Bay bis zum Kap Hatteras, bei Südgrönland und Island, auch in der Ostsee treffen wir ihn an. Er hat eine mächtige Kinnbartel. Die Grundfärbung hängt mit seinem Standort zusammen – sie kann grünlich, rötlich oder sandfarben sein. Er wird 110 cm lang und im Alter von 20 Jahren 10 kg schwer; vereinzelt sind 150 cm lange und 40 kg schwere Tiere gefangen worden. Er lebt an der Küste sowie in Tiefen von 500–600 m, hauptsächlich bei einer Wassertemperatur von 2–10 °C und gewöhnlich am Boden, aber auch pelagisch. Aufs freie Meer zieht er hinaus, um Heringe und andere Schwarmfische zu jagen. Wie bei den Heringen sind viele lokale Dorschstämme bekannt. Gelaicht wird gewöhnlich im Frühjahr bei einer Wassertemperatur von 4–6 °C. Die Zahl der Fischeier schwankt je nach Größe des Weibchens zwischen 5 000 und 5 Millionen. Rogen und Milch werden frei ins Wasser abgestoßen. Der glasklare 1,5 mm große Laich ist pelagisch. Je nach Temperatur dauert die Entwicklung des Keimlings im Ei 2–4 Wochen. Die geschlüpften Larven messen etwa 5 mm; sie ernähren sich von Plankton-Krustentieren, vor allem von Ruderfußkrebsen. Nach 3–5 Monaten, bei einer Größe von 3–6 cm, gehen die jungen Dorsche zu einem Bodenleben über. Die Ozeanformen steigen ziemlich weit in die Tiefe, die Brut der Küstendorsche bleibt in relativ seichtem Wasser. Auf den Markt kommt der Dorsch als Frischware, in Streifen geschnitten, eingesalzen oder getrocknet, im ganzen getrocknet als Stock- und Klippfisch oder tiefgekühlt als Filet. Aus dem Abfall bei seiner Verarbeitung entsteht Fischmehl, und aus der Leber werden jährlich mindestens 60 000 t Fischtran gewonnen. Die Dorscheier werden frisch oder geräuchert verkauft.

2

Der Schellfisch (*Melanogrammus aeglefinus*, 2) hat das gleiche Verbreitungsgebiet wie der Dorsch, kommt aber nicht in der Ostsee und bei Grönland vor. Am Kinn hat er nur eine ganz kurze Bartel und ist von den anderen Dorscharten am ovalen schwarzen Fleck unter der ersten Rückenflosse leicht zu erkennen. Er wird höchstens 1 m lang und 12 kg schwer und ernährt sich von Schlangensternen, Mollusken, Würmern, jungen Heringen und Krustentieren. Der Gesamtfang in den europäischen Gewässern beträgt jährlich 200 000–300 000 t, in den USA und Kanada 100 000–120 000 t.

Der Pollack oder Steinköhler (*Pollachius pollachius*, 3) lebt an der Küste Westeuropas von Skandinavien nach Süden zu bis Gibraltar,

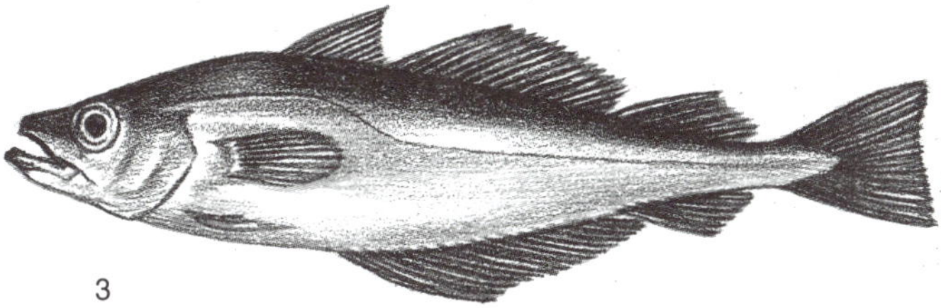

3

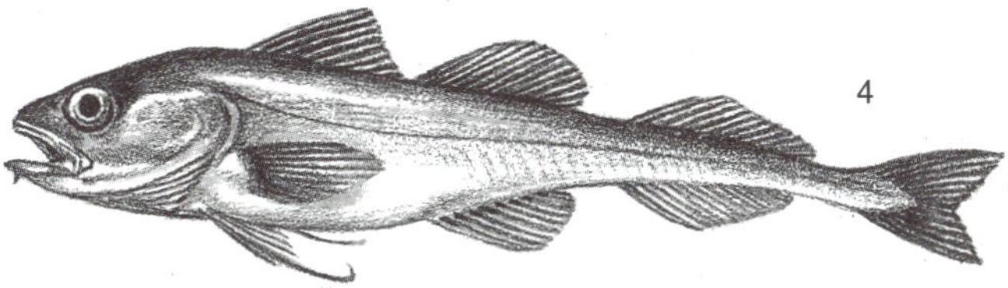

4

im westlichen Teil des Mittelmeeres und teilweise auch an der Nordwestküste Afrikas (Marokko). Er wird 1 m lang und ernährt sich von Tiefseegarnelen, Heringen u.dgl. Sein Fleisch ist trocken, aber schmackhaft. Gefangen wird er an der Angel, im Netz und in Reusen, am häufigsten bei Norwegen, doch werden in Europa jährlich nicht mehr als insgesamt 5 000 t angelandet.

Der Polardorsch (*Boreogadus saida*, 4) bewohnt zirkumpolar alle kalten Gewässer des Atlantischen und Pazifischen Ozeans. Er lebt an der Oberfläche zwischen schwimmenden Eisschollen, aber auch in einer Tiefe bis 730 m und wird maximal 45 cm lang. Das Weibchen legt 9 000–18 000 pelagische Eier in Küstennähe bei einer Wassertemperatur um 0 °C. Die Jungen schlüpfen im April und Mai. Er wird in den arktischen Breiten gefangen, dient aber hauptsächlich Polarfüchsen, Bären, Vögeln und Walen als Nahrung.

1

Köhler oder „Seelachs“
Pollachius virens

Der Köhler (1) ist im Nordatlantik an den europäischen Küsten von der Barentssee bis zur Biscaya, um ganz Island herum und vor Südnorwegen sowie im Westen an der Küste Nordamerikas von Labrador bis Südkarolina weit verbreitet. Sein Unterkiefer ist länger als der Oberkiefer, mit einem kleinen oder gar keinem Bartfaden am Kinn. Die Afteröffnung liegt am Bauch unter dem hinteren Ende der Basis der ersten Rückenflosse. Die Seitenlinie ist hell umsäumt. Er wird etwa 130 cm lang und lebt ausschließlich pelagisch an der Wasseroberfläche wie auch in größeren Tiefen. Gelaicht wird in 100–200 m Tiefe an Stellen mit hohem Salzgehalt und einer gleichmäßigen Temperatur von 6–8 °C. Nach anfänglicher pelagischer Lebensweise der Larven suchen die jungen Köhler seichte Gewässer auf und werden nach 5–10 Jahren geschlechtsreif. Sie ernähren sich zunächst von kleinen Krustentieren und Fischbrut, wobei sie auch kleinere eigene Artgenossen nicht verschmähen. Später sind sie ebenfalls räuberisch und sehr gefräßig, verzehren viele Heringe und andere Schwarmfische. Die Köhler sind typische Schwarm- und Zugfische. Sie unternehmen lange Wanderungen den Heringen nach, die ihren Laichplätzen zustreben. Nach so einem Zug und dem Ablauf der Winterperiode suchen sie in den Sommermonaten ihr eigenes Laichgebiet auf. In den europäischen Gewässern werden etwa 185 000 t jährlich gefangen, die meisten – rund 70 000 t – vor Norwegen. An der amerikanischen Küste steht Kanada an erster Stelle mit einem Jahresertrag von etwa 25 000 t. Gefischt wird mit verschiedenen Netzen sowie an der Angel. An den Verbraucher gelangen sie als Frischware, eisgekühlt, eingesalzen, getrocknet oder tiefgefroren als Fischfilet. In Deutschland werden sie geräuchert, das Fleisch eingefärbt und konserviert („Seelachs in Öl“), in Norwegen verkauft man sie hauptsächlich getrocknet als Stockfisch.

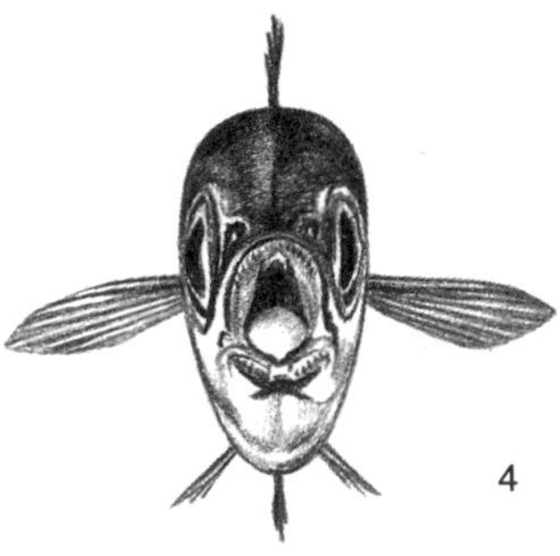
4

Der Wittling (*Merlangius merlangus*, 2) bewohnt die ganze westeuropäische Küste von Skandinavien (Norwegen) und Island bis Gibraltar, das Mittelmeer bis Korsika und Sardinien und die nahegelegenen Küsten Nordwestafrikas (Marokko und Tunesien). Die meisten werden nicht länger als 40 cm (Norwegen), auch wenn bei Island Fänge von 50–70 cm Länge bekannt sind. Der Wittling lebt an Küsten mit Wasserpflanzenwuchs, steigt aber auch bis 200 m tief. Geschlechtsreife erlangt er schon mit 3–4 Jahren. Er laicht von Januar bis September in einer Tiefe von 30–100 m. Die Jungfische halten sich zunächst unter den Schirmen von Nesselquallen auf, wo sie nicht nur Schutz suchen, sondern auch gleichzeitig deren Eier verzehren. Während des pelagischen Lebens entfernen sie sich, von Wasserströmungen verdriftet, oft weit von ihrer Geburtsstätte weg.

1

2

Sie ernähren sich von Krustentieren, Garnelen, Schwimmkrebsen und schließlich von Fischen – Heringen und Stintdorschen (*Trisopterus esmarki*). Bei Sportfischern sind die Wittlinge eine beliebte Angelbeute. Sie haben ein weiches, zartes und schmackhaftes Fleisch. Der Jahresfang beläuft sich auf ungefähr 150 000 t. Gefischt werden sie mit Netzen und gelangen frisch auf den Markt. Nach internationalen Konventionen sind sie im Bereich der Nordsee bis zu einer Größe von 23 cm geschützt.

Der Blaue Wittling (*Micromesistius poutassou*, 3, 4) ist kleiner, wird nicht länger als 50 cm. Er hält sich in einer Tiefe von 80–300 m auf, und seine geographische Verbreitung ist im großen und ganzen die gleiche wie bei der vorigen Art; darüber hinaus kommt er im ganzen Mittel-, Adriatischen und Ionischen Meer bis zur entferntesten östlichen Küste vor. Er laicht im Frühling, und die Jungfische leben verhältnismäßig lange – bis zu einer Größe von 15 cm – pelagisch. Auch die erwachsenen Tiere tummeln sich gern im freien Meer. Angelandet werden sie nur zufällig, meist in Schleppnetzen beim Fang von Garnelen und Krevetten.

3

Östlicher (Chinesischer) Trompetenfisch

Aulostomus chinensis

Dieser Trompetenfisch bewohnt die Korallenriffe der tropischen Meere des Pazifiks sowie an der Küste Nordostaustraliens hauptsächlich das Große Barriereriff. Er hat eine seitlich stark abgeflachte Röhrenschnauze, kann die Kiefer aber ziemlich weit öffnen, um eine relativ große Beute einzusaugen. An der Mitte des Unterkiefers trägt er eine gutentwickelte Bartel. Er ist räuberisch und in flachen, dem offenen Meer zugewandten Gewässern zu finden. Er hält sich gern in Korallenriffen auf, seitwärts an verschiedene Gegenstände (Felsen, Korallen, Pflanzen) gedrückt. Von Hornkorallen (*Gorgonaria*) bestandene Stellen sind ein wahres Paradies für ihn: er steckt leicht schräg zwischen ihnen, den Kopf nach unten, und hat eine perfekte Mimikry ausgebildet – rasch kann er nach den Dingen ringsum seine Farbe wechseln. In der australischen Region sucht er mit Vorliebe auch die Äste der Geweihkorallen (*Acropora*) auf. Trotz seiner ungewöhnlichen Körperform, seinen 70–80 cm Länge und den kleinen Flossen kann er eine große Geschwindigkeit entwickeln: überraschend schnell schießt er aus dem schattigen Grau seines Verstecks auf die Beute los, und das Saugmaul vollendet das Werk der Vernichtung. Ungefährlich freilich ist er für den kleinen Putzer-Lippfisch (*Labroides dimidiatus*) der ihn am ganzen Körper von unangenehmen und gefährlichen Parasiten befreit.

Der Gefleckte Trompetenfisch (*Aulostomus maculatus*) ist häufig im westlichen Atlantik, im Golf von Mexiko, in der Nähe der Bermudas und Bahamas sowie nach Süden zu bis zur brasilianischen Küste anzutreffen. Seine Färbung ist sehr veränderlich – von einem unbestimmten Grau bis Braun und Rot, mit einer Serie silbriger oder heller Längsstreifen und Flecke. Gestreift und gefleckt ist nicht nur sein Körper, sondern auch der Kopf. Er wird bis 1 m lang, und beim Schwimmen fallen die nichtpigmentierten, intensiv zitternden Flossenenden auf. Mit Vorliebe hält er sich wie der Östliche Trompetenfisch zwischen Korallenästen auf. Junge Exemplare hat man in einem schwimmenden Teppich von Sargassoalgen gefunden.

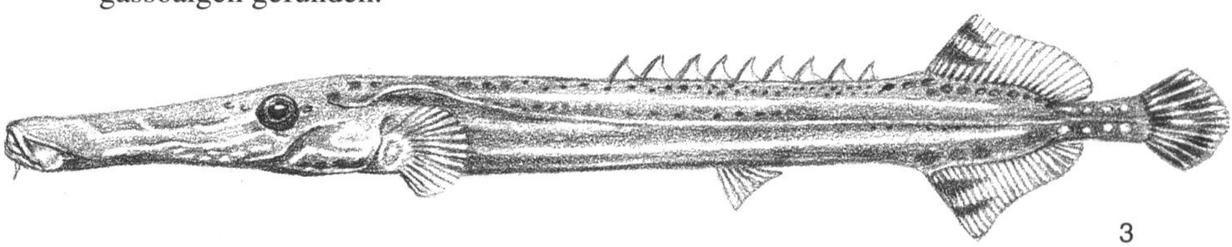

3

Die Trompetenfische (*Aulostomidae*) haben einen trompetenförmig gestreckten Körper, der mit Kammschuppen (Ctenoidschuppen) bedeckt ist, und ein relativ kleines, aber dehnbares Maul; der Unterkiefer ist sichtbar länger. Die weiche Rücken- und Afterflosse wird von 20–30 Flossenstrahlen gestützt, und der Rücken ist mit 8–12 voneinander getrennten Stacheln bedeckt, die Überreste der ersten Stachelflosse. Die Bauchflossen sind klein und enthalten nur 6 Strahlen. An der rhomboidförmigen Schwanzflosse fehlt der mittlere fadenartige Fortsatz, der für die nahverwandte Familie der Flötenmünder (*Fistulariidae*) charakteristisch ist. Die ganze Familie der Trompetenfische umfaßt nur

3–4 nomenklatorisch gültige Arten, die im Pazifik und Atlantik verbreitet sind. Sie alle zeichnen sich durch einen enormen Farbwechsel aus – beim Östlichen Trompetenfisch (1, 2) von Kanariengelb über Grün bis Braun oder Schwarz mit helleren Längsflecken, beim Gefleckten Trompetenfisch (3) von Grau über Braun bis Rot. Dieser Farbwechsel schützt sie vor Räubern und ermöglicht ihnen gleichzeitig eine leichtere Jagd, da die Beute sich ihnen nähert, ohne die drohende Gefahr zu bemerken.

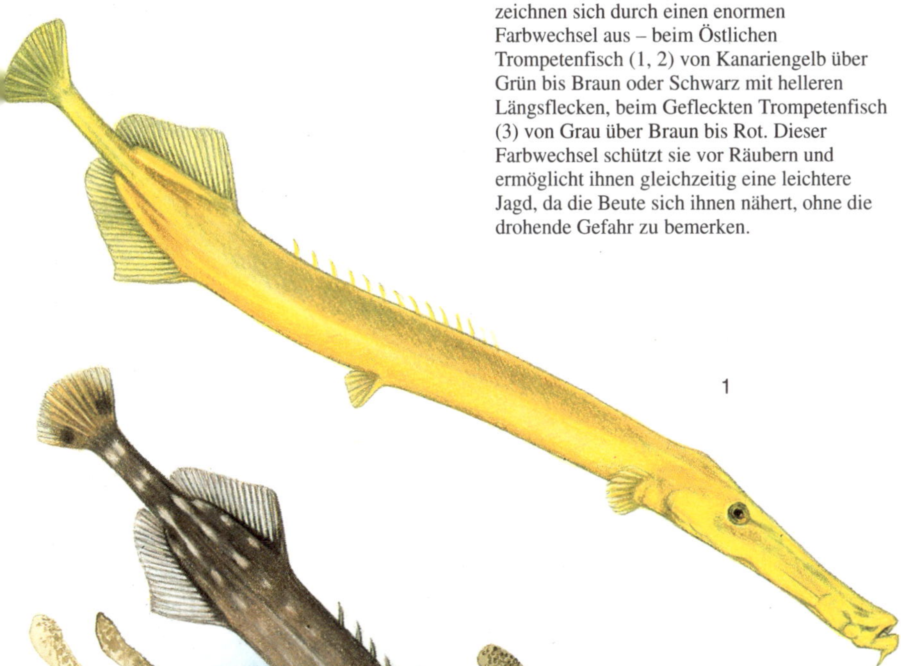

1

2

Fransengeisterfisch
Solenostomus paegnis

Die Geisterpfeifenfische sind mit den Seenadeln und Seepferdchen der Familie *Syngnathidae* eng verwandt. Der Kopf ist röhrenförmig nach vorn erweitert wie bei den Seenadeln, sie unterscheiden sich aber in der Körperform von ihnen. Die Bauchflossen sowie die erste Rücken- und die Schwanzflosse sind stark vergrößert, der eigentliche Körper dagegen sehr kurz und der Schwanz lang. Diese kleine Familie umfaßt nur eine oder zwei Gattungen (*Solenostomus* und vielleicht *Solenichthys*), und bisher sind nur etwa 5 Arten bekannt. Während sich bei den Seenadeln und Seepferdchen das Männchen um den Nachwuchs kümmert, hat das Geisterpfeifenfisch-Weibchen eine halboffene Bruttasche aus vergrößerten und teilweise zusammengewachsenen Bauchflossen, die eng am Bauch anliegen. In dieser Bruttasche haften die Eier an kurzen Fäden. Nach dem Schlüpfen leben die Jungen unabhängig von der Mutter.

Die Geisterpfeifenfische sind gewöhnlich auf Seegraswiesen anzutreffen, und ihre Größe, Gestalt und Färbung ist unterschiedlich und sehr variabel. Häufig verbreitet sind sie im Indischen und Pazifischen Ozean, von Südafrika nach Osten zu bis in den indoaustralischen Raum. Sie leben an seichten Stellen von Korallenriffen zwischen Wasserpflanzen und entgehen einem flüchtigen Beobachter, denn sie ahmen in ihrer Färbung die verschiedenen Algenarten nach.

Der Fetzengeisterfisch (*Solenostomus paradoxus*) ist von der japanischen Küste bis hin nach Südafrika bekannt und wird 17 cm lang. Das Weibchen hat außergewöhnlich große und breite, mit dem hinteren Rand auf den Körper zu gewachsene Bauchflossen, so daß sie eine nach hinten zu offene geräumige Höhlung bilden. Einen kürzeren Kopf weist der Seegrasgeisterfisch (*Solenostomus cyanopterus*) auf, bekannt von Japan bis zum Roten Meer und Ostafrika und nach Osten zu bis Neuguinea und Hawaii.

2

3

Der Fransengeisterfisch (1, 2, 3) ist im westlichen Teil des Pazifischen Ozeans verbreitet und erregt vor allem in Schauaquarien Aufmerksamkeit. Er wird nur etwa 10 cm lang und entgeht in der Natur auch dem Blick eines sorgfältigen Beobachters. Unsere Abbildungen dokumentieren seinen enormen und raschen Farbwechsel, mit dem er sich der Lebensumgebung anpaßt. Diese Mimikry ist ein guter Schutz für ihn und bietet außerdem die Möglichkeit, unbemerkt auf Beute zu warten oder sich ihr unauffällig zu nähern. Sie besteht aus kleinen Krustentieren und Jungfischen, die vom röhrenförmigen Maul eingesaugt werden.

1

Kronen-Seepferdchen
Hippocampus coronatus

Zur Familie *Syngnathidae* gehören die Seenadeln und die Seepferdchen. Wegen ihres bizarren Aussehens und Schwimmens mit dem Kopf nach oben werden die Seepferdchen bisweilen auch der selbständigen Familie *Hippocampidae* zugeordnet. Die meisten Arten leben an den Küsten in seichten Gewässern, höchstens in einer Tiefe von 90 cm. Seepferdchen sind aber auch aus dem freien Meer bekannt und Seenadeln sogar aus Süßwasser. Die Seenadeln haben eine charakteristische Körperform mit einer Rückenflosse, die ohne Stacheln ist oder ganz fehlt. Die zwei Nasenlöcher liegen seitlich am Kopf. Der Körper ist schlank, sechskantig im Profil und mit Knochenplättchen unter der Haut bedeckt. Die Männchen haben am Bauch oder an der Unterseite des Schwanzstiels einen Brutsack. Bekannt sind über 150 Arten, die in allen Meeren leben und 6–30 cm lang werden. Die Seepferdchen unterscheiden sich von den Seenadeln durch einen seitlich abgeflachten Körper. Ihr Kopf ist durch einen verengten Teil vom Rumpf getrennt und zum Bauch hin geneigt. Sie schwimmen in senkrechter Haltung und klammern sich mit Hilfe ihres Schlingschwanzes an Wasserpflanzen, Korallenästen oder anderen Gegenständen fest. Auch ihre Männchen haben an der Bauchseite einen Brutsack. Sie werden 4–30 cm lang, und es sind etwa 25–30 Arten bekannt. Das nur 8 cm lange Kronen-Seepferdchen ist im westlichen Pazifik zahlreich und der vielleicht häufigste Vertreter in den japanischen Gewässern. Die Art *Hippocampus kelloggi* aus dem gleichen Raum ist 25–30 cm lang und dient getrocknet als Souvenir. Wohl am größten (32 cm) von allen Seepferdchen ist das Gelbe- oder Kuda-Seepferdchen (*Hippocampus kuda*). Es lebt im Indischen und Pazifischen Ozean einschließlich der Küste Südafrikas sowie an der Ostküste Queenslands und am angrenzenden Teil Australiens.

Das Kronen-Seepferdchen (1) trägt ein hohes Knochenkrönchen auf dem Kopf, das sich speziell bei den Männchen entwickelt hat.

Das Gelbe oder Kuda-Seepferdchen (*Hippocampus kuda*, 2) ist weit verbreitet und wird gern in Aquarien gehalten.

3

1

Einige Arten, z.B. das Kurzschnauzige (*Hippocampus hippocampus*) und das Langschnauzige Seepferdchen (*H. guttulatus*), vermehren sich sogar in Gefangenschaft gut.

2

Eine größere Anzahl vom Männchen „geborener“ Jungen großzuziehen, ist jedoch schwierig und gelingt relativ selten, denn es fällt nicht leicht, ihnen ein geeignetes Lebensmilieu zu schaffen und sie mit der richtigen lebenden Ersatznahrung zu versorgen.

Als kleinste Seenadel wird die Blaustreifen-Seenadel (*Doryrhamphus melanopleura*, 3) mit einer Größe von 25 mm schon geschlechtsreif. Voll erwachsen wird sie aber insgesamt nur 6 cm lang. Sie ist von den westamerikanischen Pazifikküsten nach Osten bis zum Indischen Ozean und zur Insel Mauritius sowie von Australien bis Japan sehr verbreitet und wegen ihrer attraktiven Färbung ein beliebter und ständig verlangter Fisch für die Meeresaquarien in der ganzen Welt.

Gotteslachs
Lampris guttatus

Glanzfische
Lampridae

Der Gotteslachs ist im Atlantischen Ozean verbreitet und sowohl von den Ostküsten Nord- und Südamerikas als auch von der ganzen europäischen Küste einschließlich des westlichen Teils des Mittelmeeres bekannt. Er wird 180 cm lang, lebt pelagisch in Tiefen von 100–400 m und ernährt sich hauptsächlich von Kalmaren. Als atlantischer Zugfisch kommt er während des Sommers regelmäßig z.B. in der Nordsee vor. Das Durchschnittsgewicht der gefangenen Exemplare beträgt etwa 70 kg, auch wenn schon Tiere bis 270 kg gefunden wurden. Er hat lachsfarbenes, sehr fettes Fleisch, das ausgezeichnet schmeckt. Da er relativ selten gefangen wird, ist er kommerziell wenig interessant. Der südafrikanische Ichthyologe Smith hält die bei Südafrika gefangene Art *Lampris regius* eigentlich für den einzigen gültigen Vertreter der monotypischen Gattung *Lampris*. Er schätzt sein Fleisch hoch ein und ist buchstäblich begeistert von der Kombination der Fischgröße, herrlich roter Färbung und Fleischgeschmack – eine Augenweide und ein Leckerbissen für den wahren Kenner!

Die Art *Antigonia rubescens* (Familie *Antigoniidae*) ist der Familie Eberfische (*Caproidae*) eng verwandt und bewohnt die Tiefengewässer des tropischen Teils des Indischen und Pazifischen Ozeans von Japan und Indien bis Australien. Sie wird 25 cm lang und selten gefischt. Ihr Fleisch schmeckt nicht gut, und nur mancherorts, z.B. in Japan, werden Fischkarbonaden daraus zubereitet. Ihre kleinere Verwandte, die Art *Antigonia capros*, lebt ubiquitär in allen tropischen und subtropischen Gewässern der Ozeane. Sie wird nur 17 cm lang und aus 55–915 m Tiefe gefischt. Sie ist ebenfalls hochrückig und zart rötlich gefärbt.

Über das Leben, die Biologie und Ethologie des Gotteslachses (1) ist praktisch nichts bekannt. Außer Kalmaren frißt er auch Fische, z.B. verschiedene Dorscharten. Trotz seines zahnlosen Mauls ist er bei seiner Größe ein erfolgreicher Räuber und jagt auch relativ schnell schwimmende Fisch- und Kopffüßerarten.

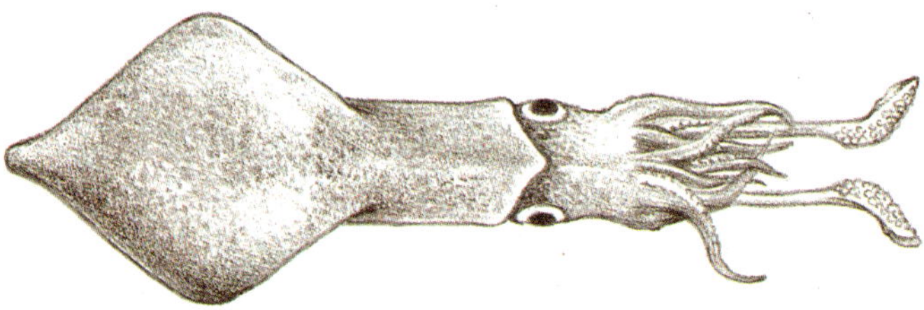

3

1

Der Körper der *Antigonia rubescens* (2) ist von kleinen Schuppen mit rauher Hinterkante bedeckt. Die erste Rückenflosse hat 9–10 Stacheln, die erste Afterflosse 3.

Der Gemeine Kalmar (*Loligo vulgaris*, 3), ein Kopffüßer und naher Verwandter der Tintenfische, bildet die Grundnahrung des Gotteslachses. Er hat einen schlanken torpedoförmigen Körper und am Mund 8 kurze und 2 lange Fangarme. Er wird 50 cm lang, schwimmt schnell und wird wegen seines schmackhaften Fleisches massenhaft gefangen.

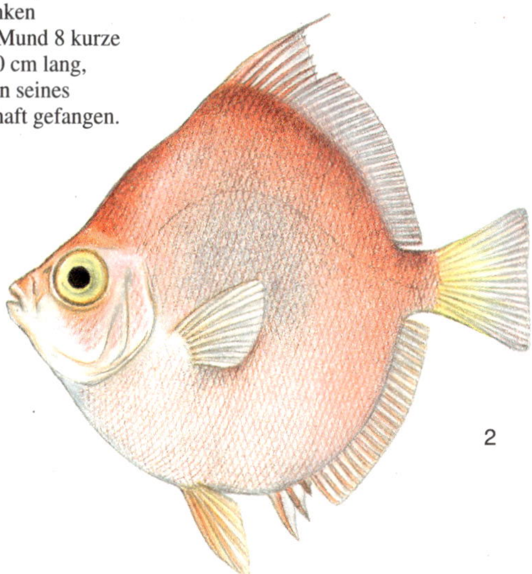

2

Heringskönig oder Petersfisch
Zeus faber

Petersfische oder Heringskönige
Zeidae

Dieser Fisch ist im östlichen Atlantik verbreitet: er lebt in den Küstengewässern von Südskandinavien entlang der westeuropäischen und afrikanischen Küste bis Kapstadt. Er ist hochrückig und seitlich stark abgeplattet, wird 60 cm lang und 8 kg schwer und hält sich im Pelagial schwarmweise in geringer Tiefe auf. Gelaicht wird im Juli und August an der südenglischen Küste und im März bis Mai im Mittelmeer. Die Fischeier sind pelagisch. Nach dem Ablaichen wandert ein Teil durch den Ärmelkanal in die Nordsee bis nach Nordnorwegen und in den Kattegat. Seine Nahrung bilden Sardinen, Heringe und Ährenfische, und sein Fleisch wird sehr geschätzt. Gefangen wird er hauptsächlich im Mittelmeer und an der westafrikanischen Küste in Netzen. Verwandte Arten leben im tropischen und gemäßigten Gürtel aller Ozeane.

Von der Atlantikküste Nordamerikas ist die größere Art *Zeus ocellata* bekannt, die sich vom Heringskönig durch ein sattelförmiges Kopfprofil, nur drei freie Stacheln vor der Afterflosse und eine Reihe von Knochenplättchen unter beiden Rückenflossen, an der Afterflossenbasis und an der Bauchkante unterscheidet. Die Knochenplättchen sind größer als beim Heringskönig, aber mit einem viel kürzeren Stachel versehen.

Der rosafarbene *Zen itea* ist aus der Region um Japan und die Philippinen bekannt. Er kommt dort recht häufig vor, lebt in größeren Tiefen und wird 16 cm lang. Sein gehacktes Fleisch ißt man gemeinsam mit dem anderer Meeresfische.

Die Art *Cyttoidops mccullochi* ist aus südafrikanischen Gewässern bekannt, wurde aber auch in der Nähe von Australien gefangen. Sie wird etwa 70 cm lang und ist dunkelbraun gefärbt.

Das Maul (4) von *Cyttoidops mccullochi* (3) ist sackartig ausdehnbar, so daß der Fisch überaus schnell saugen und eine große Beute erwischen kann. Die Schuppen sind noch kleiner als bei *Zen itea*, 125 in der Seitenlinie. Die erste

4

3

Rückenflosse hat eine kurze Basis, die Afterflosse dagegen eine sehr lange. Der Filterapparat an den Kiemenbögen besteht aus

1

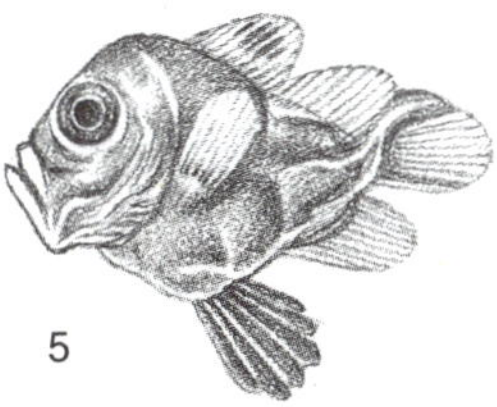

5

12 vollentwickelten Stäbchen, die im Oberteil jedes Bogens noch durch vier rudimentäre Dornen ergänzt werden. Trotz des großen Mauls kann der Fisch offenbar auch kleinere Nahrung gut verwerten, die er aus dem an den Kiemenbögen vorbeiströmenden Wasser beim Atmen mit Hilfe der Kiemenreuse herausfiltert.

Der Heringskönig (1) hat ein großes, weit vorstreckbares und ausstülpbares Maul und seine Jungen (5) eine bizarre Körperform.

Zen itea (2) hat große Augen, ein typisches Merkmal von Tiefseefischen. Den Körper bedecken kleine Rundschuppen (Cycloidschuppen), 82 in der Seitenlinie. Die Bauchflossen sind lang, flach und breit.

2

Spanfisch
Trachypterus arcticus

Der Spanfisch ist im Nordatlantik von der Insel Madeira und der afrikanischen Küste bis hinter den Polarkreis und nach Westen zu bis Grönland verbreitet. Die meisten dieser Tiefseefische wurden an der Oberfläche und in seichten Gewässern nach einem Sturm gefangen, doch hat man auch zahlreiche Schwärme in mehreren Jahren an der Nordküste Islands beobachtet. Er lebt vorwiegend in Tiefen von 180–920 m. Sein Speisezettel ist recht bunt: er verzehrt verschiedene Fische, Kopffüßer und Krustentiere. Unter der Rückenflosse sind 1–5 runde Flecke, und er wird etwa 3 m lang. Das Weibchen legt eine halbe Million Eier.

Der Band- oder Riemenfisch (*Regalecus glesne*) wird manchmal der selbständigen Familie Band- oder Riemenfische (*Regalecidae*) aufgrund einer prinzipiellen Unterscheidung nach der Anzahl der Flossenstrahlen zugeordnet (1 Strahl in der Bauchflosse = *Regalecidae*, 5 und mehr Strahlen = *Trachypteridae*). Dieser Fisch wird bis 7 m lang und ist aus allen Ozeanen und Meeren zwischen dem Nördlichen und Südlichen Wendekreis bekannt. Seine Larven hat man mit Netzen in mittleren Tiefen und knapp unter dem Wasserspiegel gefangen. An den Strand gespülte Tiere sehen die Fischer als gutes Omen für eine erfolgreiche Heringsjagd an.

Die Familie Sensenfische umfaßt die Gattungen *Trachypterus*, *Desmodema*, *Zu* und *Regalecus*. Es sind Tiere mit einem langen, schlanken, seitlich abgeplatteten Körper, mit langer Rückenflosse, fehlender Afterflosse und einem beträchtlich vorstülpbaren Maul.

Beim Spanfisch (1) wird die Schwanzflosse nur von einigen Strahlen gestützt und ist schräg nach oben geknickt.

Beim Riemenfisch (2) ist der Anfang der Rückenflosse entweder zu einer Art fest aufgerichteten Krone umgewandelt oder im langen, wehenden Strahlensaum mitenthalten. Die Schwanzflosse fehlt ihm oder ist durch einige freie Strahlen ersetzt.

Der etwa 1 m lange *Trachypterus iris* (3) ist aus dem Südatlantik und aus der Region um das südafrikanische Kapstadt bekannt.

1

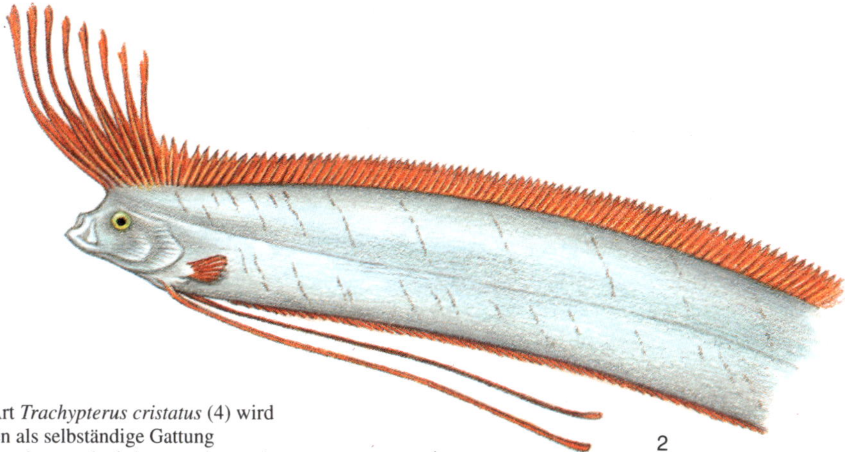

2

Die Art *Trachypterus cristatus* (4) wird bisweilen als selbständige Gattung *Zu* eingeordnet, und wir kennen sie aus dem Mittelmeer, aus warmen atlantischen Gewässern, von den Küsten Südafrikas sowie aus der Umgebung von Neuseeland, Japan und Kalifornien. Abb. 4 zeigt ein jugendliches (juveniles) Tier.

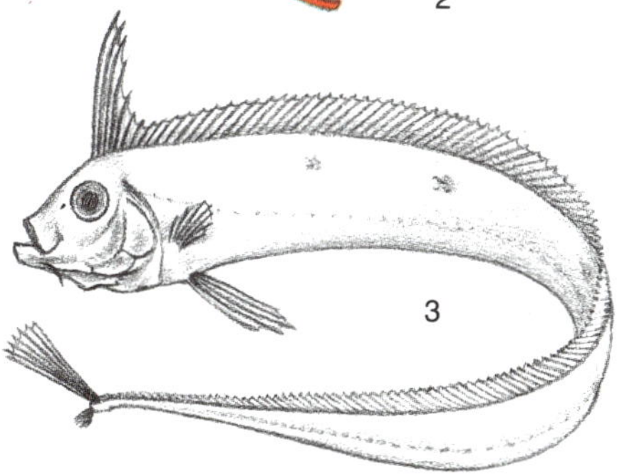

3

4

Japanischer Tannenzapfenfisch
Monocentris japonicus

Der Japanische Tannenzapfenfisch ist im östlichen Teil des Atlantiks sowie im Indischen und Pazifischen Ozean von Japan bis Australien und Südafrika verbreitet. Er wird etwa 16 cm lang und hält sich in einer Tiefe von 40–180 m in Schwärmen am Grund auf.

Zur Familie Tannenzapfenfische gehören zwei Gattungen: *Cleidopus* mit zwei Leuchtorganen an der Unterseite des Unterkiefers und Zähnen am Pflugscharbein sowie *Monocentris* ohne Leuchtorgane und ohne Vomerzähne. Der Japanische Tannenzapfenfisch ernährt sich vor allem von Garnelen und wird in Japan wirtschaftlich genutzt – man bereitet aus ihm gebackene und gebratene Speisen mit Essigzusatz oder in Sojasoße zu. Oft wird er in Aquarien gehalten, in Europa gelingt sogar seine Auf- und Nachzucht in hohen durchsichtigen Zylindern, in denen die natürlichen Bedingungen (Druck) nachgeahmt werden.

Die Art *Polymixia nobilis* aus der Familie Bartfische (*Polymixiidae*) ist in den Tiefengewässern des Atlantiks und Indischen Ozeans häufig, im Japanischen Meer wurde sie als *Polymixia japonica* beschrieben. Wahrscheinlich ist sie in allen tropischen Teilen der Weltozeane verbreitet. Sie hält sich in 180–640 m Tiefe auf und wird 50 cm lang. Den langen fleischigen Tastbarteln am Unterkiefer nach zu urteilen, lebt sie offenbar am Grund. Reife Eier haben die im März und April gefangenen Weibchen. Das Fleisch ist nicht allzu schmackhaft.

Die Art *Pomatomus saltatrix* aus der Familie Blaufische (*Pomatomidae*) ist der einzige Vertreter einer monotypischen Gattung und Familie. Sie bewohnt den östlichen und mittleren Pazifik und den Indischen Ozean bis Südafrika, wandert in vieltausendköpfigen Schwärmen umher und nährt sich räuberisch von kleineren Fischen, Sardinen, Meerbarben u.dgl. Sie wird bis 130 cm lang und 13 kg schwer.

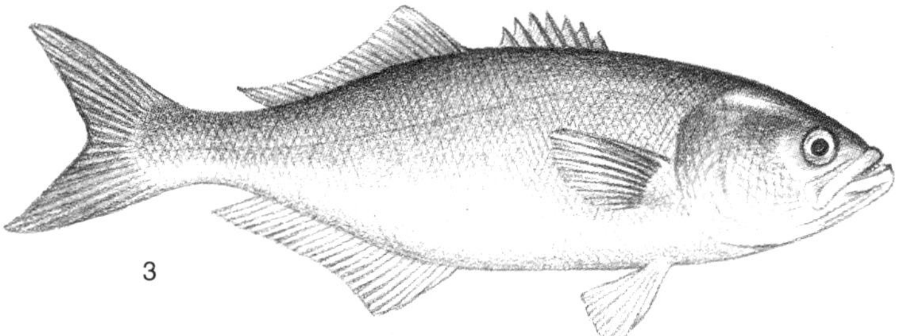

3

Neben dem Japanischen Tannenzapfenfisch (1) ist von der Südküste Queenslands, aus Neusüdwales und Westaustralien die größere Art *Cleidopus gloriamaris* bekannt, die 21 cm lang wird. Für Aquarienzwecke gefangene Tiere müssen einer langsamen Dekompression, d.h. der Gewöhnung an einen geringeren Druck, unterzogen und zunächst in schattigen Behältern mit diffuser Beleuchtung untergebracht werden. *Cleidopus gloriamaris* hat am Unterkiefer Leuchtorgane mit phosphoreszierenden symbiotischen Bakterien, die offenbar eine Funktion bei der nächtlichen Jagd auf Nahrung erfüllen.

1

Die neuseeländische Art *Cleidopus neozelanicus* bildet eine Übergangsform zwischen den Gattungen *Monocentris* und *Cleidopus*: sie hat keine Leuchtorgane, aber ein bezahntes Pflugscharbein. Und schließlich wird an den südöstlichen Ufern des Pazifiks die Art *Monocentris reedi* in einer Tiefe von

2

200-250 m gefangen, die weder Leuchtorgane noch einen zahnbestückten Vomer aufweist.

Polymixia nobilis (2) gehört zur wenig zahlreichen Familie Bartfische mit sehr gemischten morphologischen Merkmalen. Beschrieben wurden insgesamt drei Arten: *P. nobilis, P. japonica* und *P. lowei*, wobei die Gültigkeit der letzten beiden Bezeichnungen angezweifelt wird.

Die Art *Pomatomus saltatrix* (3) wird mit der Angel und gelegentlich im Netz gefangen. Sie hat zartes und schmackhaftes Fleisch und duftet frisch und geräuchert angenehm.

Diadem-Husar oder Soldatenfisch
Sargocentron diadema

Der Diadem-Husar ist im Indischen und Pazifischen Ozean sowie im Roten Meer weit verbreitet. Er hält sich in einer Tiefe von 5–45 m auf, wird 25 cm lang und ernährt sich in der Natur hauptsächlich von kleinen Fischen. Obwohl er ein Nachttier ist, wird er in öffentlichen Aquarien gehalten. In Gefangenschaft bevorzugt er nicht allzu helle Becken mit genügend schattigen Stellen.

Der Kardinal-Soldatenfisch (*Plectrypops retrospinis*) ist in der Karibik beheimatet, hauptsächlich an den Bermudas, Bahamas und Antillen. Er lebt in einer Tiefe von 5–25 m am Fuß von Riffen und auf sandigen Flächen, wird nur etwa 10 cm lang und ist ganz hellrot ohne jede Zeichnung. Seine Größe und Färbung machen ihn zu einem idealen Aquarienfisch. Allerdings wird nur selten gefangen, so daß die Nachfrage der Aquarianer nicht befriedigt werden kann.

Der Rote Eichhörnchenfisch (*Myripristis murdjan*), auch Mondkalb oder Weißsaum-Soldatenfisch genannt, ist im tropischen Teil des Indopazifiks und im Roten Meer verbreitet. Er hat große Augen mit einem dunklen Querstreifen, die ihm auch in finsteren Verstecken tagsüber eine gute Sicht ermöglichen. Nachts hält er sich gern in Schwärmen in 2–27 m Tiefe auf. Er jagt tierische Nahrung wie Krebse, Garnelen, Krevetten und junge Fische. Zur Haltung in Gefangenschaft benötigt er ein größeres Aquarium mit vielen Schlupfwinkeln, mit Felsenriffen oder harten Korallenstöcken. Eine sanfte, gedämpfte Beleuchtung sagt ihm zu. Mit der Zeit beginnt er auch Tagesaktivität zu zeigen und laicht in Gefangenschaft mitunter sogar ab. Kleinere Mitbewohner hält er oftmals für Nahrung.

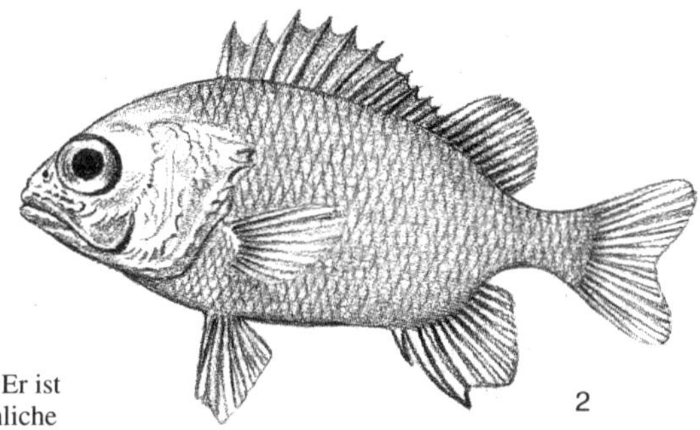

2

Der Diadem-Husar (1) läßt sich in Gefangenschaft gut in Gruppen halten. Er ist relativ friedfertig und lernt bald, fleischliche Nahrung lebendig und tot anzunehmen.

Der Kardinal-Soldatenfisch (2) ernährt sich von Plankton-Krustentieren und im Aquarium in der Hauptsache von Salinenkrebschen (*Artemia salina*).

3

Der Rote Eichhörnchenfisch (3) nimmt nach seiner Eingewöhnung im Aquarium Krustentiere der Gattung *Mysis* an, kleine Garnelen, Fisch- und Kalbfleisch, Rinderherz, Meeresflohkrebse, Sepienfleisch, kleine lebende Fische, Regen- und Schlammröhrenwürmer (*Tubifex*). Junge Tiere bevorzugen Plankton, auch aus dem Süßwasser, und Salinenkrebschen.

Die Familie Husaren- und Soldatenfische umfaßt an die 70 Arten stattlicher Exemplare mit großen Augen und einem mit harten Kammschuppen bedeckten Körper. Sie gliedern sich in zwei Unterfamilien: Husarenfische (*Holocentrinae*) sind Tiere mit einem großen Maul, die einzeln leben und Reviere bilden, während die Soldatenfische (*Myripristinae*) ein kleines Maul haben und in Schwärmen oder zumindest Gruppen vorkommen.

1

Der Juwelenbarsch ist im Indischen und Pazifischen Ozean bis Australien sowie im Roten Meer ein ziemlich häufiger Fisch und wird 46 cm lang. Kopf und Körper sind herrlich leuchtend rot, mit kleinen runden, blauglänzenden Flecken, die Flossenränder sind blau umsäumt und die Schwanzflosse gerundet. Er ist artlich und zwischenartlich sehr unverträglich und lebt in der Natur als Einzelgänger in Felsen- oder Korallenverstecken. Als räuberischer Fisch greift er die Beute überraschend schnell an, verfolgt sie aber nicht. In Gefangenschaft kann er nicht zusammen mit kleinen Fischformen gehalten werden, auch nicht mit Angehörigen der eigenen Art oder mit anderen Barschen.

Der Blauflecken-Zackenbarsch (*Cephalopholis argus*) lebt im Pazifischen und Indischen Ozean westlich bis nach Südafrika sowie im Roten Meer und wird etwa 40 cm lang. Seine Färbung ist sehr veränderlich – von Schmutziggelb über Bräunlich und Grau bis Tiefschwarz, mit relativ großen leuchtend blauen Flecken. Die Flossen sind gelb oder braun bis bläulich umsäumt.

Die Säge- und Zackenbarsche bilden im Meer eine zahlreiche Familie, wir kennen an die 500 Arten. Insgesamt sind sie räuberisch und bewohnen nicht nur die tropischen und subtropischen Gewässer, sondern auch die Meere der gemäßigten Breiten. Sie haben einen robust gebauten Körper und verstecken sich am liebsten in Korallenriffen und an felsigen Küsten, warten in einem Versteck auf Beute. Sie haben einen großen Kopf mit tief eingeschnittenem Maul, das mit einer Vielzahl kleiner und großer Zähne in den Kiefern ausgestattet ist. Oft sind sie hübsch gefärbt und ändern ihre Färbung außerdem nach der Umgebung, in der sie sich gerade aufhalten – die Farben wechseln dabei sehr rasch, sind im Versteck anders als beim Herausschwimmen ins freie Wasser, nachts anders als tagsüber, bei Erwachsenen anders als bei Jungen und darüber hinaus wandelbar mit der augenblicklichen Stimmung des Fisches.

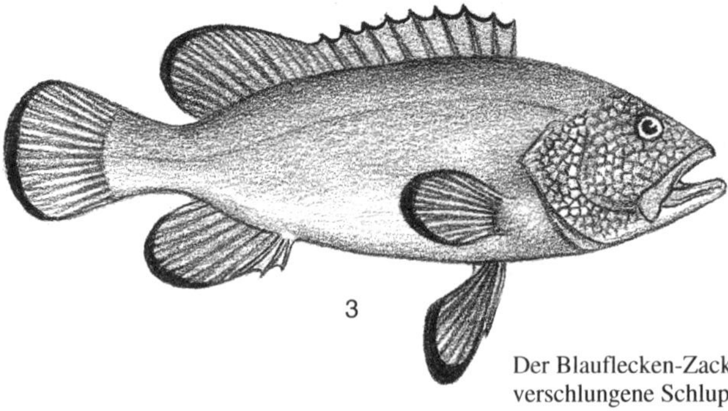

3

Der Juwelenbarsch (1) akklimatisiert sich im Aquarium gut. Er nimmt mit Appetit jede lebende und tote tierische Nahrung, oftmals gleich nach dem Import, so daß er sich gut und lange halten läßt.

Der Blauflecken-Zackenbarsch (2) liebt verschlungene Schlupfwinkel in Korallenriffen und ist sehr raufflustig und aggressiv gegenüber allen Sägebarschen. Einzeln im Aquarium gehaltene Tiere gedeihen gut.
Der Rote Felsenbarsch (*Cephalopholis sonnerati*, 3) lebt im Indopazifik und wird etwa

2

60 cm lang. Er hält sich in einer Tiefe ab 12 m auf und steigt bis 90 m herunter, hauptsächlich in tiefen Lagunen von Korallenriffen. Er ist fleischrot gefärbt, mit einem blauen Netzmuster am Kopf und umsäumten, dunklen bis schwarzen Flossen.

1

Der Langflossen-Zackenbarsch (1) bewohnt pazifische Gewässer und ist vor allem aus der Umgebung von Südjapan, Korea, Australien und Hawaii bekannt. Er wird etwa 50 cm lang, und sein Fleisch schmeckt nicht besonders. Ähnlich verbreitet ist auch der Schlegelbarsch (*C. schlegeli*), der sich durch kleinere Augen und einen schwarzen Fleck in der hinteren Hälfte des stacheligen Vorderteils der Rückenflosse unterscheidet. Außerdem zieht sich eine zarte goldgelbe Zeichnung an seinem Kopf und Körper in der oberen Hälfte entlang.

Der Sägebarsch *(Doederleinia berycoides)* ist nur von der japanischen Küste (von Hokkaido bis Nagasaki und in der Umgebung von Niigata) sowie aus Korea bekannt und an tiefen küstennahen Stellen ziemlich häufig. Er wird etwa 50 cm lang, und man verwendet ihn für verschiedene japanische Fischgerichte.

Der Goldstreifenbarsch (*Grammistes sexlineatus*) wird von einigen Autoren der selbständigen Unterfamilie *Grammistinae* zugeordnet. Er lebt im tropischen Teil des Indischen und Pazifischen Ozeans sowie im Roten Meer und wird etwa 25 cm lang. Seine Grundfärbung ist braun bis dunkelbraun, mit 3–9 goldgelben Längsstreifen an den Körperseiten; Jungfische haben weniger Streifen – ihre Anzahl nimmt mit dem Wachstum und Alter zu. Gern schwimmt er im freien Wasser und liebt die Strömung. Im Aquarium ist er kaum aggressiv, nur darf er nicht mit zu kleinen Mitbewohnern zusammen gehalten werden. Voller Appetit verzehrt er Garnelen, kleine Fischlein und Krebse. Nach längerer Zeit in Gefangenschaft gewöhnt er sich auch an Fischfleisch und läßt sich gut halten. Außer der Nominatform wurde noch die Unterart *G. sexlineatus proerythraeus* beschrieben, die auch im Reifealter nur drei gelbe Längsstreifen und einen roten Mittelstreifen am Scheitel aufweist, der auf den Rücken übergeht und auf den ersten zwei Stacheln der Rückenflosse endet. Bekannt ist sie in Japan von Kotschi bis zu den Riukiuinseln.

3

Auf die Tiefsee-Lebensweise des Sägebarsches *Doederleinia berycoides* (2) weisen seine auffallend großen Augen hin.

Der Goldstreifenbarsch (3) scheidet bei Innenarbeiten und Instandhaltung des Aquariums bzw. beim Fangen im Netz Grammistin aus, das für die meisten Fische tödlich wirkt. Daher ist es unmöglich oder zumindest recht problematisch, ihn mit anderen Arten zu halten.

2

In der Natur vertreibt dieses Gift, das in einem Hautsekret enthalten ist, Räuber. Von großen Goldstreifenbarschen ist bekannt, daß sie Kannibalen sind – oft fressen sie kleinere Artgenossen. Eine wirtschaftliche Bedeutung haben sie nicht, ihr Fleisch schmeckt unangenehm, ist bitter.

1

Der Temminckbarsch (1) kann wegen seiner typischen Färbung mit keiner anderen Art verwechselt werden. Er ist im mittleren tropischen Teil des Indischen und Pazifischen Ozeans – überall an felsigen Stellen – verbreitet und wird etwa 35 cm lang, doch trotz des großen Verbreitungsgebietes ist er nirgends häufig. Sein Fleisch ist schmackhaft und von ausgezeichneter Qualität.

Der Blaugelbe oder Orange-Zackenbarsch (*Epinephelus flavocaeruleus*) bewohnt ebenfalls den tropischen Indopazifik. Seine Grundfärbung ist blau bis dunkelblau, die Flossen und Lippen sind hellgelb. Bei Erregung oder Erschrecken erscheinen an den Seiten zahlreiche kleine weiße Flecke. Eine analoge fleckige Färbung haben auch sehr alte Tiere. Er wird etwa 60 cm lang.

Säge- und Zackenbarsche werden oftmals leider ziemlich groß, und daher reichen Zimmeraquarien bald nicht mehr aus. Einige Arten erreichen eine Länge von mehreren Metern und wiegen ein paar hundert Kilogramm. So wird z.B. der Gelbe Fleckenbarsch oder Queensland-Grouper (*Promicrops lanceolatus*) 3,7 m lang und 270 kg schwer, der Riesenzackenbarsch (*Epinephelus itajara*) 2,4 m lang und 320 kg schwer. Andererseits sind auch ganz kleine Arten von wenigen Zentimetern Länge bekannt, die nur an einer bestimmten Stelle vorkommen. Ihre Nahrung besteht zu 75 % aus Fischen, den Rest bilden Krustentiere. Blitzschnell greifen sie aus ihrem Versteck an und verschwinden wieder rasch mit der Beute. Genau feststellen zu wollen, wovon sie sich ernähren, ist bei vielen ganz hoffnungslos, denn wenn man sie fängt, haben sie gewöhnlich einen leeren Magen. Kleine Arten leben in seichten Gewässern. Zur Laichzeit ändern sie auffallend ihre Färbung. Meist sind sie Zwitter. Einige Arten sind zuerst Weibchen, später verwandeln sie sich in Männchen. Die pelagischen Eier und Spermien werden frei ins Wasser abgestoßen. Im geschlechtsreifen Stadium sind sie Einzelgänger. Große Arten erreichen ein beträchtliches Alter.

2

1

Der Blaugelbe Zackenbarsch (2) gewöhnt sich im Aquarium schnell an den Züchter. Auch in der Natur ist er nicht scheu, und in Gefangenschaft wird er mit der Zeit zahm und furchtlos, ja sogar frech. Viele Raubfische gähnen während der Ruhezeit, doch tun sie dies auch vor und nach der Jagd. Ein gähnender Blaugelber Zackenbarsch (3) vermittelt uns am besten eine Vorstellung davon, was für eine große Beute er zu bewältigen vermag. Von der Gattung *Epinephelus* (d.h. Zackenbarsche im engeren Sinne) werden für große zoologische Gärten und öffentliche Aquarien mitunter auch große Arten nach Europa gebracht, wie *E. salonotus* und *E. drummondhai*. Letzterer kann 14 kg wiegen, und gefangen wird er im Golf von Mexiko bzw. weiter nördlich bis zu den Bermudas. Seine herrliche Färbung behält er auch in Gefangenschaft. Die *Epinephelus*-Arten haben nur wenig (10–12) pylorische Anhängsel am Magen bzw. am Darmkanal, eine geringe Zahl Kiemenreusendornen und gerundete Brustflossen.

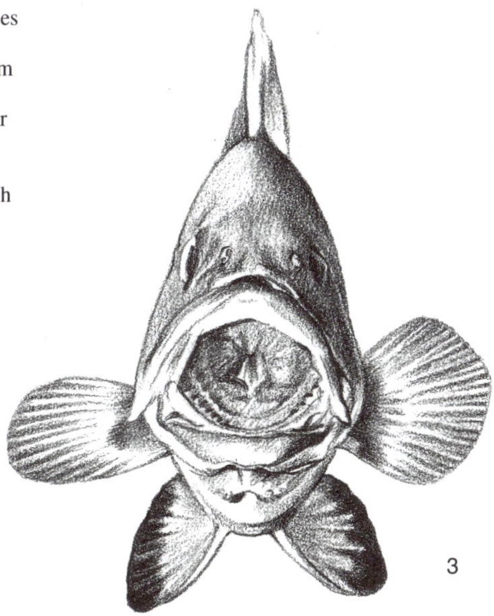

3

Der Baskenmützen-Zackenbarsch ist vor allem aus den tropischen Gewässern des Indischen und Pazifischen Ozeans und aus dem Japanischen Meer bekannt, von den Küsten Nordkoreas und den gegenüberliegenden japanischen Inseln sowie von den Seychellen und dem Roten Meer. Besonders häufig ist er an der Küste Japans in seichten und warmen Gewässern mit felsigem Grund. Er wird 40 cm lang. Sein Fleisch ist nicht allzu schmackhaft und beliebt. Von den Bonininseln und Wakayama bis nach Madagaskar kennen wir die ähnliche Art *E. rhyncholepis*, die bräunlich ist und an jeder Körperschuppe einen weißen Punkt hat. Die stachlige Vorderhälfte der Rückenflosse ist dunkel bis schwarz gesäumt.

Der Zackenbarsch *Epinephelus fario* (2) ist im Indopazifik häufig und kommt auf überfluteten Stellen an Felsenklippen und auf Seegraswiesen vor. Bekannt ist er von der Küste Koreas, den gegenüberliegenden japanischen Inseln, von Südafrika, dem Roten Meer und Melanesien. Er wird 40 cm lang und hat sehr schmackhaftes Fleisch.

Der Zackenbarsch *Epinephelus moara* lebt an den Küsten Japans, Koreas und Chinas sowie der Palauinseln. Nirgends ist er allzu häufig. Er bewohnt tiefe Gewässer, die Jungen kommen aber oft auch in ganz seichtem Wasser und in Gezeitentümpeln vor. Aus den japanischen Gewässern ist noch die sehr ähnliche Art *E. fuscoguttatus* mit brauner Grundfärbung bekannt. Sie hat unter der Rückenflosse 5 große sattelförmige schwarze Flecke und lebt im Indopazifik in der Nähe der Bonin- und Riukiuinseln. Einen anderen ähnlichen Zackenbarsch, *E. morrhua poecilonotus*, hat man von Tokio bis Korea, im Roten Meer und an der Küste Südafrikas gefunden. Er ist rötlichbraun, und seinen Körper schmücken 5 schräge, längliche, unterbrochene dunkle Streifen oder Flecke.

In den warmen Gewässern des westlichen Atlantischen Ozeans an der Ostküste Nord-, Mittel- und Südamerikas und vor allem im Karibischen Meer leben nur wenige Zackenbarsche der Gattung *Epinephelus*. Der kleinste von ihnen ist der etwa 45 cm lange *E. guttatus*. *E. mystacinus* und *E. morio* erreichen eine Länge von etwa 100 cm, *E. niveau* und *E. striatus* von 130 cm. *E. itajara* ist der längste und schwerste (siehe S. 62). *E. morio* wurde im Golf von Mexiko aus einer Tiefe von 930 m aufgefischt.

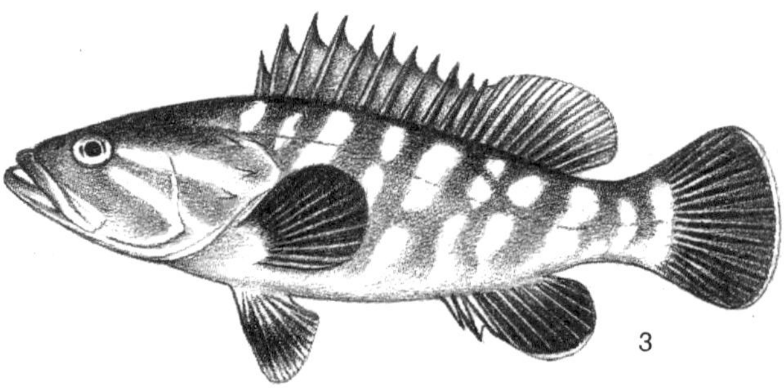

3

2

Der Baskenmützen-Zackenbarsch (1) lebt in einer Tiefe von 3–160 m. Er ist überhaupt nicht scheu und flieht nicht vor Tauchern. Oft halten sich bis zu 20 dieser Fische dichtgedrängt in einem Korallenriff auf.

Ephinephelus moara (3) laicht im Juni und Juli. Er wird 1 m lang und hat gutes, schmackhaftes Fleisch.

1

Stumpfkopf-Felsenbarsch
Epinephelus amblycephalus

Der Stumpfkopf-Felsenbarsch (1) ist aus dem Pazifik bekannt. Von den anderen Zackenbarschen läßt er sich durch die kleinen schwarzen Flecke, die seine dunkle Querstreifung umsäumen, leicht unterscheiden. Er wird etwa 40 cm lang und ist wirtschaftlich bedeutungslos. An der chinesischen und japanischen Küste findet sich die ihm ähnliche, ebenfalls quergestreifte Art *E. epistictus,* doch die kleinen schwarzen runden Flecke sind unregelmäßig über die ganze obere Körperhälfte und an allen außer den Brustflossen verteilt.

Die Säge- und Zackenbarsche sind eine ziemlich heterogene Familie und werden von vielen Fachleuten in mehrere Unterfamilien eingeteilt.

Die Gattung *Epinephelus* bildet eine zahlreiche Gruppe (26 Arten) der Unterfamilie *Epinephelinae*, die 6 Gattungen und an die 40 Arten umfaßt. *E. moara* beispielsweise (siehe S. 64–65) ist an den japanischen Küsten häufig und ein wichtiger Bestandteil menschlicher Ernährung. Er wird 130 cm lang und 30 kg (ausnahmsweise bis 90 kg) schwer. Im Pazifik leben die größten und schwersten Zackenbarsche der Welt – an der australischen Küste wurde z.B. ein 180 cm langer und 360 kg schwerer *E. damelii* gefangen. Einige kleinere Arten hält man gern in Gefangenschaft, außer dem erwähnten Blaugelben Zackenbarsch (siehe S. 62–63) etwa *E. caeruleopunctatus*, der aus dem tropischen Indopazifik stammt. Sein Körper ist braun bis dunkelblau, und Kopf, Körper und Flossen bedecken zahlreiche kleine und große weiße Flecke. Das beengte Lebensmilieu in einem Aquarium verträgt er gut. Außerordentlich beliebt ist der Vierfleckbarsch (*E. hexagonatus*), der aus der gleichen Gegend kommt und nur etwa 40 cm lang wird. Sein Körper ist hellbraun, und er hat drei große schwarzbraune Flecke unter der Rückenflosse und einen vierten am Schwanzstiel. Anfangs will er im Aquarium vielfach keine Nahrung annehmen, doch kann man ihn mit lebenden Garnelen und kleinen Fischen verlocken.

2

Der Zackenbarsch *Epinephelus akaara* (2) ähnelt *E. fario* (S. 64–65) und ist aus der Nähe von Tokio, aus den Gewässern von der Insel Sado bis Korea und von den Küsten Südchinas bekannt. Er hat eine rotbraune Färbung, Kopf und Körper sind dicht mit runden roten Flecken bedeckt. Unter dem letzten Stachel, etwa in der Mitte der Rückenflosse, ist ein schwarzer Fleck. Die meisten gefangenen Tiere messen nur 30 cm, doch können sie 65 cm lang werden.

1

Der Zackenbarsch *Epinephelus cometae* (3) bewohnt den Pazifischen Ozean und ist von der Küste Südjapans bekannt. Seine Körperzeichnung ähnelt in der Jugend etwas der von *E. moara*.

3

Den Roten Sägebarsch (1) kennen wir aus der Umgebung der Bahamas, Südfloridas und Yukatans. Er wird nur 8 cm lang. Zu verwechseln ist er lediglich mit der Art *Ch. carmabi*, der aber der schwarze Fleck an der Afterflosse fehlt. Die Fischpopulation rund um die Insel Curaçao hat keine rot, sondern olivgrün umsäumten schwarzen Streifen. Tagsüber treffen wir den Roten Sägebarsch in der Natur kaum an, da er tiefer unten in Verstecken und Höhlen oder unter Korallenüberhängen und breiten Korallenbänken lebt. Er liebt schattigere Stellen als *Ch. carmabi*, auch wenn beide Arten mancherorts gemeinsam in einer Tiefe bis etwa 120 m leben, z.B. in der Nähe der Insel Dominica. Der Rote Sägebarsch wurde bei den Bahamas aber sogar in 250 m Tiefe gefangen.

Die Art *Ch. mowbrayi* weist auf dem roten Körper keine dunklen Längsstreifen auf. Nur der Rücken ist sattrot, der Bauch ist heller gefärbt. In der Umgebung der Bahamas hält er sich am tiefsten von allen angeführten Arten auf, vorwiegend in einer Tiefe von 330–550 m. Ganz vereinzelt wurde er in einer geringen Tiefe am Rand von Korallenriffen gefunden. Der amerikanische Ichthyologe C. R. Robins ordnet die drei angeführten Arten der Gattung *Liopropoma* zu.

Der Tabakbarsch (*Serranus tabacarius*, 2) ist recht häufig in der Karibik bei den Bermudas und Bahamas, südlich von Florida und an den Antillen zu finden. Er wird etwa 17 cm lang. Die hellen Stellen am Rücken und an den Körperseiten gehen von Weiß in Sattgelb über und die dunklen von Lachsrosa in Tabakbraun. Er hält sich 5–30 cm über Grund auf und sucht dort Nahrung oder ruht aus, mit den Enden seiner Bauchflossen auf den Boden gestützt. Er ist ein Einzelgänger und bevorzugt Tiefen von 35–70 m. Bei Florida ist er meist 11–33 m tief an den Korallenriffen anzutreffen.

2

Der Gold-Hamlet (*Hypoplectrus gummigutta*, 3) ist ein ziemlich seltener Fisch aus der Umgebung der Bahamas. Er wird nur etwa 13 cm lang und hält sich in einer Tiefe um 40 m auf. Mit ihm zusammen leben die Arten *H. guttavarius, H. indigo, H. nigricans* und *H. unicolor*, die 10–14 cm groß sind und anders braun bis blau gefärbt. Die kleinste Art,

H. puella, erreicht nur eine Länge von 7,5 cm. Genutzt werden sie weder wirtschaftlich noch aquaristisch, obwohl sie sich mit ihrer geringen Größe für eine Haltung in Gefangenschaft geradezu anbieten.

3

1

Feenbarsch oder Königsgramma
Gramma loreto

Der Feenbarsch (1) lebt in der Nähe der Bermudas, der Großen und Kleinen Antillen sowie im westlichen Teil der Karibik außer Florida. Er wird 6 cm lang und kommt hauptsächlich zwischen Felsenklippen und unter Korallenüberhängen vor, und stets schwimmt er mit der Bauchseite zum festen Grund zu, also bei einem Höhlendach mit dem Rücken nach unten. Er sucht Felsspalten und Grotten auf und bildet kleine Grüppchen zu zweit und zu dritt, doch auch ein Dutzend Tiere in einer Höhle sind keine Ausnahme. Er hält sich sowohl in seichten Gewässern als auch bis 37 m tief auf, z.B. bei den Jungferninseln. An den Bahamas wurde er in einer Tiefe von 60 m gefangen, bei Curaçao sogar 65 m tief. Meist schwimmt er dicht über dem Boden, wo er Planktonreste aufnimmt. Trotz seiner geringen Größe ist er im Aquarium sehr aggressiv. In der Jugend säubert er andere Fische von Parasiten. Adulte Tiere sind ausgesprochene Einzelgänger. Mehrere von ihnen lassen sich nur in einem großen Aquarium mit einer Vielzahl von Schlupfwinkeln halten. Oft wird ein Pärchen abgesondert, und das Männchen baut aus Algen und Korallenresten ein Nest, in das es dann mit dem Weibchen ablaicht. Um die Eier kümmert sich das Männchen. Frisch importierte Exemplare ernähren sich zuerst von Plankton-Krustentieren, später nehmen sie auch tote Nahrung an, zerschnittene Tubifexwürmer, Muschel- und Sepienfleisch, und schließlich fressen sie auch künstliches Flockenfischfutter. Als Mitbewohner eignen sich für diesen Feenbarsch keine schnellschwimmenden Fische – er bekommt dann zu wenig Nahrung und bleibt scheu. Die günstigste Wassertemperatur ist 26 °C, das Wasser muß sauber und sauerstoffreich sein. Eine starke Strömung und ein häufiger Teilwasserwechsel sind wünschenswert.

Die Feenbarsche sind mit den Säge- und Zackenbarschen (*Serranidae*) eng verwandt. Die ganze Familie umfaßt nur 5–6 Gattungen mit 8–9 bekannten Arten, die im Westatlantik, bei Hawaii und Australien leben und eine Art vielleicht im Süden Japans.

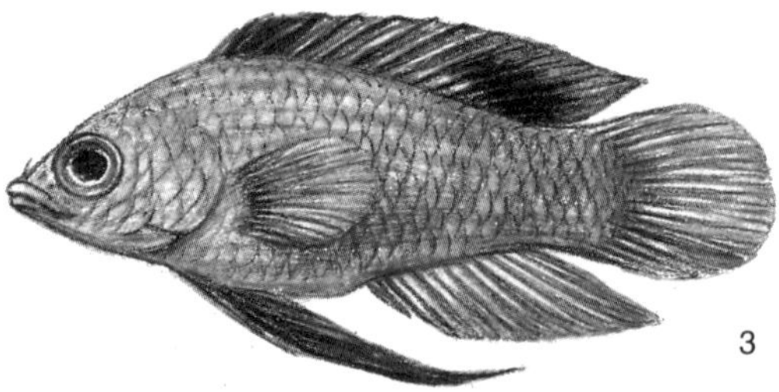

3

Den *Lipogramma anabantoides* (3) kennen wir lediglich von den Bahamas her. Er ist nur 2,5 cm lang und wird bei Fängen in einer Tiefe von 20–50 m ganz zufällig mit herausgefischt. Häufiger, wie es scheint, ist er in Tiefen unter 30 m. Über sein Verhalten ist nichts bekannt.

2

Der Schwarzkappen-Gramma (*Gramma melacara*, 2) ist aus der Umgebung der Bahamas und von Honduras bekannt. Er wird 10 cm lang und lebt in einer Tiefe von 14–70 m, am häufigsten aber unterhalb von 30 m. Die erwachsenen Tiere stehen einzeln am Boden, von dem sie bei einem Aufwirbeln durch andere Fische herausgeschwemmte Brocken auflesen.

1

Perlen-Fahnenbarsch
Holanthias margaritacea

Der Perlen-Fahnenbarsch ist im tropischen Teil des Pazifischen Ozeans beheimatet und wird etwa 15 cm lang. Einige Fachleute ordnen ihn der Gattung *Sacura* zu. Das Weibchen (2) unterscheidet sich vom Männchen (1) durch einen schwarzen Fleck am Ende des stachligen Teils der Rückenflosse, es hat keine farbige Schwanzflosse, und ihm fehlen die Silberflecke am Körper.

Die Fahnenbarsche sind nur 10–15 cm große Verwandte der Säge- und Zackenbarsche (*Serranidae*). Sie haben eine einfache, unverzweigte Seitenlinie, große Kammschuppen, eine in der ersten Hälfte stachlige Rückenflosse und ein großes Maul. Die Schwanzflosse ist tief gegabelt, oftmals mit einem fadenförmig ausgezogenen oberen und unteren Rand. Sie leben in kleinen und großen Schwärmen an der meerabgewandten Außenseite von Korallenriffen und an vielen felsigen Küsten der tropischen und warmen Meere. Sie ernähren sich von Plankton. Bei einer Störung oder Gefahr verschwinden sie blitzschnell zwischen Korallenästen oder in Felsenspalten. Zuerst sind alle Jungfische Weibchen. Aus einer Gruppe von 10–15 Jungtieren entwickeln sich dann gewöhnlich nur 1–2 Männchen. Wenn eins davon zugrunde geht, trennt sich das stattlichste und hierarchisch am höchsten stehende Weibchen vom Schwarm und wandelt sich in ein Männchen um. Sie laichen schwarmweise frei im Wasser und legen pelagische Eier. Die Brut schlüpft nach 4–6 Tagen. Bei den meisten Arten ist das Männchen nach sekundären Geschlechtsmerkmalen leicht vom Weibchen zu unterscheiden: der dritte harte Flossenstrahl der Rückenflosse ist auffällig lang fadenförmig verlängert, er ist höherrückig und vielfach bunter gefärbt als die Weibchen. Die Fahnenbarsche werden als attraktive Aquarienfische geschätzt. Eine ideale Nahrung für sie sind eingefrorene Salinenkrebschen.

3

Der Juwelen-Fahnenbarsch (*Pseudanthias squamipinnis*, 3 – ein Männchen) lebt in den Gewässern des tropischen Teils des Indischen und Pazifischen Ozeans sowie im Roten Meer und wird 10–15 cm lang. Bekannt ist er in zwei Farbformen – goldgelb und rot; rotviolette Tiere (Männchen) haben blaugrüne

Körperseiten. Er kommt meist in einer Tiefe von 1–35 m vor und ist im Roten Meer der häufigste Fahnenbarsch, dem der Taucher begegnet. Die Männchen schaffen sich ein Revier und einen Harem mit Weibchen. In einem genügend großen Aquarium sollte dieser Fisch in einer Gruppe von mindestens 6–10 Tieren gehalten werden – einzelne Exemplare sind traurig und gehen bald ein. Im Aquarium wurde mehrmaliges Laichen beobachtet.

Die Nahrung sollte klein und verschiedenartig sein, am besten Plankton-Krustentiere der Gattungen *Daphnia, Cyclops, Artemia* u.dgl. Lebende Nahrung ist günstiger als tote oder tiefgefrorene. Dieser Fisch ist nur für erfahrene Züchter geeignet.

Fahnenbarsche sind aus allen tropischen Meeren bekannt. Allein im Roten Meer und im Indischen Ozean leben etwa 12 Arten, die zu drei Gattungen gehören: *Nemanthias, Pseudanthias* und *Rabaulichthys*.

Der Halbstreifen-Kardinal (1) lebt im Indischen und Pazifischen Ozean und wird 7–8 cm lang. Die Familie *Apogonidae* umfaßt 20–25 Gattungen mit bisher 150–200 bekannten Arten, die in den tropischen und subtropischen Teilen der Ozeane und Meere leben, vor allem in Korallenriffen mit seichtem Wasser. Einige Arten kommen sogar in Brack- und Süßwasser vor. Sie sind hochrückig, seitlich abgeplattet oder spindelförmig, haben große Augen und ein tief eingeschnittenes Maul sowie zwei Rückenflossen.

Nachts sind die Fische grau gefärbt, was sie fast unsichtbar macht, und tagsüber halten sie sich in Schlupfwinkeln auf, in Grotten, unter Korallenüberhängen und Felsspalten, oft auch zwischen den langen Stacheln von Seeigeln der Gattung *Diadema.* Sie werden 4–24 cm lang und ernähren sich von Zooplankton und kleinen Fischen. Die Männchen haben einen größeren Kopf, die Weibchen sind insgesamt kleiner. Die meisten Arten sind Maulbrüter; Das Eigelege nimmt das Männchen ins Maul, bei einigen Arten das Weibchen, und dort bleiben die Eier bis zum Schlüpfen der Jungen. Die Eier haben lange Fäden, wodurch sie aneinanderhaften. In der Karibik leben 18 Arten, die nur 4–8 cm lang sind. Im Indischen Ozean und im Roten Meer kennen wir etwa 15 größere Vertreter (6–24 cm). Die meisten Kardinalfische sind bunt gefärbt. Nur wenige steigen in tiefere Ozeangewässer, und einige haben Leuchtorgane. Die Kardinalfische sind im tropischen Teil des Indischen und Pazifischen Ozeans artenmäßig am weitesten verbreitet. Zur Unterscheidung und genauen Bestimmung der Arten sind anatomische und morphologische Merkmale wichtig, z.B. der Typ der Kieferbezahnung, die Anzahl der Kiemenreusendornen, die Zahl der Flossenstrahlen sowie die Größe und Anzahl der Schuppen in der Seitenlinie.

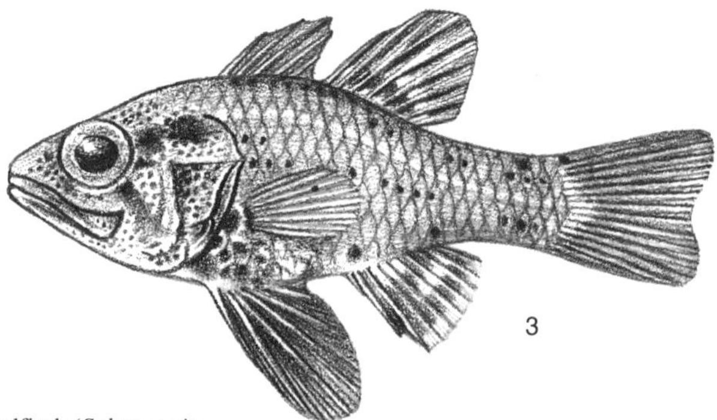

3

Der Pyjama-Kardinalfisch (*Sphaeramia nematoptera*, 2) ist im indoaustralischen Archipel und im Chinesischen Meer beheimatet. Er wird 10 cm lang und hat einen einzigen breiten Querstreifen am Körper unterhalb der ersten Rückenflosse. Der

1

Schwanzteil des Körpers hinter dem Streifen ist mit rotbraunen Flecken bedeckt. Im Aquarium sieht man ihn gern, weil er den ganzen Tag aktiv ist. Am besten gedeiht er in einer kleineren Gruppe. Der Pyjama-Kardinalfisch ist Maulbrüter. Stark ähnelt ihm der manchmal importierte Großaugen-Kardinalfisch (*S. orbicularis*), der 12 cm lang wird. Er unterscheidet sich vom vorhergehenden dadurch, daß der dunkle schräge Querstreifen am Körper unterhalb der ersten Rückenflosse auch auf die Bauchflossen übergeht und der ganze Körper schwarz gepunktet ist.

Astrapogon stellatus (3) lebt in der Karibik und nach Süden zu bis Brasilien. Er wird 6 cm lang und wohnt in der Mantelhöhle der Fechterschnecke *Strombus gigas*, aus der er nur nachts auf Nahrungssuche herausschwimmt. Er ernährt sich von Krevetten und anderen Plankton-Krustentieren.

2

Fadenmakrele
Alectis ciliaris

Die Fadenmakrele (1) ist im Indischen und Pazifischen Ozean nach Osten zu bis Hawaii und nach Süden bis Australien verbreitet. Als kleinste Art der Gattung *Alectis* wird sie nur 25–35 cm lang und ist oft in Aquarien zu sehen. Sie ernährt sich von Krustentieren der Gattung *Mysis*, von Garnelen und kleinen Fischen. Sie braucht immer sehr sauberes Wasser, sonst verpilzt sie und geht schnell ein. In der Natur verwechseln Taucher und Fischer sie oft mit der Afrikanischen Makrele (*A. crinitus*), die im westlichen Atlantik von Massachusetts bis Brasilien und im östlichen von den Kanarischen Inseln bis Angola lebt und 90 cm lang wird. Die größte Art – bis 160 cm – ist *Alectis indicus*; sie kommt im Indischen und Pazifischen Ozean vor, nach Westen zu bis Ost- und Südafrika und vielleicht auch im Roten Meer.

Die Stachelmakrelen erinnern in ihrer Körperform an Makrelen, unterscheiden sich von ihnen aber durch die Anordnung der Flossen, die den Barschen entspricht. Sie bewohnen die tropischen und subtropischen Gewässer des Pazifischen, Atlantischen und Indischen Ozeans samt anliegenden Meeren. Einige Arten dringen sogar an den Mündungen und Unterläufen der Flüsse in Süßwasser vor. Diese Familie umfaßt an die 30 Gattungen und fast 200 Arten. Viele sind ausgezeichnete Schwimmer der freien Meere. Der Körper ist verschiedenartig – walzen-, spindelförmig oder hochrückig, an den Seiten stark abgeplattet und die Schwanzflosse gegabelt. Vor dem Rücken und oft auch vor der Afterflosse haben manche Arten kurze freie Stacheln. Sie leben in Schwärmen und sind durchwegs räuberisch. Gejagt wird so, daß sie einen Teil des Schwarmes kleinerer Fische (Heringe u.a.) abtrennen und dann in Kreisen umschwimmen; was aus ihren immer engeren Kreisen nach unten oder durch einen Sprung über den Wasserspiegel zu entkommen sucht, wird geschickt mit dem stark dehnbaren Maul erfaßt.

3

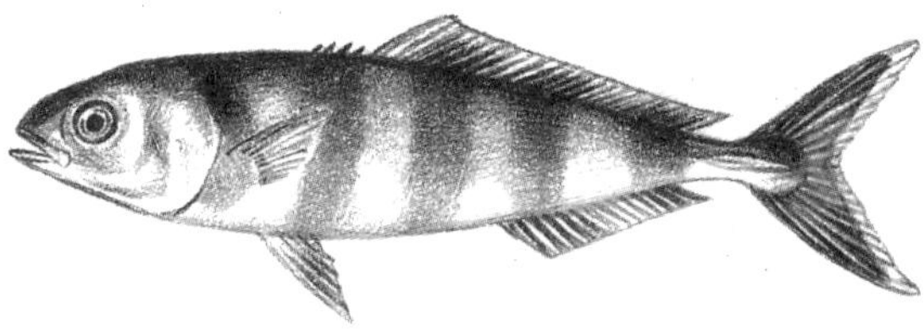

Der Lotsen- oder Pilotenfisch (*Naucrates ductor*, 3) kommt ubiquitär in allen tropischen und warmen Meeren vor. Er wird 70 cm lang und begleitet mit Vorliebe Schildkröten und andere große Meerestiere, schwimmt auch über weite Strecken Schiffen hinterher und verzehrt die über Bord geworfenen Abfälle und Überreste menschlicher Nahrung. Selbst in nächster Nähe von Haien hält er sich auf und frißt nicht nur Brocken von ihrer Beute, sondern auch Haikot. In der Jugend sucht er Versteck und Schutz zwischen den Nesseltentakeln der Medusen.

1

Die Sechsstreifen- oder Großaugenmakrele (*Caranx sexfasciatus*, 2) ist eine ubiquitäre Art und im Indopazifik sehr häufig. Die erwachsenen Tiere leben auf offenem Meer und die jungen an der Küste, hauptsächlich in Buchten. Sie wird bis 120 cm lang und ist ein wichtiger sportlich gefangener Fisch. Der Rücken ist hell- bis dunkelgrün, der Bauch gelb. Oft wird sie mit *Caranx hippos* verwechselt, die einen grünblauen Rücken, silbrige Körperseiten und am Kiemendeckel einen kleinen dunklen Fleck hat und hauptsächlich im Atlantik lebt, und zwar an der West- wie an der Ostküste.

2

Gemeine Goldmakrele
Coryphaena hippurus

Die Gemeine Goldmakrele, von Fischern „Dorado“ genannt, ist in den tropischen und warmen Gewässern der ganzen Welt verbreitet, vor allem im westlichen Teil des Atlantiks bei Nova Scotia, an den Bermudas, bei Brasilien und im Golf von Mexiko. Sie wird 1,5–2 m lang und hält sich im Reifealter hauptsächlich im freien Meer in Gruppen auf, ist räuberisch und durchaus nicht wählerisch in der Nahrung; sie ernährt sich nicht nur von Fischen, sondern von allen erreichbaren Lebewesen, die an der Wasseroberfläche vorkommen: Krustentiere, Kopffüßer und alle größeren Bestandteile des Zooplanktons. Die erwachsenen Männchen haben einen auffallenden Buckel (Knochenkiel) auf dem Kopf, der bei den Weibchen und den Jungfischen fehlt. Eine Schwimmblase ist nicht entwickelt. Ihre Rundschuppen sind klein und in die Haut eingewachsen. Die Kleine Goldmakrele (*C. equisetis*) hat wesentlich größere Schuppen.

Gelaicht wird an verschiedenen Stellen zu unterschiedlichen Zeiten, z.B. bei der Insel Puerto Rico im Februar, bei Florida im April und Mai, bei Japan erst im Juli und August. Überall in der Welt schätzt man ihr gutschmeckendes Fleisch. Sie ist ein beliebter Sportfisch und hat örtliche kommerzielle Bedeutung, bekannt sind bis 41 kg schwere Fänge. Am liebsten hält sie sich in einer Tiefe von 2–100 m auf und ist ein ausgezeichneter, schneller und ausdauernder Schwimmer, wird aber vielleicht nur 2–3 Jahre alt. Die Jungen leben an der Küste, oftmals in der Nähe von Korallenriffen.

Die Familie der Goldmakrelen umfaßt nur eine Gattung mit zwei Arten. Sie haben ein großes querstehendes Maul mit kleinen Zähnen an den Kiefern, auf der Zunge, am Pflugscharbein und am Gaumen. Die Rückenflosse beginnt am Kopf und ist fast doppelt so lang wie die Afterflosse. Die Schwanzflosse ist tief eingeschnitten.

Die Gemeine Goldmakrele konnte in vielen großen Meeresaquarien akklimatisiert werden, und ihr Wachstum war erstaunlich: innerhalb von viereinhalb Monaten nahmen die in Gefangenschaft gehaltenen Tiere um mehr als doppelte zu. Die 25–30 cm langen Jungfische sind sehr bunt gefärbt, mit einer reichen dunklen Querstreifung. Das heranwachsende Tier (2) nähert sich in Färbung und Körperform schon dem Aussehen des Weibchens. Je älter das Männchen (1) wird, desto stärker entwickelt sich der runde Buckel auf dem Kopf.
Auch die Kleine Goldmakrele (3) ist ubiquitär verbreitet. Sie wird nur 50–70 cm lang, ist hochrückiger, eher silbrig als gelblich, und hat

2

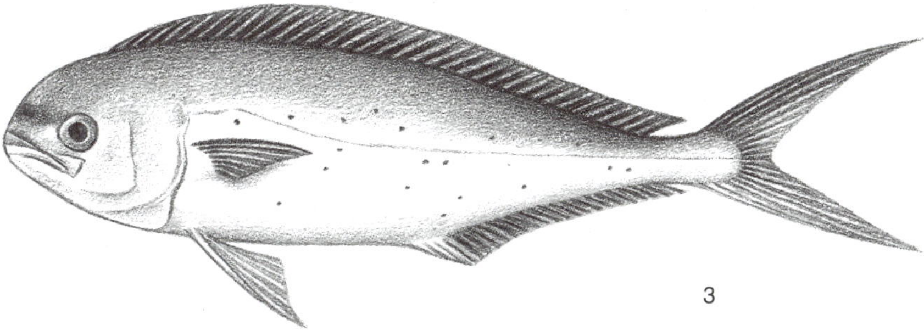

3

weniger schwarze Punkte am Körper. Die Rücken- und die Afterflosse sind viel niedriger als bei der Gemeinen Goldmakrele. Sie kommt hauptsächlich in den wärmsten tropischen Teilen der Weltozeane vor und wird schon bei einer Größe von etwa 30 cm geschlechtsreif. Die Jungen sind dunkel, ohne Färbung und Querstreifen.

1

Rotflossen-Schnapper
Lutjanus erythropterus

Schnapper
Lutjanidae

Diese herrliche Schnapper-Art ist im westlichen Teil des Pazifiks, im Indischen Ozean und im Roten Meer beheimatet, wird etwa 35 cm lang und ist im Reifealter ganz rot, mit hellerem Bauch (1). Die heranwachsenden Tiere haben eine dunkle Querbinde am Schwanzstiel und einen schrägen breiten dunklen Streifen, der sich vom Oberkiefer über das Auge zum Beginn der Rückenflossenbasis zieht. In der Jugend, bis zu einer Größe von etwa 10 cm, ist der Fisch rot, mit einem dunklen bis schwarzen Fleck am Schwanzstiel. Daher hat man ihn unrichtig auch als Blutroten Schnapper (*Lutjanus sanguineus*) bezeichnet.

Die Schnapper bilden eine zahlreiche heterogene Familie von Raubfischen. Sie haben ein großes vorstreckbares und ziemlich bezahntes Maul, leben in warmen und tropischen Meeren, vor allem an den äußeren Korallenriffen der dem Meer zugekehrten Seite, und halten sich manchmal in Gruppen, manchmal in zahlreichen Schwärmen, aber auch einzeln an einer felsigen Küste, in Lagunen, auf unterseeischen Wiesen, in Mangrovenbestand und schließlich auch in Brack- und Süßwasser auf. Ihre Körperformen sind unterschiedlich – wir kennen schlanke bis hochrückige Arten. Sie sind vorwiegend tagaktiv, nur einige rotgefärbte Vertreter bevorzugen die Morgen- und Abenddämmerung, und sie ernähren sich von Fischen und Krustentieren. Manche Arten verändern während des Wachstums ihre Körperform und das Farbkleid. Beim jungen *Lutjanus nematophorus* sind außerdem die Strahlen des vorderen Rückenflossenteils fadenförmig verlängert, wodurch er sich von den meisten anderen Schnappern merklich unterscheidet. Mit zunehmendem Wachstum werden die langen Strahlen jedoch kürzer, und adulte Tiere mit einer Länge von etwa 70 cm haben bereits eine ganz normal geformte Rückenflosse.

3

1

Der Schnapper *Lutjanus janthinuropterus* (2) lebt im Indischen und Pazifischen Ozean und wird ungefähr 30 cm lang. Im Reifealter sind Kopf und Körper gelb und blau längsgestreift. Seine Jugendfärbung ist anders; sie besteht aus einem einzelnen breiten blauen Seitenband, das sich vom Auge bis zur Basis der Schwanzflosse hinzieht und oben von einem blassen Streifen begrenzt wird.

Der ebenfalls indopazifische *Lutjanus semicinctus* (3) gleicht als geschlechtsreifes Tier der Jugendform überhaupt nicht: seine Grundfärbung ist olivgrün, während die untere Kopf-, Körper- und Schwanzhälfte sowie die Bauchflossen und die Afterflosse violett sind; die obere Körperhälfte zieren 7 braune Querstreifen. Die etwa 10 cm großen Jungfische haben eine weißliche Grundfärbung und den Körper mit 6 braunen Längsstreifen bedeckt, der siebente bildet einen dunklen Saum über die ganze Rückenflosse.

2

Der Kaiserschnapper ist im Indischen und Pazifischen Ozean verbreitet. Gut bekannt ist er aus Südjapan, von der ostafrikanischen Küste, aus dem Roten Meer, Australien und Melanesien. Er wird 80–100 cm lang und hat in der Jugend eine weißliche, beige oder rötliche Grundfärbung mit drei breiten ziegel- bis dunkelroten Streifen (1). Im Reifealter ist er einheitlich rot. In der Natur hält er sich meist in einer Tiefe von 10–100 m auf, er lebt einzeln oder in wenig zahlreichen Gruppen und bevorzugt dichte Korallengebilde in Lagunen. Ins Aquarium gelangen junge Einzelexemplare, die sich manchmal schwer an eine Ersatznahrung gewöhnen. Am besten bekommen ihnen kleine Garnelen, Krustentiere der Gattung *Mysis* und kleine Fische, später gewöhnen sie sich auch an tote Nahrung. In Gefangenschaft ist der Kaiserschnapper anfällig gegen äußerliche Parasiten und Hautinfektionen. Artgenossen gegenüber zeigt er sich aggressiv. Sein Fleisch schmeckt nicht.

In den europäischen zoologischen Gärten und in großen öffentlichen Aquarien sind mehrere Schnapper der Gattung *Lutjanus* anzutreffen. Aus Sri Lanka, dem Arabischen Meer und der Umgebung der Maskarenen stammt z.B. der bis zu 35 cm lange *L. bengalensis*. Er ist silberweiß, mit abwechselnd gelben und graublauen Längsstreifen; er lebt einsiedlerisch, nur ganz selten in kleinen Gruppen. Aus dem Roten Meer werden der in großen Schwärmen auftretende *L. monostigma*, der prachtvoll rot gefärbte *L. bohar*, *L. ehrenbergi* mit einem dunklen Fleck unter dem hinteren Teil der Rückenflosse, der oliv- bis goldfarbene, mit blauen Längsstreifen gezierte *L. kashmira* sowie der rote *L. lunulatus* mit gelbem Bauch und einem schwarzen halbmondförmigen Fleck an der Schwanzflosse eingeführt.

Von der Familie *Lutjanidae* sind an die 300 Arten bekannt, die im allgemeinen 30–70 cm lang werden, auch wenn bisweilen extreme Angaben über doppelt so große gefangene Exemplare die Runde machen. Die Schnapper produzieren viele pelagische Eier. Die anfängliche Larvenentwicklung geht in ozeanischen Gewässern vor sich. An die Küsten kommen sie etwa im Alter von 6 Wochen und erhalten ihre juvenile Färbung.

3

Der Schnapper *Aphareus rutilans* (3) ist eine sehr verbreitete Art im Indopazifik von Hawaii bis zum Roten Meer. Er wird etwa 50 cm lang, lebt in einer Tiefe von 6–70 m und ernährt sich von Fischen und pelagischen Krustentieren. Herrlich kontrastiert die blauviolette Farbe

2

seines Körpers mit den gelben Flossen, den gelben Augen und der grünen Schwanzflosse. Er ist gar nicht scheu, Tauchern gegenüber eher neugierig.

Die Art *Etelis carbunculus* (2) ist aus Hawaii, Südjapan und Korea bis nach Ostafrika bekannt und dringt auch in den Atlantik ein. Sie wird etwa 90 cm lang und hat eine stark gegabelte Schwanzflosse und eine merkliche Vertiefung zwischen dem vorderen stachligen und dem hinteren weichen Teil der Rückenflosse. Attraktiv für die Sportfischer ist nicht nur die schöne rote Färbung, sondern hauptsächlich das schmackhafte Fleisch dieses Fisches.

1

Diese prächtige Art (1) ist im Pazifischen und Indischen Ozean bis zur Küste Ostafrikas verbreitet. Sie wird nur 20–25 cm lang und kommt meist in einer Tiefe von 2–15 m vor, tummelt sich den ganzen Tag in Schwärmen über flachen Korallenriffen, Geröllfeldern aus Roll-, Walzen- und Rundsteinen über sandigem Grund, hält sich auch in Brackwasser auf und dringt in Süßwasserflüsse vor, verzehrt mit Appetit Plankton und hat vor Tauchern keine Angst.

Die Schnapper mit langgestrecktem Körper, nur einer Rückenflosse und weniger entwickelten Zähnen ordnen einige Fachleute der selbständigen Familie *Caesioididae* (auch *Caesionidae*) zu; volkstümlich werden sie als Füsiliere bezeichnet, nach den malerischen Uniformen der Infanteristen des 18. und 19. Jahrhunderts. Die Fische der Gattung *Caesio* und anderer haben eine geringere Beziehung zum Meeresboden als die eigentlichen Schnapper (*Lutjanidae*). Sie leben in zahlreichen Schwärmen eher auf offener See an Riffen, unternehmen oft lange Wanderungen auf Nahrungssuche und sind durchwegs herrlich buntschillernd bis regenbogenfarben gewandet. Die Arten der Gattungen *Caesio, Paracaesio, Pterocaesio* und *Dipterygonotus* werden nur 10–35 cm lang. Die Stacheln in der Rücken- und Afterflosse sind weich und biegsam. Ihre Färbung ist sehr unterschiedlich: weiß, gelb, rot und blau. Manche können innerhalb weniger Augenblicke ihr Äußeres von weiß in blau oder rot verändern. Vor allem im Indischen Ozean kommen sie häufig vor – sie erhöhen und ergänzen augenfällig die bunte Farbenpracht und Schönheit der Korallenriffe, an denen sie entlangschwimmen. Mit ihrer Haltung in der Gefangenschaft gibt es keinerlei Erfahrungen.

2

Der Pisang oder Goldstreifen-Füsilier (*Caesio caerulaureus*, 2) ist im Indischen und Pazifischen Ozean bis an die ostafrikanische Küste, im nördlichen Teil des Arabischen Meeres und im Roten Meer sehr verbreitet. Er wird 24 cm lang, hält sich meist in einer Tiefe von 3–18 m auf und ist ein unruhiger Geist, der in Schwärmen von rund 50 Tieren immer in der

1

Nähe von Korallenriffen hin- und herschwimmt, aber auch an steilen Felswänden „steht“. Über Nacht versteckt er sich wie die anderen Füsiliere in Spalten zwischen den Korallen.

3

Den Umeiro (*Paracaesio xanthurus,* 3) kennen wir aus den warmen Gewässern des Indischen und Pazifischen Ozeans und nach Norden zu von der japanischen Küste. Er bewohnt felsige Abschnitte des Bodens meist in einer Tiefe von 100–200 m und wird 35 cm lang. Sein Fleisch ist schmackhaft und wird frisch oder tiefgefroren z.B. für die japanische Speise kamaboko verwendet. Im Indischen Ozean und im Golf von Aden lebt der Himmelblaue Füsilier (*Caesio lunaris*), der 28 cm lang wird. Er hält sich hauptsächlich in einer Tiefe von 2–20 m auf und macht an flachen Korallenriffen unaufhörlich Jagd auf Plankton. Mit anderen Arten kann er nicht verwechselt werden, da die Enden seiner beiden Schwanzflossenlappen schwarz sind.

Wehrloser Brachsen
Scolopsis inermis

Monokel-Brachsen
Scolopsidae

Der Wehrlose Brachsen (1) lebt an der ostafrikanischen Küste und im Roten Meer. Er hat große Augen und mit kleinen Zähnen besetzte Kiefer; Pflugscharbein, Gaumen und Zunge sind zahnlos. Der Körper ist mit großen Kammschuppen bedeckt. Er wird bis 30 cm lang und selten gefangen, doch ist sein Fleisch genießbar, wenn auch nicht von besonderer Qualität.

Die auf den Seiten 86–91 angegebenen Fischarten weisen sehr unterschiedliche und nur zum Teil gemeinsame Merkmale auf. Daher steht nicht ganz fest, welcher Familie sie eigentlich zuzuordnen sind: *Haemulidae*, *Plectorhynchidae, Pomadasyidae* oder *Scolopsidae*. Einige Fachleute erkennen alle vier Familien an, andere versuchen, alle Arten in eine einzige (*Haemulidae*) oder in zwei Familien (*Haemulidae* und *Pomadasyidae*) zu stellen. Am abweichendsten sind vielleicht die Vertreter der Familie Monokel-Brachsen (*Scolopsidae*), die eine gleichmäßig hohe Rückenflosse über die Gesamtlänge haben und keinen Knochenstachel unter dem Auge.

Im tropischen Pazifik, vom indoaustralischen Archipel bis zu den Fidschiinseln, lebt der etwa 20 cm lange Schärper Brachsen (*Scolopsis bilineatus*), der bisweilen mit Erfolg in Aquarien gehalten wird. Anfangs verlangt er lebende Nahrung, Krustentiere der Gattung *Mysis* und Salinenkrebschen (*Artemia*), später nimmt er auch gern tote und eingefrorene; einzelne Tiere gewöhnen sich sogar an das trockene Flockenfutter. Genauso gut lebten sich in Gefangenschaft auch der nur 12 cm große Weißbinden–Brachsen (*Scolopsis leucotaenia*) und der *S. vosmeri* ein. Es sind friedfertige Fische, und sie brauchen im Aquarium sowohl Verstecke als auch genug freien Raum zum Schwimmen.

Die Brachsen *Scolopsis tosensis* (2) ist aus dem Pazifischen und Indischen Ozean bekannt, wird nur 12 cm lang, und bei ihm ist nicht nur der Körper geschuppt, sondern auch der Scheitel,

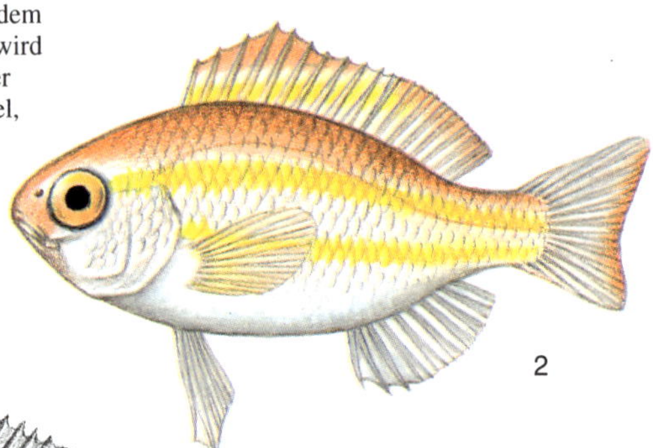

2

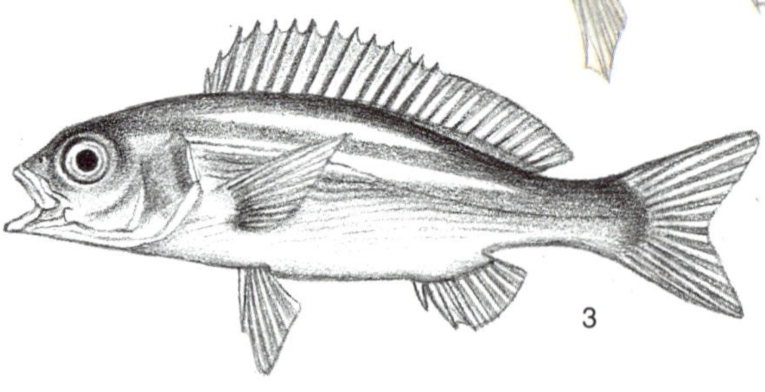

3

1

die Kiemendeckel und die Basis der Schwanzflosse. Er lebt in tieferen Gewässern, und mancherort bereitet man in Japan aus seinem Fleisch zusammen mit anderem Fischfleisch Speisen zu. Der rotgefärbte *Scolopsis eriomma* ist von Japan bis zur ostafrikanischen Küste verbreitet.

Die Art *Parapristipoma trilineatum* (3) aus der Familie *Haemulidae* ist in der Nähe von Tokio und von Fukui bis zur Insel Kiuschu sowie bei Korea, Taiwan und Südchina häufig. Sie wird 40 cm lang und hält sich entlang der

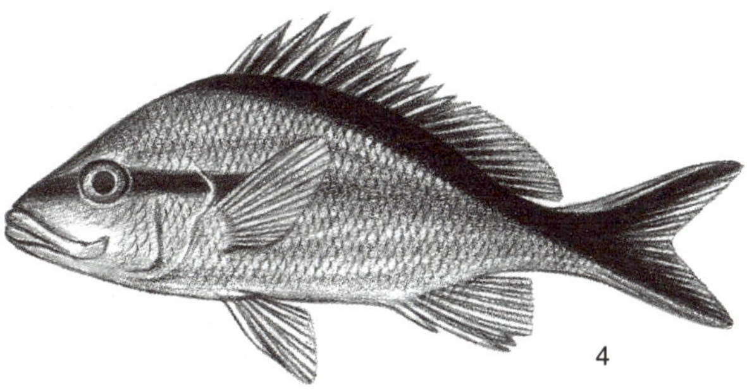

4

Küste bis zu einer Tiefe auf, wohin noch genügend dichte Pflanzenvegetation reicht. Ihre Laichzeit ist von Mai bis September. Verzehrt wird sie eingesalzen roh oder gebacken.

Der Schwarzschwanz-Grunzer (*Haemulon melanurum*, 4) aus der Familie *Pomadasyidae* ist von Florida bis Brasilien samt mittelamerikanischer Küste und Bahamas anzutreffen. Er wird 30 cm lang und bevorzugt das saubere Wasser an den Außenrändern von Riffen. Die Jungfische tummeln sich in Tiefen um 30 m. Die größten Exemplare werden bis 70 m tief am Haken gefangen.

Im Aquarium hält man mit Erfolg den Franzosen-Grunzer (*Haemulon flavolineatum*) und die Arten *H. album, H. chrysargyreum, H. plumieri* und *H. sciurus* aus dem tropischen Atlantik. Sie erfordern ein großes Becken, eine starke Wasserströmung und hochwertige Fleischnahrung.

Paletten-Süßlippe
Plectorhynchus pictus

Die Paletten-Süßlippe (1) ist im tropischen Mittelteil des Indischen und Pazifischen Ozeans und nach Norden zu bis Tokio und Korea verbreitet. Sie wird 60–90 cm lang und oft unter dem Synonym *Diagramma pictum* geführt. Die Jungfische haben an den Seiten 4–6 Längsstreifen, im Reifealter bilden sich auf silbergrauem Untergrund statt der Streifung kleine gelbbraune Flecke. Sie hält sich einzeln oder in kleinen Gruppen in 3–30 m Tiefe auf, in Lagunen an der Innenseite von Korallenriffen. Das Fleisch der erwachsenen Tiere ist recht gut, das der Jungen schmeckt nicht. Eine Artverwandtschaft bzw. Identität mit der Verwandlungs-Süßlippe (*Spilotichthys pictus*, S. 90–91) ist unklar.

Oft sieht man in Aquarien die aus dem tropischen Indopazifik und dem Roten Meer stammende Dreibinden- oder Gelbstreifen-Süßlippe (*Plectorhynchus albovittatus*), die etwa 35 cm lang wird. Die Jungfische zeigen eine goldschwarze Längsstreifung des Körpers, die sich mit fortschreitendem Wachstum in Schmutzigbraun mit dunklen Flecken an den Flossen verwandelt. Den adulten Tieren fehlt die Streifung. Im Aquarium gewöhnen sie sich leicht ein. Am liebsten haben sie lebende Nahrung, beispielsweise Krustentiere der Gattung *Mysis*, kleine Garnelen, große Artemien, Meeresflohkrebse und Austern- oder anderes Muschelfleisch. Später nehmen sie auch tote tierische Nahrung an. Innerartlich sind sie aggressiv und leben einzeln, zwischenartlich verhalten sie sich friedfertig, freundlich. Nach der Eingewöhnung lassen sie sich leicht halten.

Ähnliche Ansprüche stellt auch die Gestreifte Süßlippe (*Plectorhynchus lineatus*), die aus dem indoaustralischen Archipel, dem Indischen Ozean und dem Roten Meer bekannt ist und 35 cm lang wird.

2

3

1

Die Süßlippe *Plectorhynchus cinctus* (2) reicht in ihrer Verbreitung vom Pazifik westwärts bis nach Japan, Korea und Indien. Sie wird 60 cm lang, bewohnt felsige Küsten und hat am ganzen Kopf einschließlich Schnauze, Kiefer und Lippen Kammschuppen. Das Fleisch der jungen Fische schmeckt nicht, das der erwachsenen Tiere ist sehr zart.

Die Art *Hapalogenys mucronatus* (3) lebt im mittleren Pazifik nach Westen zu bis Südjapan, Korea, Taiwan und Südchina in tieferen Gewässern und bevorzugt steinigen Boden. Sie wird 30 cm lang, ist ziemlich häufig und hat in der Rückenflosse einen beträchtlich verlängerten dritten Stachel. Ihr Fleisch wird auf Märkten verkauft.

Der Schweinsfisch oder -grunzer (*Anisotremus virginicus*, 4) aus der Familie *Pomadasyidae* bewohnt die Karibik und den westlichen Atlantik; häufiger ist er an den Bermudas, bei Florida und nach Süden zu bis zur brasilianischen Küste, an der Küste Mittelamerikas und bei den Bahamas. Er wird etwa 35 cm lang, führt ein nächtliches Dasein und verzehrt Schlangensterne (*Ophiuroidea*), Weich- und Krustentiere, Muscheln und Meerwürmer. In seiner Jugend arbeitet er als „Putzer" – säubert mit dem Maul den Körper großer Fische von Parasiten. Er läßt sich gut im Aquarium halten, doch ist er Artgenossen gegenüber ziemlich unverträglich; er gewöhnt sich leicht an jede Tiernahrung – lebende, tote und eingefrorene.

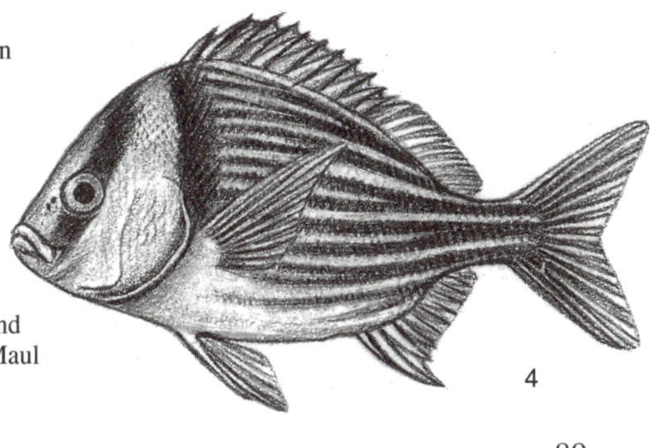

4

Orientalische Süßlippe
Gaterin orientalis

Die Orientalische Süßlippe (1) ist im Pazifik in westlicher Richtung bis zur ostafrikanischen Küste samt dem Arabischen Meer verbreitet. Sie wird 50 cm lang und hält sich in einer Tiefe von 2–40 m auf. Die erwachsenen Tiere leben an der dem Meer zugekehrten Seite von Korallenriffen, die jungen verstecken sich gern zwischen Korallenästen. Diese Art ist am Körper herrlich gelbbraun bis gelbschwarz gestreift und hat gelbe, dunkelfleckige Flossen. Sie lebt in Gruppen, liebt sauberes Wasser und hat keine Angst vor Tauchern.

Die Verwandlungs-Süßlippe (*Spilotichthys pictus*, 2) ist im tropischen Indopazifik beheimatet und westwärts zu bis zum Roten Meer und zur ostafrikanischen Küste bekannt. Sie wird etwa 45 cm lang. Die Jungen haben zuerst 2–3 breite Längsbänder an den Körperseiten, die mit zunehmendem Alter nach und nach in zahlreiche ganz schmale Streifen zerfallen. Die heranwachsenden Fische sind hellgrau mit dunkleren Flecken. Bei den ganz adulten Tieren verlieren die Flecke sich allmählich, und schließlich überwiegt eine einheitliche zusammenhängende schmutziggraue Färbung. In Gefangenschaft brauchen sie große Aquarien mit genügend Raum zum Schwimmen, aber auch eine Vielzahl von Verstekken. Nahrung nehmen sie langsam an, und sie fressen alles: Krebse, Weichtiere, Fischfleisch, eingefrorene Garnelen, Tintenfische, Krustentiere der Gattung *Mysis* und Pflanzennahrung. Am Boden des Aquariums sollte Korallensand liegen, den diese Süßlippe ständig mit dem Maul aufnimmt, durchfiltert und nach Beute absucht. Gegenüber anderen Arten verhält sie sich friedfertig. Nicht ausgeschlossen ist, daß es sich bei den Arten *Spilotichthys pictus* und *Plectorhynchus pictus* (syn. *Diagramma pictum*) trotz unterschiedlicher Größe und teilweise anderer Verbreitung nur um eine geographische Varietät derselben Art handelt (siehe Seite 88–89).

3

Die Harlekin-Süßlippe (*Gaterin chaetodonoides*, 3) ist im Pazifik westwärts bis Sri Lanka und zu den Malediven verbreitet, wird 60 cm lang und kommt meist in einer Tiefe von 8–35 m vor. Je nach Wachstumsstand zeigt sie einen erstaunlichen Farbwechsel – von einer schönen braunen Ornamentzeichnung in der Jugend bis zu dunkler Punktung auf grünem Untergrund im Reifestadium. Sie lebt paarweise oder einzeln. In Gefangenschaft

1

lehnt sie die Nahrung anfangs oft ab, läßt sich aber zu lebenden Krustentieren und Würmern verlocken und gewöhnt sich später an totes Futter. Sie braucht genügend Schlupfwinkel und ist anfällig gegen bakterielle Infektionen.

2

Der Graubarsch (1) lebt an der ganzen Küste Westeuropas von Skandinavien bis Nordwestafrika einschließlich Kanarische Inseln sowie im ganzen Mittel- und im südlichen Teil des Schwarzen Meeres. Er wird 50 cm lang und 15 Jahre alt und hält sich vorwiegend in einer Tiefe zwischen 200 und 500 m auf. Gelaicht wird im Winter, und seine Nahrung bilden Krustentiere, Schnecken u.dgl. Der Jahresfang beträgt in den europäischen Ländern rund 10 000 t. Ihm ähnelt sehr der Rotbrassen (*Pagellus erythrinus*), doch fehlt ihm sein dunkler Fleck oberhalb der Brustflossenbasis. Er hat die gleiche geographische Verbreitung, kommt aber nicht im östlichen Teil der Nordsee und an der skandinavischen Küste vor. Eine wirtschaftliche Bedeutung besitzt er nur im Mittelmeer.

Der Streifen- oder Brandbrassen (*Spondyliosoma cantharus*, 2) ist im gleichen Gebiet zu Hause wie der Rotbrassen und wird etwa 45 cm lang. Er laicht im April und Mai. Das Männchen gräbt vorher mit dem Schwanz im Sand ein flaches schüsselförmiges Nest von 30–100 cm im Durchmesser, schafft eventuell Sand im Maul weg. Die Eier werden auf den Sand abgelegt und bilden eine zusammenklebende Schicht. Vom Männchen bewacht, schlüpft die Brut nach 9 Tagen. Die Männchen haben einen ziemlich hohen Körper mit steil aufsteigendem Rücken und eine sanft konkave Stirn. Große hochrückige Exemplare – also Männchen – wurden früher fälschlicherweise als *Cantharus orbicularis* bezeichnet und kleinere, vorwiegend Weibchen, mit spitzem Maul und sanft konvexer Stirn als *Cantharus lineatus*. Der Streifenbrassen wird örtlich gefangen, hat aber keine Bedeutung für industrielle Zwecke.

2

Der Zweibindenbrassen (*Diplodus vulgaris*, 3) ist nicht nur im Mittelmeer weit verbreitet, sondern auch im Atlantik an den Kanarischen Inseln, den Kapverden und entlang der nordafrikanischen Küste, im Persischen Golf, an der Küste Natals und Senegals. Er wird etwa 40 cm lang, und seine Körperseiten sind mit feinen goldgelben Längsbinden bedeckt. Gelaicht wird von September bis November. In dieser Zeit hat der Zweibindenbrassen auf dem taubenblau gefärbten Kopf einen samtbraunen Querstreifen über die Stirn. Häufig findet man ihn in steinigem Litoral. Sein Fleisch ist schmackhaft.

Der Spitzbrassen (*Charax puntazzo*, 4) bewohnt die Küsten des Mittel- und Schwarzen Meeres und lebt im Atlantik bis zu den Kanarischen Inseln. Er wird 45 cm lang. Einzeln oder in einem Schwarm mit anderen verwandten Arten von Meerbrassen tummelt er sich in steinigem algenbewachsenem Litoral oder auf Wiesen aus Pflanzen der Gattung *Posidonia*; auch sandigen Stellen weicht er nicht aus. Neben fleischlicher Nahrung verzehrt er große Mengen Meeresalgen. Wegen seines schmackhaften Fleisches wird er mit Reuse oder Stechgabel gefangen.

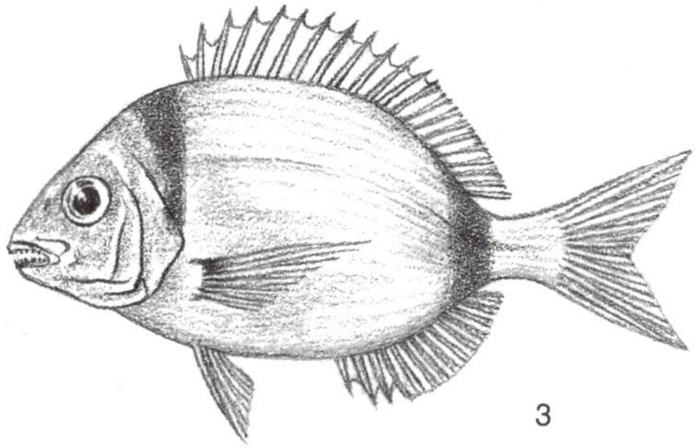

3

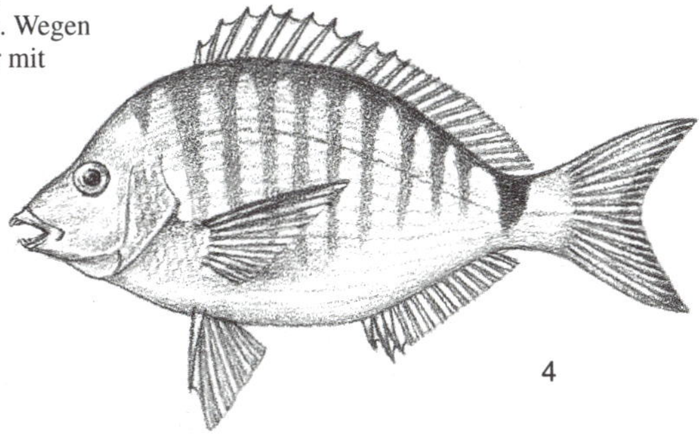

4

1

Die Schwulststirn-Brasse (1) ist in den tropischen Gewässern des mittleren Pazifiks südwärts bis Australien und nordwestwärts bis Japan, Korea und Südchina beheimatet. Sie hat große Schuppen am Körper und auf dem Kopf bis zum hinteren Augenrand, bevorzugt schlammigen Boden und tieferes Wasser und wird 40 cm lang. Die Laichzeit dauert von April bis Juni. Ihr Fleisch ist schmackhaft.

Der Rote Tai oder Akadei (*Chrysophrys major,* 2), auch Blaupunkt-Rotbrasse genannt, ist im Pazifik von Hawaii nach Westen zu bis Japan, Korea und Südchina verbreitet. Das Maul ist relativ klein und der Kopf bis über die Augen mit Schuppen bedeckt. Er wird 120 cm lang und hält sich an der Küste in mittleren und unteren Wasserschichten über felsigem Grund in einer Tiefe von 30–150 m auf. Zur Laichzeit – von April bis Juni – wandert er je nach den örtlichen Bedingungen in seichte Gewässer. Geschlechtsreif wird er im Alter von 3 Jahren bei einer Gesamtlänge von etwa 30 cm. Das Fleisch ist sehr zart und schmackhaft und wird nicht nur frisch, sondern auch verschiedenartig konserviert gegessen. Er wird hoch geschätzt und als „König der Meeresfische" bezeichnet.

Die Meerbrassen sind hochrückige Fische und seitlich ziemlich abgeplattet. Die längere Vorderhälfte der Rückenflosse wird durch harte Strahlen – Stacheln – gestützt, der hintere kürzere Teil durch verzweigte weiche. Die Afterflosse ist relativ kurz und liegt ungefähr unterhalb des hinteren weichen Teils der Rückenflosse. Die verzweigten Strahlen von Rücken- und Afterflosse sind stets gleich lang. Das Maul ist mit kräftigen spitzen Zähnen oder mit Mahlzähnen bewehrt. Die Familie umfaßt an die 200 Arten, die in allen Küstengewässern des subtropischen und gemäßigten Gürtels der Weltozeane und angrenzenden Meere leben. Manche Arten sind ausgesprochene Pflanzenfresser.

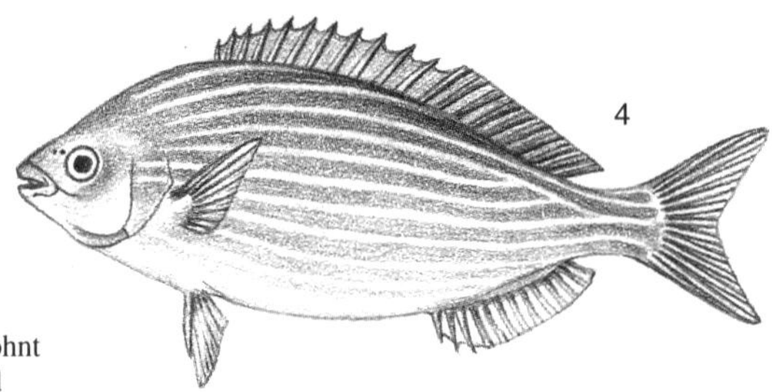
4

Der Goldstriemen (*Boops salpa*, 4) bewohnt das Mittelmeer und den Ostatlantik, wird 45 cm lang und hat seitlich am Körper etwa 10 goldgelbe Längsstreifen auf silberblauer Grundfärbung. Er ist ein Schwarmfisch und laicht in Schüben (portional), d.h. von April bis Mai und dann wieder von September bis Oktober. Er weidet gern auf Algen, vor allem der Art *Ulva lactuca*, verzehrt als Allesfresser aber auch kleine *Orchestia*-Krustentiere. Die Fischer fangen ihn mit der Angel, in Reusen und Netzen. Oft wird er nachts beim Sardinenfang miterbeutet, das Licht lockt ihn ins Netz. Er hat ein gutes Fleisch und ist das ganze Jahr über auf europäischen Märkten zu bekommen.

1

Tiefe von 50 m, anzutreffen, manchmal auch in Brackwasser. Gelaicht wird von April bis Juni. Die Jungfische halten sich in Buchten auf und werden im Alter von 3 Jahren geschlechtsreif. Das Fleisch hat einen guten Ruf und wird roh oder gebraten zubereitet, in Soße geschmort oder in Suppe gekocht.

2

3

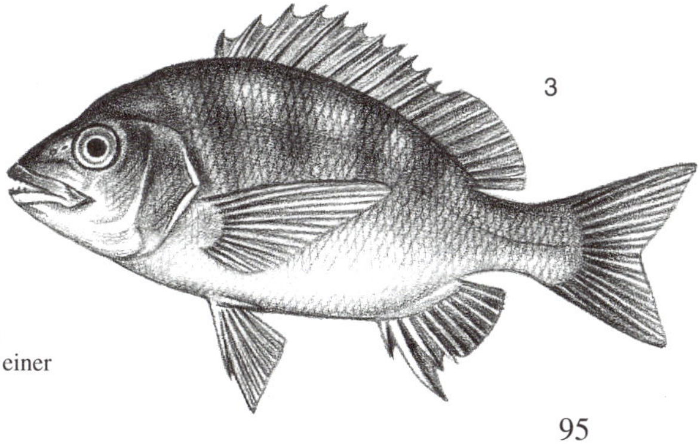

Die Großkopfbrasse (*Mylio macrocephalus*, 3) ist aus dem Indischen Ozean südöstlich bis Australien und im westlichen Pazifik von Hokkaido bis Südjapan und Korea bekannt. Sie wird 45 cm lang und ist in seichten Gewässern, gewöhnlich bis zu einer

Gelbflossen-Meerbarbe
Parupeneus chrysopleuron

Die Gelbflossen-Meerbarbe (1) ist hauptsächlich aus dem westlichen Pazifik von der japanischen Küste, von Südchina und Taiwan bekannt. Sie wird 50 cm groß und hat zwei lange Barteln am Kinn, doch reichen sie nicht bis zur Basis der Bauchflossen. Sie bewohnt tiefere felsige Küsten, und ihr zartes schmackhaftes Fleisch wird vor allem bei Fängen im Winter geschätzt.

Die Gestreifte Meerbarbe (*Mullus surmuletus*, 2) ist von Südnorwegen und Südschweden rund um Westeuropa bis zur nordwestafrikanischen Küste verbreitet und kommt überall im Mittel- und Scharzen Meer vor. Im Alter von etwa 10 Jahren ist sie 40 cm lang und wiegt etwa 2 kg. Sie laicht im Juli und August in der Nähe des Ärmelkanals, und ihre pelagischen Eier werden von der Strömung bis nach Norwegen fortgetrieben. Geschlechtsreife erlangt sie schon im Alter von zwei Jahren. Sie hält sich auf sandigem und auch felsigem Grund auf und ernährt sich von Benthos, d.h. von der Fauna des Meeresbodens, die sie mit ihren Bartfäden aufspürt. Schon im Altertum kannte man ihren erstaunlichen Farbwechsel. Sie hat schmackhaftes Fleisch und durfte bei den alten Römern auf keinem Festgelage fehlen. Der Jahresfang an den Küsten Südeuropas wird gegenwärtig auf 7 000 t geschätzt. Sehr ähnlich ist ihr die Gewöhnliche oder Rote Meerbarbe (*Mullus barbatus*), die einen roten Rücken hat, aber auf den Körperseiten und dem silbrigen Bauch keine gelben Längsstreifen. Ihre Größe und Verbreitung ist der vorigen Art analog, nur bevorzugt sie schlammigen und sandigen Grund bis zu einer Tiefe von 300 m. Die Fischer entfernen ihre Schuppen, damit sie auf dem Markt eine hellere rote, attraktive Färbung zeigt.

Die Meerbarben besitzen einen langgestreckten Körper mit gerader Bauchlinie und einen gewölbten Rücken. Das Maul ist klein und schwach bezahnt. Es sind kleine bis mittelgroße Fische, die in Golfen und Buchten im Flachwasser mit sandigem oder schlammigem Grund leben. Nur einige Arten steigen in größere Tiefen bzw. wandern in kältere Gewässer.

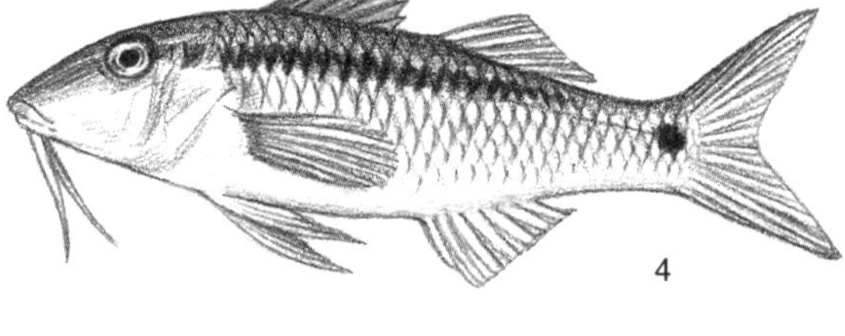

4

Die Strichpunkt-Meerbarbe (*Parupeneus barberinus*, 4) taucht hier und da in den warmen Teilen des Indopazifiks und westwärts bis zum Golf von Aden sowie an der afrikanischen Küste auf. Sie bewohnt eine Tiefe von 5–10 m und wird 55 cm lang, ist damit die größte bekannte Art aus der Familie *Mullidae*. Wir finden sie einzeln oder paarweise über sandigem oder mit Korallenbruch bedecktem Grund.

2

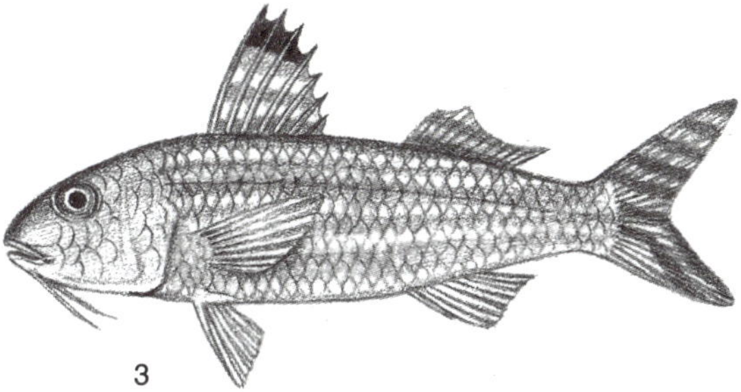

3

Die Veränderliche Meerbarbe (*Upeneus vittatus*, 3) ist vom tropischen Teil des Indischen Ozeans bis an die ost- und südafrikanische Küste vertreten; bekannt ist sie auch aus dem Roten Meer, aus Polynesien und von der australischen Küste. Sie wird etwa 30 cm lang und ist glänzend, bunt und sehr veränderlich gefärbt, laicht im Mai und Juni und lebt an der Küste; im Winter wandert sie in tiefere Gewässer. Aus ihrem Fleisch wird in Japan das Gericht kamaboko zubereitet; im Winter gefangene Tiere sind schmackhafter.

1

Freundschafts-Meerbarbe
Parupeneus fraterculus

Diese große Art (1) ist im zentralen Teil des Indischen und Pazifischen Ozeans verbreitet und kommt bis Südafrika vor. Sie wird etwa 40 cm groß und hat lange Barteln, die bis zum Hinterrand des Kiemendeckels reichen. Gefangen wird sie in der Umgebung von Korea und Tokio, im Roten Meer, an der ostafrikanischen Küste und bei Hawaii.

Die Meerbarbe *Parupeneus pleurospilos* (2) taucht verschiedentlich im Indopazifik auf und ist auch von der ostafrikanischen Küste bekannt. Sie wird etwa 35 cm lang und ähnelt sehr der Art *P. luteus*, die aber waagerecht orientierte Gelbstreifen auf der Rücken-, After- und Schwanzflosse hat.

Die Meerbarben sind typische, an das Bodenleben angepaßte Fische. Leicht erkennt man sie an den zwei Kinnbarteln, mit denen sie nach aufgewirbelter Nahrung am Grund suchen, hauptsächlich kleine Krebse, Weichtiere und kleine Fische, aber auch Insektenlarven, d.h. die gesamte Bodenfauna, das sog. Benthos. Wenn sie satt sind oder ruhen, legen sie die Bartfäden an die Kopfunterseite; schwimmen sie jedoch über Grund, sind ihre mit Geschmacks- und Tastsinneszellen versehenen Barteln unaufhörlich in Bewegung. Die Augen liegen verhältnismäßig hoch oben am Kopf. Bei der Nahrungssuche und -aufnahme graben die Fische sich bis zu den Augen in den Boden ein. Die Schwanzflosse ist tief gegabelt. Sie können sehr rasch ihre Färbung wechseln und sind den größten Teil des Tages aktiv. Ihr Fleisch gilt allgemein als hervorragend und ist auf den Fischmärkten gesucht, hat außerdem nur wenig unangenehme Gräten. Die alten Römern wogen diese Fische vermutlich mit Silber auf. Nicht empfohlen wird das Verzehren ihres Kopfes, weil das Hirn angeblich Krämpfe hervorruft. Im Aquarium werden zwar Arten der Gattung *Parupeneus* gehalten, doch erreichen sie kein höheres Alter. Schwierigkeiten gibt es mit ihrer Nahrung und bei der Wahl von Mitbewohnern, die ruhig und friedfertig sein müssen.

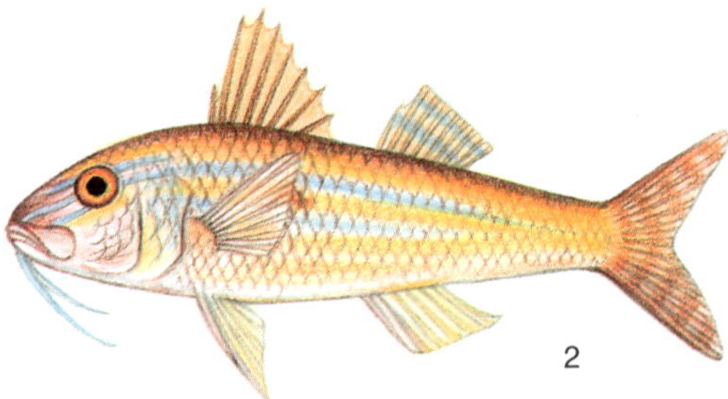

2

Die Art *Upeneus bensasi* (3) ist im Indopazifik außerordentlich häufig. Sie wird nur 20 cm lang. Bei Südjapan und Korea fängt man sie selten, und an der ostafrikanischen Küste ist ihr Vorkommen bisher nicht nachgewiesen. Gefärbt ist sie rot, bronzefarben oder gelb.

1

Die etwa 30 cm lange Meerbarbe *Parupeneus trifasciatus* (4) ist von den pazifischen Inseln her bekannt, hauptsächlich aus Melanesien und Polynesien, sowie von den Küsten Japans und Hinterindiens. Sie ist gelborange mit 4–5 sattelförmigen dunklen Querstreifen, die sich von der Rückenlinie nach unten erstrecken und verengt unterhalb der Seitenlinie enden.

4

3

Fähnchenfalterfisch oder Pfauenaugengaukler
Chaetodon auriga

Borstenzähner
Chaetodontidae

Der Fähnchenfalterfisch (1) ist im tropischen Teil des Indischen und Pazifischen Ozeans von Hawaii westwärts bis zur ostafrikanischen Küste sowie im Roten Meer, bei Südjapan und am Großen Barriereriff Australiens häufig vertreten. Im Roten Meer wird er etwa 20 cm und bei Südjapan bis 30 cm lang. Bekannt sind zwei Formen: *Ch. auriga*, erstmals von P. Forskal 1775 aus dem Roten Meer beschrieben, hat keinen schwarzen Fleck auf der Rückenflosse, während der 1793 von M. Bloch beschriebene *Ch. setifer* einen solchen aufweist. Heute wird das Vorhandensein oder Fehlen dieses Flecks nur als Farbform der gleichen Art gewertet. Bei den Jungfischen sind die Rücken- und die Afterflosse und beide Bauchflossen stark bis faserförmig langgestreckt.

Die zahlreiche Gattung *Chaetodon*, in Form und Farbe sehr heterogen, wird in 13 Untergattungen mit mehr als 180 Arten eingeteilt. Die Vertreter der Familie *Chaetodontidae* leben in allen tropischen Meeren und sind typische Bewohner der Korallenriffe. Sie ernähren sich von Würmern, Krustentieren, Moostierchen, Hohltieren und Grünalgen. Sie haben einen hohen, seitlich ziemlich abgeplatteten Körper mit relativ großen Schuppen und ein kleines Maul. Den Kieferrand bedecken kleine borstenartige Zähne. Das Maul ist endständig und vorstülpbar. Die lange Rückenflosse besteht aus einem stachligen vorderen und einem von verzweigten Weichstrahlen gestützten hinteren Teil.

Der Schwarzbindengaukler (*Chaetodon striatus*, 2) lebt in warmen und tropischen Gewässern des Atlantiks von New Jersey bis Südostbrasilien samt Golf von Mexiko. Häufig anzutreffen ist er bei den Bahamas und nach dem verwandten Vieraugengaukler (*Ch. capistratus*) dort die zahlreichste Art der Gattung *Chaetodon*. Die etwa 5 cm langen Jungfische haben einen dunklen Augenfleck, der im hinteren weichen Teil der Rückenflosse hell umsäumt ist und bei 7–8 mm großen Tieren verschwindet. Er wird etwa 15 cm lang und gern im Aquarium gehalten.

2

Der Sattelfleckgaukler (*Chaetodon ephippium*, 3) ist sehr häufig im tropischen Pazifik von Hawaii bis zur Ostküste Vorderindiens, bis zu den Philippinen, Südjapan und zum Großen Barriereriff Australiens. Er wird 30 cm lang. Die Jungfische durchlaufen mehrere Farbphasen, bei denen verschiedene Quer- und Längsstreifungen am Körper auftreten, die bei den adulten Tieren fehlen. Der Sattelfleckgaukler ist eine der wenigen Arten, die im Reifealter die Querbinde über dem Auge und den dunklen Querstreifen am Schwanzstiel verlieren. Der fadenförmige Ausläufer am Weichteil der Rückenflosse entsteht erst bei einer Größe von etwa 7 cm und besteht aus drei

Flossenstrahlen. Frisch importierte Tiere leiden im Aquarium oft an verschiedenen Krankheiten und gewöhnen sich schwer an die Gefangenschaft, vertragen sie nach anfänglichen Akklimatisierungsschwierigkeiten aber gewöhnlich viele Jahre lang gut. Nahe verwandt ist der im Indischen Ozean lebende Gelbkopf-Gaukler (*Ch. xanthocephalus*).

1

3

Mertens- oder Orangeschwanzgaukler

Chaetodon mertensi

Borstenzähner

Chaetodontidae

Der Mertensgaukler kommt im Indischen Ozean von der Ostküste Vorderindiens bis zum Roten Meer vor. Die Nominatform hat einen orangefarbenen Streifen auf der Schwanzflosse und eine zweite breite Binde vom weichen Teil der Rückenflosse quer nach unten über den Schwanzstiel und sich verengend bis zum hinteren Teil der Afterflosse. Über das Auge zieht sich ein schmaler schwarzer Streifen. Die Unterart Rotschwarzer Gaukler (*Ch. mertensi paucifasciatus*, 1) unterscheidet sich von der Nominatform durch eine leuchtend rote Binde auf der Schwanzflosse und einen Streifen am Körperende, der von der Rücken- zur Afterflosse führt. Über dem Auge hat er einen hellbraunen Streifen. Der keilförmige Fleck hinter dem Kopf ist eher sichelförmig. Beide Unterarten werden nur 12–14 cm lang. Aus dem indoaustralischen Archipel und dem Südchinesischen Meer ähnelt diesen beiden Fischen der Gitter-Orangefalter (*Ch. xanthurus*). Alle drei sind wegen ihrer leichten Eingewöhnung, geringen Größe und schönen Färbung sehr beliebte Aquarienpfleglinge. Der Rotschwarze Gaukler lebt nur im Roten Meer und im Golf von Aden in einer Tiefe von 4–30 m. Vorwiegend hält er sich paarweise bzw. in freien Trupps auf.

Der Orangenkopf-Falterfisch (*Chaetodon larvatus*, 2) ist nur aus dem Roten Meer und dem Golf von Aden bekannt. Er wird 10–12 cm lang, hält sich vorwiegend in einer Tiefe von 3–12 m auf und lebt in Korallenriffabschnitten mit außerordentlich sauberem Wasser meist paarweise. Einzeltiere kommen in der Natur nur manchmal vor und sind scheu. Sie ernähren sich fast ausschließlich von Korallenpolypen. Im Aquarium nehmen sie anfangs nur schwer Ersatznahrung an und müssen mit außergewöhnlich ruhigen Mitinsassen oder am besten einzeln – allein – gehalten werden. Am ruhigsten sind sie in einem von Wirbellosen (nicht Korallen) bewohnten Becken. Eine Haltung in Gefangenschaft ist schwierig.

3

2

Der Rippenstreifengaukler (*Chaetodon trifasciatus,* 3) findet sich sehr häufig im mittleren und westlichen Pazifik sowie im tropischen Indischen Ozean; bekannt ist er auch aus dem Persischen Golf, dem Roten Meer, von der ostafrikanischen Küste, von Sri Lanka, Südjapan und Australien. Außer der Nominatform kennen wir noch zwei Unterarten – *Ch. t. lunulatus* aus der Umgebung von Java und Sumatra und den Rotmeer-Rippenstreifengaukler (*Ch. t. austriacus*) aus dem Roten Meer. Die Grundfärbung des Körpers und die Zeichnung entsprechen der Nominatform *Ch. t. trifasciatus*, die Rückenflosse ist aber heller und die Schwanz- und Afterflosse dunkel bis schwarz. Obwohl diese Gauklerart nur 12 cm lang wird, hat sie im Aquarium nie Fuß gefaßt: Sie nimmt keine Nahrung an, lieber hungert und stirbt sie.

1

Der Großschuppengaukler (1) ist im Pazifik von den Tuamotuinseln bis zur Ostküste Vorderindiens, in Melanesien und Mikronesien, um die Philippinen herum, an der Küste Chinas und Südjapans, südwärts bis zum australischen Queensland, im Indischen Ozean, an der Halbinsel Malakka und bei Sri Lanka verbreitet. Er wird nur etwa 16 cm lang, und in der Färbung unterscheiden sich die jungen Fische fast nicht von den erwachsenen. Meist lebt er paarweise und laicht im Dezember in der Nähe der Philippinen. Im Aquarium ist er sehr widerstandsfähig und leicht zu halten.

Der Samtgaukler oder Halsbandfalterfisch (*Chaetodon collare*, 2) ist im tropischen Teil des Indischen und Pazifischen Ozeans vom Arabischen Meer über die Malediven und Sri Lanka, Indien und die Philippinen nach Norden zu bis China, Südjapan und Taiwan häufig vertreten. Er wird etwa 16 cm lang. Die Seitenlinie ist kurz und endet unterhalb des 9.–10. Stachels der Rückenflosse. Meist hält er sich in einer Tiefe von 1–20 m auf, bewohnt Felsen- und Korallenbiotope und ernährt sich von Korallenpolypen und Meereswürmern. Wo Korallenriffe fehlen, begnügt er sich mit algenbewachsenen Felsen. Gewöhnlich schwimmt er paarweise umher, mitunter auch in bis zu 25köpfigen Gruppen. Vor Tauchern oder Fotoblitzen hat er keine Angst. Er gehört zu den widerstandsfähigsten und langlebigen Aqariumfischen und kann auch im Schwarm gehalten werden. *Ch. fowleri* ist vermutlich ein Synonym dieser Art.

2

3

Der Doppelsattelgaukler (*Chaetodon falcula*, 3) ist von der südafrikanischen Küste im Indischen Ozean über die Maskarenen, Chagos Islands und Malediven, die Umgebung von Indien und Sri Lanka bis in den Pazifischen Ozean nach Westsumatra verbreitet.
Er wird 20 cm lang, hält sich in einer Tiefe

von 1–15 m auf und bevorzugt die stark durchsonnten oberen Schichten von Korallenriffen. Meist schwimmt er paarweise, nur selten in Trupps bis 20 Tiere. Mit seiner relativ langen Schnauze erreicht er auch tiefsitzende Polypen zwischen den Korallenästen. In Gefangenschaft gewöhnt er sich gut an die neuen Lebens- und Ernährungsbedingungen. In bezug auf Langlebigkeit und Widerstandsfähigkeit gegenüber Infektionen steht er dem Großschuppengaukler nicht nach.

1

Der Gelbstreifengaukler (1) ist im indopazifischen Raum bis hin nach Australien beheimatet und wird etwa 17 cm lang. Seine Grundfärbung ist goldgelb, mit einem orangegestreiften Körper und braunen Streifen auf Kopf und Schwanz. Als naher Verwandter der Art *Ch. meyeri* hat er mit ihr eine fast identische Zeichnung, nur sind bei dieser die Streifen schwarz. Beide herrlichen Fische sind jedoch dermaßen nahrungsspezialisiert, daß sie sich nicht an ein Ersatzfutter im Aquarium gewöhnen können.

Die Mehrzahl der Borstenzähner ist sehr lebhaft gefärbt. Bei den meisten verläuft ein gewöhnlich dunkles Querband über das Auge, und den Körper zieren verschiedene Streifen und Augenflecke. Auffallend gefärbte Korallenfische sind aber im allgemeinen auch auffallend aggressiv, und so müssen für ihre Haltung möglichst geräumige Becken gewählt werden. Gern verstecken sie sich in Spalten und zwischen Korallenästen, und meist grenzen sie strikt Reviere ab, wozu auch unsere größten Aquarien zu klein sind. Die erwachsenen Fische bilden gewöhnlich feste Paare, die ihre territorialen Forderungen abstecken. Sie sind tagaktiv und schwimmen gern.

2

Der Halbmasken- oder Gelbe Rotmeergaukler (*Chaetodon semilarvatus*, 2) gilt als Endemit des Roten Meeres, obwohl er auch im Golf von Aden vorkommt. Er wird 20–23 cm lang, hält sich in einer Tiefe von 3–20 m auf und gehört – vor allem, wenn er in kleinen Trupps oder paarweise umherschwimmt – zu den auffälligsten Falterfischen im Roten Meer: die gelbe Farbe am Körper und die blaue an den Kiemendeckeln sind überaus wirkungsvoll.

1

Seine Nahrung sind Weichtiere und Hartkorallen, und hauptsächlich in den späten Nachmittagsstunden wird er sehr aktiv. Tagsüber ruht er sich gewöhnlich unter Korallenüberhängen aus, oft gemeinsam mit Rotmeer-Wimpelfischen (*Heniochus intermedius*). In Gefangenschaft bereitet der Übergang zu einem Ersatzfutter oft Schwierigkeiten, eingewöhnte Tiere aber leben im Aquarium 5–7 Jahre. Sie sind ruhig und friedfertig, so daß sie sich auch in kleineren Gruppen gut halten lassen.

Gebänderter oder Kurzschnäuziger Pinzettenfisch Borstenzähner
Chelmon rostratus *Chaetodontidae*

Der Gebänderte Pinzettenfisch (1) kommt an der Nordküste Australiens, bei Neuguinea, an den Salomonen und Philippinen, an der Halbinsel Malakka, bei Sri Lanka und Vorderindien sowie an der Insel Mauritius und der ostafrikanischen Küste vor. Von den bisher bekannten drei Arten der Gattung *Chelmon* ist er der größte und wird ungefähr 17 cm lang. Er hat eine langgestreckte Schnauze (noch länger ist die Schnauze beim Langschnäuzigen Pinzettenfisch, *Forcipiger flavissimus*), röhrenförmige Kiefer und ein kleines Maul. Im Golf von Thailand fängt man ihn und verarbeitet ihn zu Fischmehl, verfüttert ihn an Enten oder macht Düngemittel aus ihm. In Malaysia gilt er frisch und getrocknet als ausgezeichneter Leckerbissen. Schon die Form seiner verlängerten Kiefer weist auf eine Nahrungssuche speziell aus Ritzen und Spalten zwischen Steinen und Korallenästen hin, und so ist er in Gefangenschaft ernährungsmäßig wählerisch und eigen. Durch monotone Fütterung und einseitige Ernährung geht er daher im Aquarium oft bald nach seinem Import zugrunde. Am liebsten nimmt er Enchytraeen und Schwebegarnelen der Gattung *Mysis*, was jedoch zur Aufrechterhaltung einer guten gesundheitlichen Kondition offenbar nicht ausreicht. Er benötigt dauernd extrem sauberes, stickstoffarmes Wasser. Wenn er ein Ersatzfutter nicht annehmen will, helfen oftmals junge Glasrosen der Gattung *Aiptasia*, die ihm schmecken und die erste Zeit der Akklimatisierung in Gefangenschaft zu überwinden helfen.

2

Der Gewöhnliche Wimpelfisch (*Heniochus acuminatus*, 2) ist wahrscheinlich die verbreitetste Art der bisher bekannten 8 Vertreter der Gattung *Heniochus*. Er lebt im Indopazifik nach Osten zu bis Hawaii und nach Westen bis Südjapan sowie bei Indonesien und Australien und an der ostafrikanischen Küste bis zum Roten Meer. Er wird etwa 20 cm lang und lebt in Schwärmen. Junge Tiere schwimmen oft in das Brackwasser von Flußmündungen, wo sie auch längere Zeit ohne Schwierigkeiten bleiben können. Im Aquarium ist er beliebt und dekorativ und eignet sich für eine gemeinsame Haltung, obwohl er Artgenossen gegenüber mitunter unverträglich ist. Am besten, man schafft sich mehrere Jungfische auf einmal an und gewöhnt sie aneinander; dann vertragen sie sich auch im Reifealter gut. Eine Gewähr dafür bietet hauptsächlich ein genügend großes Becken. Der Gewönliche Wimpelfisch leidet selten an Krankheiten und kann gut auf Ersatzfutter umgestellt werden. Junge Tiere verhalten sich oft als Putzer.

1

Zwerg-Engelfisch
Centropyge argi

Der Zwerg-Engelfisch, Zwergherzog oder Gelbkopfherzogfisch (1) lebt im tropischen Westatlantik, in der Karibik, an den Bermudas und Bahamas sowie bei Yukatan. Er wird 6–8 cm lang und ist wegen seiner geringen Größe ein attraktives, für die Aquarienhaltung geeignetes Tier. In der Natur ernährt er sich hauptsächlich von Algen. Im Aquarium ist er scheu und recht heikel, obwohl mit der Nahrung durchaus nicht wählerisch. Anspruchsvoll ist er vor allem in bezug auf die Sauberkeit des Wassers und anfällig gegen Krankheiten. Er mag ausreichende Schlupfwinkel und Höhlen und muß oft gefüttert werden, aber in kleinen Mengen, und zwar mit pflanzlicher und tierischer Nahrung.

Die Familie Engel- oder Kaiserfische unterscheidet sich von der vorangegangenen Familie der Borstenzähner vor allem durch einen großen Stachel am hinteren Unterrand des Kiemendeckels, einen seitlich viel weniger abgeplatteten Körper und einen mächtigen Kopf. Überdies sind Körper und Kopf der Kaiserfische mit harten kleinen und großen Schuppen bedeckt. Bis zu einer Größe von 6–10 cm unterscheiden sich die Jungtiere in der Färbung von den Erwachsenen. Die Engel- oder Kaiserfische leben an den tropischen Korallenriffen und Felsenküsten aller Ozeane und Weltmeere, d.h. an den Küsten aller Kontinente, meist einzeln oder paarweise, nur selten in Schwärmen. Paare werden hauptsächlich zur Laichzeit gebildet. Da sie in der Natur im Durchmesser bis 50 m große Reviere verteidigen, kann im Aquarium nur ein einzelnes Exemplar gehalten werden.

2

1

Der Karibenkaiserfisch (*Holacanthus tricolor, 2*), auch Felsenschönheit genannt, bewohnt die Karibik und ist aus der Umgebung der Bermudas und Bahamas sowie von Florida bis Südostbrasilien bekannt. Er wird etwa 30 cm lang, hält sich in Korallenriffen oder an anderen Stellen auf, die genug Versteckmöglichkeiten bieten, und ist ein sehr auffallendes Tier.

Zu den kleinen schönen Pomacanthiden gehört auch eine erst 1990 beschriebene Art aus dem Roten Meer, der Blaue Mauritius-Kaiserfisch (*Centropyge debelius*), der nur 9 cm lang wird. Er ist ganz blau, gelb am Vorderteil des Kopfes, mit gelbem Schwanz und gelben Brustflossen, lebt vorwiegend in einer Tiefe von 48–90 m und bewohnt die steilen Wände von Korallenriffen an ihrer schroff ins Meer abfallenden Außenseite. Leider ist er selten und bisher nur von einigen Fotos aus Biotopen in der Nähe der Inseln Mauritius und Réunion sowie von konservierten Exemplaren bekannt, die sein Entdecker H. Debelius gefangen hat.

Der Blaugelbe Herzogfisch (1) kommt im indoaustralischen Archipel sowie im westlichen und mittleren Pazifik vor. Er wird etwa 12 cm lang und hält sich in kleinen Trupps auf, die erwachsenen Tiere schwimmen paarweise. Von seinem Scheitel zieht sich ein dunkler Streifen über das ganze Auge. Für eine gute körperliche Kondition im Aquarium braucht er sauberes Wasser. Dank seiner leuchtenden Farben ist er ein prächtiges, leider aber ziemlich empfindliches Wesen und anfangs recht wählerisch in bezug auf die Nahrung. Er ist ein geeigneter Gefährte ruhiger, friedfertiger Fischarten und muß nur genug Schlupfwinkel für ein Versteck zwischen der Innendekoration des Aquariums finden, wenn er sich bedroht fühlt.

In der Natur ernähren sich die Engel- oder Kaiserfische hauptsächlich von Moostierchen, Würmern, kleinen Anemonen, Schwämmen, Krustentieren, Krebsen, Krevetten, Salinenkrebschen und Algen. Unangenehmen Begegnungen und Zweikämpfen weichen sie durch ein besonderes Schrägschwimmen aus, das einen direkten Zusammenstoß verhindert. Viele Arten geben Warnlaute von sich, die der Taucher unter Wasser und der Züchter außerhalb des Beckens hören kann. Für Aquarienzwecke eignen sich vor allem die kleineren, ruhigeren und friedfertigeren Arten, die 10–30 cm lang sind und damit den Wohnungsaquarien angemessen. Diese Fische brauchen viele Schlupfecken und Höhlen. Dann sind sie zufrieden, schwimmen ruhig heraus und beobachten neugierig den Züchter. Am besten schafft man sich Exemplare mittleren Alters an, die sich gut an die Gefangenschaft gewöhnen.

2

Der Blaue oder Koran-Kaiserfisch (*Pomacanthus semicirculatus*, 2) ist im tropischen Teil des Indischen Ozeans, an der ostafrikanischen Küste, bei den Maskarenen, Chagos Islands und Malediven und seltener im Arabischen Meer beheimatet. Er wird 35–38 cm lang und hält sich meist in einer Tiefe von 3–30 m auf, lebt in der Nähe kleiner inselförmiger Korallenriffe und über dem benachbarten sandigen Grund. Er ist eher scheu; besonders furchtsam sind die Jungen. Die Erwachsenen schwimmen allein, vereinzelt auch paarweise umher. Die Jungfische sind ganz dunkelblau, mit weißen, bogenförmig nach vorn geschwungenen Querstreifen an Körper, Kopf und Flossen. Halbwüchsig werden sie heller und bedecken sich mit dunklen Punkten. Die erwachsenen Fische wiederum sind bräunlich bis olivgelb mit schwarzen Punkten, in der hinteren Körperhälfte und auf den Flossen mit blauen bis weißen Flecken und einem blauen Saum. Der Kopf ist gewöhnlich dunkel, mit hellen Lippen. Der Blaue Kaiserfisch ist im Aquarium allen Mitbewohnern gegenüber meist unverträglich und bissig.

1

Der Franzosen-Kaiserfisch (1) lebt im westlichen Teil des Atlantischen Ozeans und in der Karibik von den Bahamas und von Florida bis zur Südostküste Brasiliens; künstlich hat man ihn an den Bermudas ausgesetzt. Er wird etwa 36 cm lang. Die Grundfärbung der erwachsenen Tiere ist blauschwarz bis schwarz, der Saum um die Schuppenränder leuchtendgelb. Wenn er sich im Aquarium an ein Ersatzfutter gewöhnt, wächst er in genügend großen Becken relativ schnell bis zu einer Länge von 30 cm heran. Finden sich zwei zueinander passende Tiere, dann können sie mit etwas Glück sogar gemeinsam gehalten werden. Diese Art ähnelt auffallend dem Seidengrauen Engelfisch oder Großflossen-Kaiserfisch (*Pomacanthus arcuatus*), der ebenfalls im tropischen Westatlantik und in der Karibik lebt, aber bis 60 cm lang wird – beide werden von den Fischern oft miteinander verwechselt. Erwachsen ist er schwarzgrau, mit einem schwarzen Fleck in der Mitte jeder Schuppe. Ein gutes Unterscheidungsmerkmal ist auch die Schwanzflosse, die bei *P. arcuatus* gerade abgestutzt oder geringfügig konkav, mit einem hellblauen Saum am hinteren Rand ist. Bei *P. paru* ist sie dagegen gewölbt (konvex) und ganz schwarz. Der Seidengraue Engelfisch ist für private Aquarien auf der einen Seite zu groß und auf der anderen ziemlich unverträglich, in geräumigen Ausstellungsbecken jedoch gut zu halten und sehr attraktiv. Zu den aus Aquarianersicht am wenigsten geeigneten gehören der Blaue Halbmond-Kaiserfisch (*Arusetta asfur*) aus dem Roten Meer, der Blaue Kaiserfisch (*Pomacanthus semicirculatus*) und der Imperatorfisch (*Pomacanthodes imperator*).

Die jungen Franzosen-Kaiserfische (2) sind ganz samtschwarz mit 6 gelben Querstreifen: zwei auf dem Kopf, zwei am Körper und zwei auf dem Schwanz. Oft können wir beobachten, wie sie wochenlang an einer Stelle über einer bestimmten Felsenklippe stehen und größeren

2

1

Fischen Parasiten von der Haut absammeln. Sie locken die betreffenden Tiere buchstäblich zu diesen „Putzstationen“ hin und säubern gewichtigeren Arten auch das Maul und die Kiemenhöhle – besonders großen Brocken reinigen sie sogar die Zähne. Diese legen sich dazu mit einer Seite auf den Meeresboden, sperren weit das Maul auf und verweilen in dieser Position lange bewegungslos. Den Jungen des Franzosen-Kaiserfisches ähneln auch stark die Jungen des Seidengrauen Engelfisches. Die Grundfärbung ihres Körpers und die Anordnung der gelben Streifen ist fast identisch, nur die Schwanzstreifung unterscheidet sich merklich: Bei *P. paru* bilden der fünfte und sechste Gelbstreifen eine Art ellipsoiden Kreis, denn beide Streifen sind am oberen und unteren Rand der Schwanzflosse miteinander verschmolzen, und der schwarze Fleck ist hier kein wirklicher Querstreifen, sondern ein ovaler Fleck.

Kaiser- oder Imperatorfisch
Pomacanthodes imperator

Der Imperatorfisch (1) ist im tropischen Teil des Indischen und Pazifischen Ozeans, an der ostafrikanischen Küste sowie im Arabischen und Roten Meer verbreitet. Er wird 40 cm lang und kommt meist in einer Tiefe von 3–70 m vor. Die erwachsenen Tiere bilden kleine Trupps oder schwimmen allein über felsigem Untergrund oder lebenden Korallenriffen, die Jungfische bewohnen einzelne Spalten und Höhlen direkt in den Korallenriffen. Die Erwachsenen können kräftige knarrende oder knirschende Laute von sich geben. Zu Aquarienzwecken importierte Junge gehen leicht und rasch zu einem Ersatzfutter über; sauberes Wasser ist für sie entscheidend. Das belegte Alter dieses Fisches in Gefangenschaft beträgt 16 Jahre.

Eine analoge geographische Verbreitung hat auch der Ringkaiserfisch (*Pomacanthodes annularis*), der besonders in der Nähe von Sri Lanka sehr häufig und bei Madagaskar und an der ostafrikanischen Küste selten ist. Er wird etwa 35 cm lang und hält sich meist in einer Tiefe von 5–35 m auf. Oft bewohnt er trübe Gewässer und schwimmt gewöhnlich paarweise, seltener in Trupps. Gern ernährt er sich von Plankton im freien Wasser. Er hat eine ähnliche Streifung wie der Kaiserfisch (wenn auch blau auf bronzefarbenem Körper), unterscheidet sich von ihm aber schon auf den ersten Blick durch einen gelben Fleck hinter dem Auge, der von einem blauen Ring begrenzt wird. Die importierten Jungfische gewöhnen sich gut an die Gefangenschaft, und bei tadelloser Wasserqualität fressen sie mit Appetit und wachsen zusehends.

2

1

Ein junger Kaiserfisch (2) ähnelt in der Färbung den erwachsenen überhaupt nicht. Seine Grundfarbe ist blau, und den Körper bedecken zahlreiche kreisförmige weiße Streifen. Sehr markant ist der geschlossene Kreis am Schwanzstiel. Weiße Querstreifen schmücken die Stirn und die weichen Teile der After- und Rückenflosse. Zum Ablegen des Jugendkleides kommt es früh, d.h. bei einer Größe von 6–8 cm.

Die jungen Ringkaiserfische zeigen eine schwarzblaue Grundfärbung, und auf ihr wechseln weißliche und bläuliche Querstreifen ab, die sich bogenförmig nach vorn ausbuchten. Sie haben 4 breitere weißliche Binden und dazwischen 10–11 schmälere blaue. Der Wandel in die adulte Färbung erfolgt bei einer Größe von 6–10 cm.

Blaukopf-Kaiserfisch
Euxiphipops xanthometapon

Der Blaukopf-Kaiserfisch (1) ist im indoaustralischen Archipel bis zu den Karolinen verbreitet und wird 35–40 cm lang. Man gönnt ihm ein eigenes Aquarium mit wirklich nur den allerfriedfertigsten Mitbewohnern. Nach dem Import ist es zweckmäßig, ihn mit lebenden, später auch mit eingefrorenen Salinenkrebschen und schließlich mit durchgedrehtem Rind- und Fischfleisch sowie gefriergetrockneten roten Zuckmückenlarven (*Chironomidae*) zu füttern. Die Erfordernisse seiner Haltung sind die gleichen wie beim Traumkaiserfisch.

Engel- oder Kaiserfische benötigen für die Haltung in Gefangenschaft unbedingt mindestens ein 400-Liter-Aquarium; bei kleineren Arten kommen wir vielleicht auch mit 200-Liter-Becken aus, doch sind größere vorteilhafter. Kleine Engelfischarten lassen sich darin auch truppweise halten. Als Mitbesatz eignen sich für sie weder allzu schnelle noch zu gefräßige Fische. Gekauft werden sollten nur Tiere in einwandfreiem Gesundheitszustand, die Nahrung gut annehmen. Für den Anfang eignet sich am besten weicheres Futter wie Krustentiere der Gattung *Mysis*, kleine Garnelen, Weichtierfleisch, kleine Enchyträen, sog. Grindalwürmchen, Salinenkrebschen, Algen, Kopfsalat- und Spinatblätter sowie künstliches Flockenfutter. Günstig ist ein periodischer Austausch eines Teils des Wassers gegen neues, eine konstante Temperatur von 24–30 °C je nach Herkunft der Fische, ein pH-Wert von 8,2–8,4 und eine Wasserdichte von 1,020–1,028. Bei guten Lebensbedingungen können manche Engelsfische in Gefangenschaft 7–10 Jahre alt werden.

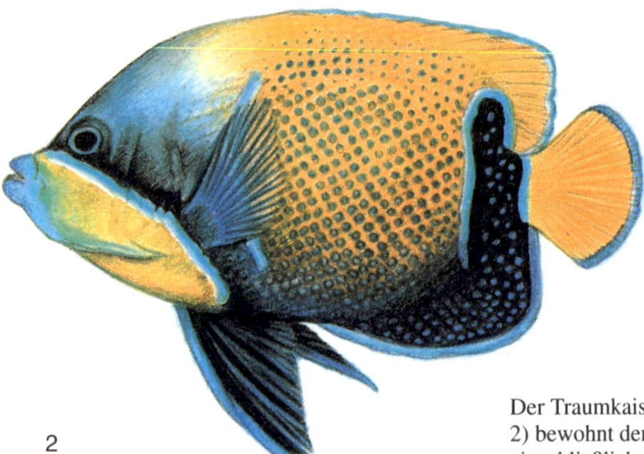

2

Der Traumkaiserfisch (*Euxiphipops navarchus*, 2) bewohnt den indoaustralischen Archipel einschließlich der Philippinen. Er wird 25–30 cm lang und hält sich meist einzeln, gelegentlich paarweise an küstennahen Korallenriffen mit ruhigem, sauberem Wasser auf. In Gefangenschaft benötigt er genügend freien Raum und ist oft schreckhaft und scheu, greift aber nie Aquarium-Mitbewohner an.

Gern hat er zerkleinertes Fischfleisch, Salinenkrebschen und *Tubifex*-Würmer lebend und gefriergetrocknet sowie die Blätter von Kopfsalat bzw. jungem Spinat. Die Jungfische haben eine unterschiedliche Färbung – ihr Körper ist blau quergestreift. Bei neuimportierten Tieren gibt es oft Schwierigkeiten mit dem Annehmen der Nahrung. Sie brauchen optisch und chemisch reines Wasser mit möglichst geringen stickstoffhaltigen Substanzen.

Der verwandte Sechsstreifen-Kaiserfisch (*E. sexfasciatus*) kommt aus dem tropischen Indopazifik und ist von den erwähnten drei Arten am wenigsten bunt: Seine Körperseiten zieren sechs dunkle Querstreifen, und der Körper samt Flossen erwachsener Tiere ist mit bläulichen Punkten besät. Was ihm an Schönheit der Farben fehlt, ersetzt er durch Widerstands- und Anpassungsfähigkeit. Er erreicht eine maximale Gesamtlänge von 50 cm.

1

Dunkler Riffbarsch

Eupomacentrus dorsopunicans

Riffbarsche

Pomacentridae

Der Dunkle Riffbarsch ist aus dem westlichen Teil des Atlantiks bekannt, hauptsächlich kommt er an den Bermudas und Bahamas, bei Florida und an den Kleinen Antillen samt Golf von Mexiko vor. Er wird 15 cm lang. Die erwachsenen Tiere sind unauffällig grau und haben eine kurze Afterflosse, die mit dem gerundeten hinteren Rand höchstens bis zur Schwanzflossenbasis reicht. Der Körper zeigt eine sehr dunkel schräge Querstreifung. Die Jungen (1) sind blau, mit orangefarbenem bis rotem Rücken und gleichgefärbtem Vorderteil der Rückenflosse. Am Übergang ihres stachligen Teils in den weichen ist ein dunkler Fleck. Ein kleiner sattelförmiger Fleck ist gewöhnlich auch an der Oberseite des Schwanzstiels. Dieser Riffbarsch kommt bis zu einer Tiefe von etwa 17 m vor, wird aber gewöhnlich in geringeren Tiefen – von 7 m bis zur Wasseroberfläche, d.h. in seichten Gezeitentümpeln – gefangen. Er lebt hauptsächlich zwischen Korallen, vereinzelt auch an gemischten Stellen mit Felsenklippen und sandigen Flächen.

Im Aquarium hält man bisweilen den verwandten Gelbbauch-Riffbarsch (*E. leucostictus*), der ebenfalls aus dem Westatlantik kommt und etwa 10 cm lang wird. Auch er lebt in Gezeitentümpeln, in ganz flachem Wasser von wenigen Zentimetern und bis zu einer Tiefe von 7 m sowie an felsiger Küste zwischen Korallen und Meeresalgen und in flutüberspülten Mangrovenbuchten. Sein Rükkenteil ist blau und mit weißen Punkten übersät, der restliche Körper und die Flossen sind gelb. Er braucht tierische und auch pflanzliche Nahrung.

Der Blaue Schwalbenschwanz (*Chromis cynea*, 3) hat praktisch die gleiche Verbreitung wie die drei anderen Arten. Er wird etwa 12 cm lang und ist an seiner tief gegabelten Schwanzflosse leicht zu erkennen.
Er ist ganz schwarzblau, auf der Rückenseite dunkler, auf der Bauchseite heller, die Brustflossen sind transparent. Das Blau einiger

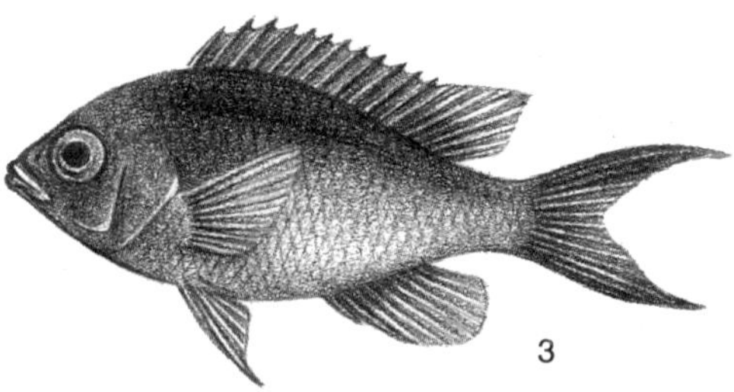

3

Exemplare geht auf dem Körper in Türkis über. Meist wird er in 10–20 m Tiefe am Fuß von Korallenriffen gefangen. Er ernährt sich hauptsächlich von Zooplankton.

Der Dreiflecken-Riffbarsch (*Eupomacentrus planifrons*) ist mit *E. dorsopunicans* eng verwandt und hat eine analoge geographische Verbreitung. Er wird etwa 11 cm lang und steigt tiefer, bis ungefähr 28 m, meist fängt man ihn aber zwischen 5 und 15 m. Erwachsen ist er heller und höherrückig, seltener mit breiteren schrägen Querbinden, und er hat eine

1

längere Afterflosse, die etwa bis unter die Hälfte der Schwanzflosse reicht. Der sattelförmige Fleck an der Oberseite des Schwanzstiels ist ausgeprägt und zusammen mit einem dunklen Fleck an der Brustflossenbasis arttypisch. Junge und halbwüchsige Tiere sind gelb (2). Er hält sich über Felsenklippen, sandigem Gelände,

2

pflanzenbewachsenem Grund und oft über Korallenköpfen auf, von denen er verschiedene Parasiten absammelt. Im Aquarium braucht er genügend Verstecke. Die jungen Fische verhalten sich friedfertig, die erwachsenen Männchen verteidigen ihr Revier und sind aggressiv.

Blaues Teufelchen
Glyphidodontops cyaneus

Das Blaue Teufelchen ist häufig im tropischen Teil des Indischen und Pazifischen Ozeans nach Süden zu bis Australien und nach Westen bis Japan, bis zu den Philippinen und nach Indien anzutreffen. Er wird höchstens 6 cm lang. Die Färbung ist angesichts des großen Verbreitungsgebietes sehr veränderlich und auch geschlechtsspezifisch – vor allem die Ausdehnung der gelben Farbe und ihre Nuance variiert bei den einzelnen Populationen sehr. Das Weibchen (1) hat aber immer unter dem Ende der Rückenflosse einen dunklen bis schwarzen Fleck und ist größer als das Männchen. Beim Männchen (2) ist die gelbe Farbe gewöhnlich nur auf der Schwanzflosse, am unteren Teil des Schwanzstiels, auf den Bauchflossen und in der Maulgegend; dafür geht die Intensität der Gelbfärbung in eine unterschiedlich satte Orangeschattierung über. Bekannt sind jedoch auch Populationen mit ganz blauen Männchen und Weibchen. Er bewohnt Meereslagunen.

Es ist ein dankbarer Aquarienpflegling und den ganzen Tag über in Bewegung. Erwachsene Tiere sind hauptsächlich innerhalb ihrer Art sehr aggressiv; besonders die Männchen bilden Reviere und verteidigen die Laichplätze – Höhlen, in denen die Weibchen die Eier ablegen, und zwar stets am Deckenteil. Besonders für die Nacht brauchen sie genügend Schlupfwinkel. Sie verstecken sich einzeln. Nachts oder auch am Tage, wenn sie an eine helle (beleuchtete) Stelle schwimmen, zeigen sie eine dunkelgraue bis schwarze Färbung, die meist innerhalb von 1–3 Minuten verschwindet. Die Laichgelege (300–500 Eier) betreut das Männchen. Aus den kleinen glasklaren ovalen Eiern schlüpfen bei einer Wassertemperatur von 26–28 °C innerhalb von 5 Tagen die Larven. Das Ablaichen erfolgt stets in den Morgenstunden bald nach der Dämmerung, das Schlüpfen der Fischbrut dagegen immer im Dunkel der Nacht, spätestens vor Tagesanbruch.

Der Perl- oder Schwanzfleck-Preußenfisch (*Dascyllus melanurus,* 3) ist im indoaustralischen Archipel, in der Nähe der Philippinen und Karolinen sowie

3

2

in Melanesien häufig. Er wird 6,5 cm lang und bewohnt hauptsächlich Lagunen und Häfen in 1–10 m Tiefe, an der Küste hält er sich an Korallenköpfen auf. Er ernährt sich von Plankton, Krevetten- und Krebslarven, Algen, Muschel- und Flohkrebsen, pelagischen Manteltieren, Ruderfußkrebsen und Fischlaich.

Auf der Schwanzflosse hat er einen schwarzen Querstreifen, der beim äußerlich praktisch gleich aussehenden Preußenfisch (*D. aruanus*) fehlt. Er läßt sich auch in einem Aquarium mit verhältnismäßig kleinen Abmessungen leicht halten und tummelt sich gern in kleinen Trupps; Artgenossen gegenüber ist er relativ friedlich. Er nimmt nicht nur lebende Nahrung – Salinenkrebschen, Wasserflöhe und Ruderfußkrebse – an, sondern auch tote, eingefrorene, gegebenenfalls trockenes Flockenfutter. Oft laicht er in Gefangenschaft ab, z.B. an einem flachen Stein am Boden. Das Gelege bewacht das Männchen – es verjagt jeden Eindringling, auch seine Partnerin. Bei 24–26 °C schlüpft die Brut in 4–6 Tagen. Die Jungfische messen nur 2 mm.

1

♀

Schwarzblaue Gelbschwanz- oder Java-Demoiselle Riffbarsche
Glyphidodontops hemicyaneus *Pomacentridae*

Dieser kleine Zwergfisch (1) lebt hauptsächlich an den Salomonen, bei Neuguinea und den Philippinen, bei Hinterindien und Südjapan. Er wird nur 5–6 cm lang. In einigen Gegenden (z.B. Neuguinea) fehlt ihm die Gelbfärbung – die entsprechenden Körperteile sind weißlich transparent. Er bewohnt Lagunen und Korallenriffe an der Küste in einer Tiefe von 1–16 m und tummelt sich in kleinen Trupps. Plankton fängt er meist 30–50 cm über dem Boden.

Im Aquarium ist er ein sehr dankbarer Allesfresser und nur im Reifealter gegenüber Artgenossen aggressiv: vor allem die Männchen bringen einander buchstäblich um. Das bewirken hier ein zu kleiner Lebensraum und nicht genügend Verstecke. Ein versuchsweise in einem ausreichend großen 150–Liter-Becken gehaltenes Paar entpuppte sich als Dauerlaicher; es laichte im Laufe eines Jahres in 5–7tägigen Abständen insgesamt 68 mal. Das Geschlecht der Tiere ist am besten zur Fortpflanzungszeit zu erkennen. Die Männchen sind stets größer und hochrückiger, die Weibchen kleiner, mit einer volleren Bauchpartie. Auffällig unterscheidet sich außerdem die Form der Urogenitalpapille: die des Männchens ist kleiner, konisch und am Ende spitz zulaufend, die sog. Legeröhre des Weibchens dagegen auffallend breit, zylindrisch, 4–5 mm lang und in der ganzen Länge von gleichem Durchmesser. Abgelaicht wird in einer Höhle (gebildet z.B. aus einem halbierten und auf die Seite gelegten Blumentopf) an der Decke. Die Eier sind klein und oval – lange Achse im Durchschnitt 0,8 mm und kurze 0,4 mm. Die Keimlinge in der Eihülle sind positiv geotropisch, d.h. sie richten sich von der Decke der Höhle alle mit dem Kopf und dem hufeisenförmig gebogenen Schwanz nach unten aus, in Richtung der Erdschwere. Die Embryonen schlüpfen bei einer Temperatur von 28 °C nach 5 Tagen, und zwar stets noch vor der Morgendämmerung; zwei Tage später füllen die Protopterygiolarven ihre Schwimmblase voll und sie beginnen waagerecht frei zu schwimmen. Zuerst verlangen sie feinste Lebendnahrung, am besten Meeresinfusorien der Gattung *Euplotes* und Rädertiere der Art *Brachionus plicatilis*.

2

Der Vielstachelige Riffbarsch (*Paraglyphidodon polyacanthus,* 2) kommt in den tieferen Korallenkanälen vor, die aus den Lagunen an der Nordostküste Australiens (Queensland) herausführen, und ist allgegenwärtig bei Lord Howe Island und Norfolk Island sowie in der Korallensee Richtung Neukaledonien. Er wird 12–15 cm lang und lebt vorwiegend in einer Tiefe von 2–30 m. Äußerlich ist er mit keiner anderen Art zu verwechseln. Die bei der Capricorn-Inselgruppe am australischen Großen Barriereriff lebenden Exemplare haben eine etwas abweichende Färbung – einen dunkelbraunen Rücken und eine ebensolche Rückenflosse, während der übrige Körper und die Flossen hellgelb sind.

Der Gold-Riffbarsch (*Amblyglyphidodon aureus,* 3) ist häufig im indoaustralischen Archipel und im tropischen Teil des westlichen Pazifiks bis zu den Fidschi- und Marshallinseln anzutreffen.
Er wird 10–13 cm lang und lebt hinter den Korallenriffen Richtung Meer in einer Tiefe von 12–35 m, hält sich einzeln oder in kleinen Grüppchen auf und ernährt sich von Zooplankton in den Wasserschichten wenige Meter über dem Boden. Die jungen Fische sind ganz gelborange, bei Fischen im Reifealter ist die untere Körperhälfte silbrigweiß, der Rücken goldfarben, die Schwanz- und Rückenflosse transparent bläulich.

3

1

Dieser Anemonen- oder Clownfisch bewohnt die küstennahen Korallenriffe im östlichen Teil des Indischen Ozeans, im indoaustralischen Archipel, bei Südjapan, den Philippinen und im Südchinesischen Meer und wird etwa 10 cm lang. Die Weibchen sind größer als die Männchen, und ihre zweite weiße Querbinde ist bis auf die Rückenflosse erweitert (1) und läuft vorn in den stachligen und hinten in den weichen Teil der Flosse ein. Bei den Männchen ist dieser mittlere, auf die Rückenflosse übergehende weiße Streifen auffallend verengt, praktisch verläuft er weder nach vorn noch nach hinten.

Der Orangeringelfisch ist einer der wenigen der insgesamt gut 28 bekannten *Amphiprion*-Arten mit sekundären Geschlechtsmerkmalen. In der Natur lebt er in Symbiose mit Seeanemonen hauptsächlich der Arten *Radianthus malu, R. ritteri* und *Stoichactis giganteum.* Er ist ein beliebter Aquarienfisch und in Gefangenschaft Allesfresser – gern nimmt er jede tierische (lebende, eingefrorene, tiefgefrorene) wie auch künstliche trockene Flockennahrung, sofern sie nur die geeignete Größe hat. Im Aquarium laicht er am Fuß einer Seeanemone im Schutz ihrer Nesseltentakeln ab, gern aber auch z.B. in einem halbierten und auf die abgeschnittene Seite gelegten Blumentopf, an der Decke der so entstandenen Höhle, ohne daß eine Anemone da ist. Das Gelege enthält mehrere Dutzend bis etwa 600 Eier. Sie sind relativ klein, und bei einer Wassertemperatur von etwa 27 °C schlüpft nach 6–7 Tagen die Brut, die 2,7–3,2 mm mißt. Dies geschieht im Dunkeln, vor der Morgendämmerung. Nach weiteren 1–2 Tagen schwimmen die Jungen frei. Anfangs sollten sie möglichst mit *Brachionus*-Rädertieren bzw. anderem feinem Zooplankton angefüttert werden.

Der Schwarzgerandete Orangeringelfisch (*Amphiprion percula*) mit markant und breit schwarzumsäumten weißen Querbinden ist aus den Korallenriffen Nordostaustraliens, Neuguineas, Melanesiens, der Neuen Hebriden, der Salomonen und Fidschiinseln bekannt. Das Weibchen (2) wird etwa 8 cm lang, das Männchen nur 6–6,5 cm.

2

Diese Art unterscheidet sich vom Orangeringelfisch durch eine geringere Größe und eine breite schwarze Umrandung der weißen Streifen. Die schwarze Zeichnung dominiert auf seinem Körper, die sekundären

Geschlechtsmerkmale sind die gleichen. Er wird selten eingeführt. Seine Haltung und das Verhalten im Aquarium sind wie beim Orangeringelfisch, über seine Fortpflanzung in Gefangenschaft gibt es aber keine zuverlässigen Angaben und Belege.

Der Schwarze Anemonenfisch (*Amphiprion melanopus,* 3) ist im östlichen Indischen Ozean, bei Queensland, in Melanesien und Ozeanien sowie bei den Tuamotu- und Marshallinseln eine sehr verbreitete Art. Er wird etwa 11 cm lang und bewohnt die Lagunen und äußeren Korallenriffe in einer Tiefe von 1–10 m, lebt in Symbiose mit Seeanemonen. Das Weibchen ist größer als das Männchen und hat schwarze Körperseiten; der vordere Teil des Kopfes, der Bauch und alle Flossen sind ziegelrot, nur bei den Bauchflossen ist der vordere Rand schwarz.

3

Beim kleineren Männchen sind der Körper sowie die After- und Bauchflossen schwarz. Abb. 3 zeigt ein noch nicht ganz ausgefärbtes halbwüchsiges Männchen.

1

Den Streifenlippfisch finden wir im Mittelmeer, im östlichen Atlantik und in der Nordsee in seichtem felsigem Litoral mit reichlichem Pflanzenbestand. Das Männchen (1) wird größer als das Weibchen, bis 45 cm lang, und ist gelb, orangefarben oder braungrün und mit mehr blauen bis schwarzen Längsstreifen an den Körperseiten. Das Weibchen ist ganz ziegelrot, mit 3–4 sattelförmigen Flekken unterhalb des hinteren Weichteils der Rückenflosse und auf der Rückenseite des Schwanzstiels. Zur Laichzeit im Mai schlägt das Männchen in Seitenlage mit dem Schwanz eine flache schüsselförmige Grube in den sandigen Boden. Es ist sehr aggressiv, verteidigt energisch das Laichrevier und bewacht das Gelege bis zum Schlüpfen der Jungen.

Der Kuckuckslippfisch (*Labrus ossifagus*) ist im östlichen Atlantik von der norwegischen Küste bis Nordwestafrika und praktisch im ganzen Mittelmeer verbreitet. Das geschlechtsreife Männchen (2) unterscheidet sich in der Färbung auffällig vom Weibchen (3), jüngere Männchen gleichen den Weibchen. Dieser Fisch wird 35 cm lang und hält sich mit Vorliebe an felsigen Küsten mit reichlichem Algenbestand auf. Gelaicht wird in den Sommermonaten.

Im Mittelmeer sowie im Ostatlantik von den Kanarischen Inseln und der Westküste Afrikas bis Schottland und Norwegen ist der größere Gefleckte Lippfisch (*Labrus berggylta*) beheimatet, der 51 cm lang wird. Er ist graugrün gefärbt, mit rotumsäumten Schuppen, und am Rücken dunkel quergefleckt. Er lebt an felsigen Küsten in einer Tiefe von 3–30 m und laicht von Mai bis Juli. Das Nest wird aus verschiedensten Pflanzen- und Muschelresten und anderem Material mit einem Maulsekret am Boden festgeklebt. Das Männchen hütet die Eier – um die geschlüpften Larven, die pelagisch leben, kümmert es sich aber nicht mehr. Sein Fleisch schmeckt nicht.

Der Rotlinien-Lippfisch (*Coris gaimard*, 4), auch Bijouteriefisch oder Falscher Clownjunker genannt, bewohnt im ganzen tropischen Indopazifik sandigen Boden und Seegrasbewuchs in der Nähe von Korallenriffen. Er wird 30 cm lang und ist in der Jugend ganz rot, mit fünf sattelförmigen weißen, schwarzgesäumten Flecken auf der

4

2 ♂

3 ♀

Rückenseite von der Stirn bis zum Schwanzstiel; bei den jüngsten Tieren reicht die mittlere weiße Zeichnung oft vom Rücken bis zum Bauch, bei den geschlechtsreifen ist der dunkle Körper mit einer Vielzahl azurblauer Flecke übersät. Die Schwanzflosse ist gewöhnlich gelb, Kopf und Kiemendeckel schmücken zwei grüne, sanft gewellte parallele Schrägstreifen. Dieser Fisch entfernt viel größeren Fischen die Außenparasiten von der Körperoberfläche und ernährt sich sonst von Krusten- und Weichtieren, Würmern und Seeigeln. Im Aquarium geht er ziemlich leicht zu einer Ersatznahrung über, z.B. lebenden und eingefrorenen Salinenkrebschen, und er gedeiht in Gefangenschaft gut. Wird er größer und geschlechtsreif, wächst allerdings seine Aggressivität gegenüber Artgenossen und gewöhnlich auch in bezug auf andere *Coris*-Arten.

1

Karierter Junker — Lippfische
Halichoeres centiquadrus — *Labridae*

Der Karierte Junker ist aus dem Roten Meer, dem Indischen und Pazifischen Ozean, aus der Umgebung der Inseln Mauritius und Madagaskar sowie von der Küste Südafrikas hinunter bis zur Delagoabucht bekannt. Er lebt hauptsächlich im flachen Wasser in der Nähe von Korallenriffen und wird etwa 30 cm lang. Die Jungen sind weißlich, mit dunkelbraunen Flecken, und haben auf der Rückenflosse einen weißgesäumten großen schwarzen Augenfleck. Abb. 1 veranschaulicht die bunte Färbung des Männchens. Von den anderen *Halichoeres*-Arten unterscheidet er sich durch Schuppen am oberen Rand des Kiemendeckels und Schuppenreihen über, hinter und unter den Augen. Er schwimmt einzeln und ist Artgenossen gegenüber recht aggressiv.

Der Lippfisch *Clepticus parrai* (2) ist im tropischen Westteil des Atlantiks beheimatet, vor allem in der Nähe der Bermudas, Bahamas, Floridas und der Antillen. Er wird etwa 30 cm lang. Die halbwüchsigen Tiere haben einen roten Rükken und sind an den Körperseiten und am Bauch silbrigweiß. Erwachsen leben sie in Schwärmen in der Nähe von Korallenriffen, vor allem an tieferen Stellen. Ähnlich wie die *Chromis*-Vertreter ernähren sie sich in der Hauptsache von Plankton, aber auch von kleinen Rippenquallen, pelagischen Manteltieren und den Larven verschiedener Wirbelloser. Oft gelangen sie bei Importen anderer ähnlicher Arten ins Aquarium. In Gefangenschaft sind sie widerstandsfähig und fressen gern Salinenkrebschen, eingefrorene tierische Nahrung und gewöhnlich bald auch künstliches Trockenfutter.

♂

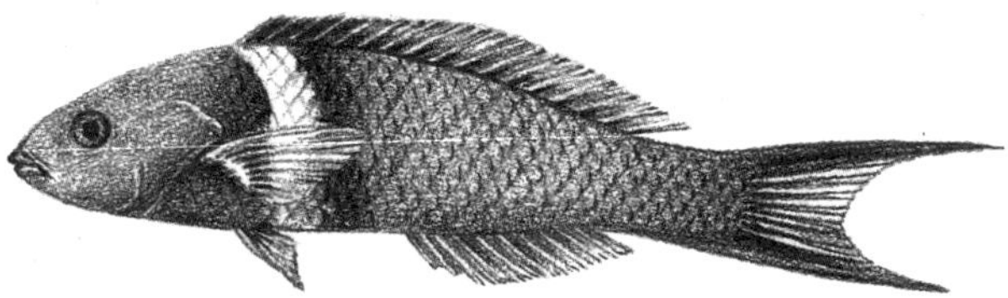

3

♀

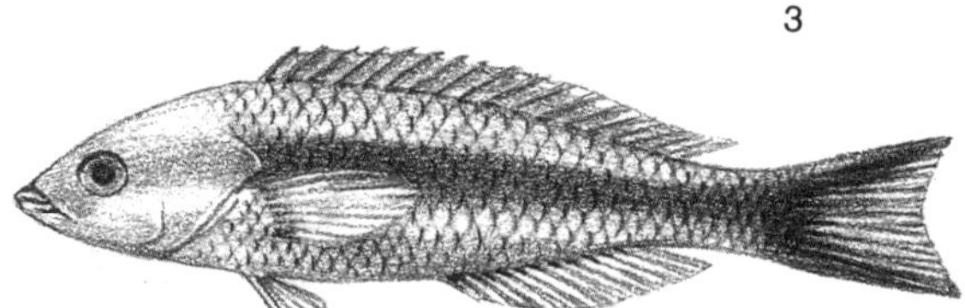

4

Der Blaukopf oder Blaukopfjunker (*Thalassoma bifasciatum*) ist an Felsenküsten und Korallenriffen der Karibik und des tropischen Westatlantiks häufig. Er wird etwa 15 cm groß und hat einen langgestreckten Körper. Die Jungen sind gelb oder gelbgrün, mit oder ohne dunklere Längsbinde an den Körperseiten und mit einem weißlichen Bauch. Die Weibchen können sich auch nach vielmaligem Laichen zu Männchen umwandeln. Erwachsene Weibchen (4) behalten ihr Jugendkleid, doch wird es um einen rötlichen Streifen über dem Auge ergänzt. Der Kopf des Männchens (3) ist

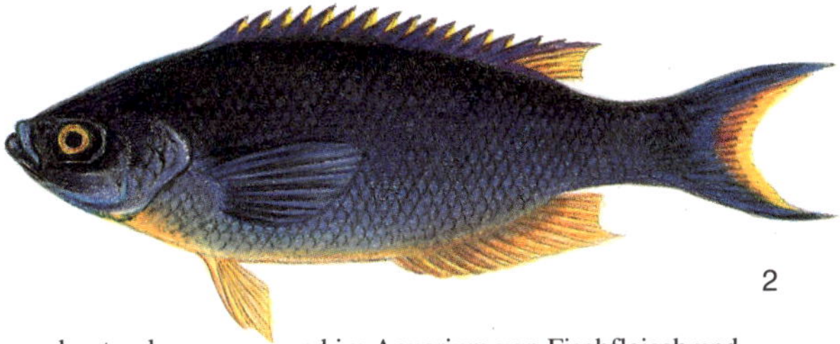

2

blauviolett, der Körper grün, und unter dem Anfang seiner Rückenflosse erstreckt sich eine schräge breite weiße, schwarzumsäumte Querbinde. Er ernährt sich von Plankton, Würmern, Krusten-, Mantel- und Weichtieren und im Aquarium von Fischfleisch und Trockenfutter. Er braucht ein ausreichend geräumiges Becken mit geeigneten Verstecken sowie immer sauberes stickstoffreies Wasser. Er laicht im Schwarm.

1

Mondsicheljunker
Thalassoma lunare

Der Mondsicheljunker ist im Roten Meer, im Indischen Ozean und im tropischen Westteil des Pazifiks verbreitet. Er wird 25–30 cm lang und hält sich auf Korallenriffen und Seegraswiesen in einer Tiefe von 1–25 m auf. Die Jungfische haben einen olivbrauen Rücken und hellblauen Bauch. Rückenflosse und Schwanzwurzel ziert ein schwarzer Fleck. Die Schwanzflosse ist konvex oder gerade abgestutzt, wodurch sie sich erheblich von der der Erwachsenen unterscheidet. Die Männchen (1) haben einen azurblauen Kopf. Der Mondsicheljunker hält sich in Trupps auf, immer ein Männchen mit mehreren Weibchen, und sie ziehen über die Korallenriffe hin und her. Junge Exemplare findet man meist schwarmweise in Gezeitentümpeln. Im Aquarium gewöhnen sie sich rasch an lebende und tote tierische Ersatznahrung. Mit Appetit fressen sie auch Algen und nach ihrer Eingewöhnung künstliches Trockenfutter. Sie brauchen einen sandigen Boden, viel Raum zum Schwimmen und genügend Schlupfwinkel. In kleineren Becken vergrößert sich ihre innerartliche Aggressivität. Besonders grausam können sie kleineren Fischen gegenüber sein. Die Gefangenschaft ertragen sie gut.

Die Lippfische bewohnen die Meere der tropischen, subtropischen und gemäßigten Zone. Es sind an die 600 Arten bekannt. Meist haben sie einen langgestreckten, schlanken Körper, ein kleines Maul und vorstülpbare fleischige Lippen. Die Kiefer sind kräftig und mit spitzen oder flachen Schneidezähnen besetzt. Charakteristisch für die ganze Familie ist eine lange Rückenflosse, die im vorderen Teil von Hartstacheln gestützt wird und im hinteren von weichen, verzweigten Strahlen. Spezifisch ist auch ihr schaukelndes, sog. labriformes Schwimmen. Die einzelnen Arten eindeutig zu bestimmen, fällt oftmals schwer. Die Weibchen unterscheiden sich von den Männchen in Körperform und Färbung. Bekannt ist eine häufige Geschlechtsumwandlung von Weibchen in Männchen, bei der gleichzeitig die Färbung verändert wird.

3

Der Zitronenlippfisch (*Thalassoma lutescens*) kommt in Polynesien, bei Hawaii und an der Küste Queenslands vor. Er wird 20 cm lang.

Die Jungen (3) sind gelb, mit transparenter Schwanzflosse und drei weißumrandeten dunklen Flecken auf der gelben Rückenflosse.

2

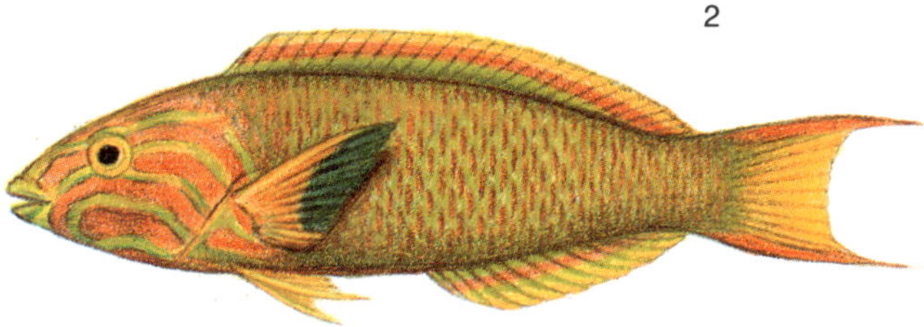

Die erwachsenen Tiere (Männchen, 2) sind zunächst orange, zuletzt grünlich, mit rotgesäumten Schuppen, roten Querbinden am Körper und langen roten Fortsätzen am oberen und unteren Rand der gelben Schwanzflosse. Junge und halbwüchsige Fische leben in Schwärmen, die adulten sind Einzelgänger bzw. halten sich zur Fortpflanzungszeit in Paaren auf. Gelaicht wird schwarmweise im freien Wasser. Eier und Larven sind pelagisch. Das Verhalten dieser Fische und ihre Ansprüche an das Aquariumleben sind ähnlich wie beim Mondsicheljunker, doch vertragen sie die Gefangenschaft etwas schlechter.

1

Schulterbandjunker oder Rotkopf-Meerjunker — Lippfische

Thalassoma hebraicum — *Labridae*

Der Schulterbandjunker (1) ist im Indischen Ozean verbreitet, hauptsächlich an der ostafrikanischen Küste im Gebiet von Madagaskar sowie bei den Seychellen, Maskarenen und Malediven. Er wird 23 cm lang und hält sich in einer Tiefe von 1–30 m auf, bewohnt die inneren, meergeschützten Korallenriffe und wirbelt energisch den sandigen Grund auf, von dem er versteckte Wirbellose aufsammelt, die ihm als Nahrung dienen. Die Jungen sind grünlich oder bläulich gefärbt, mit 6–7 bräunlichen Querbändern. Vor dem Auge haben sie einen schmalen roten Streifen und hinter dem Auge zwei. Die Rückenflosse zeigt drei blauschwarze Augenflecke. Erwachsene Tiere haben eine schräge gelbe Querbinde, die am Anfang der Rückenflosse beginnt und am Bauch hinter der Bauchflossenbasis endet. Im Meer leben sie im Reifealter einzeln oder paarweise. Sie ernähren sich von Weichtier- und Fischfleisch, Borstenwürmern und verschiedenen Krustentieren. Wie in der Natur, sind sie auch im Aquarium nicht nur innerartlich, sondern auch gegenüber anderen Lippfischen friedfertig. Die Gefangenschaft vertragen sie relativ schlecht.

Die Lippfische vermehren sich auf zweierlei Art. Entweder laichen sie schwarmweise im freien Wasser, wo sie rasch zur Oberfläche aufsteigen und in einem bestimmten Augenblick die Geschlechtsprodukte ausstoßen, oder sie bauen Nester aus verschiedenem Material wie Algen, Muscheln, Sand u.ä. und legen dort ihre Eier ab. Diese werden vom Männchen oder von beiden Eltern bewacht. Manche Lippfische sind klein bis mittelgroß, 10–25 cm, so daß sie sich gut für eine Aquarienhaltung eignen; andererseits kennen wir in der Gattung *Cheilinus* 2–3 m lange Arten wie den Tapiro (*Ch. undulatus*). Die Lippfische leben selten in Schwärmen; gewöhnlich bilden und verteidigen sie Reviere und verhalten sich innerartlich ziemlich aggressiv. Tagsüber sind sie aktiv, zur Nacht oder bei Bedrohung vergraben sie sich im Sand. Manche schlafen zwischen rauhen Korallenästen, einige produzieren für die Nacht einen Schleimschlafsack.

3

2

Der Begierjunker (*Thalassoma cupido*, 2) lebt häufig bei Hinterindien, Korea und Südjapan. Er wird etwa 20 cm lang, laicht im September und hält sich meist in Gezeitentümpeln auf. Trotz seiner herrlichen Farbenpracht und relativ geringen Größe ist er nur selten in Aquarien zu finden.

Der Zweipunkt-Prachtlippfisch (*Cheilinus bimaculatus*, 3) ist von Südjapan und vom westlichen Pazifik im ganzen warmen Indischen Ozean bis zur Ostküste Afrikas einschließlich Maskarenen und Arabischem Meer verbreitet, jedoch nirgends häufig; im Roten Meer kommt er nicht vor. Er wird etwa 15 cm lang, lebt in einer Tiefe von 2–110 m und bevorzugt Algenwiesen und Geröllfelder, weicht auch Hornkorallen nicht aus. Er ist leicht an den freien Strahlen im Ober- und Mittelteil der Schwanzflosse zu erkennen, hat in den Kiefern konische Zähne in einer Reihe, der Körper ist mit großen Schuppen bedeckt. Er bleibt für sich und vergräbt sich nicht im Boden, hält sich aber oft in der Nähe von Verstecken auf. Im Aquarium schwimmt er nicht viel umher. Anfangs frißt er hier zwar nur lebende Garnelen und Borstenwürmer, doch bald auch tote tierische Ersatznahrung.

1

Fadenrückenflossen-Lippfisch
Paracheilinus filamentosus

Den Fadenrückenflossen-Lippfisch finden wir wahrscheinlich nur in der Umgebung der Inseln Marau und Guadalcanal, die zu den Salomonen gehören. Entdeckt und beschrieben wurde er erst in den siebziger Jahren dieses Jahrhunderts vom australischen Ichthyologen G.R. Allen. Er wird 10–12 cm lang und lebt in einer Tiefe um 25 m. Im Unterschied zu den erwachsenen Tieren (1) enden bei den jungen die Strahlen im hinteren Teil der Rückenflosse nicht in fadenförmigen Gebilden, und ihr Körper ist rot und gelborange längsgestreift. Die übrigen Vertreter der Gattung *Paracheilinus* sind aus dem westlichen Teil des Indischen Ozeans bekannt.

In der Nähe der Komoren und Malediven sowie im Golf von Aden lebt der McCoskers Zwerglippfisch (*Paracheilinus mccoskeri*) in einer Tiefe von 25–50 m vor allem über Korallenbruch. Er wird nur 7 cm lang, und ein Männchen umgibt sich mit einem Harem von etwa 10 Weibchen.

An den Korallenriffen im Roten Meer findet man den Rotmeer-Zwerglippfisch (*Paracheilinus octotaenia*), der in einer Tiefe von 8–25 m vorkommt und 9 cm lang wird. Ein Männchen tut sich gewöhnlich mit 12 Weibchen zusammen. Er und der McCoskers Zwerglippfisch sind ähnlich längsgestreift wie der Fadenrückenflossen-Lippfisch, sie unterscheiden sich von ihm auf den ersten Blick aber durch die Form ihrer Schwanzflosse, die ausgesprochen konvex ist, bei diesem aber oben und unten ziemlich langgestreckt, so daß sie in der Mitte konkav ist, halbmondförmig gegabelt.

2

3

Lepidaplois hirsutus ist im tropischen Teil des Indischen und Pazifischen Ozeans, in Polynesien und bei Hawaii, südwärts bis zur Küste Australiens und westwärts bis Südjapan, Korea und weiter bis zur ostafrikanischen Küste recht verbreitet. Er wird 40 cm lang, und seine Farbzeichnung am Körper (2) läßt sich mit anderen Arten nicht verwechseln.

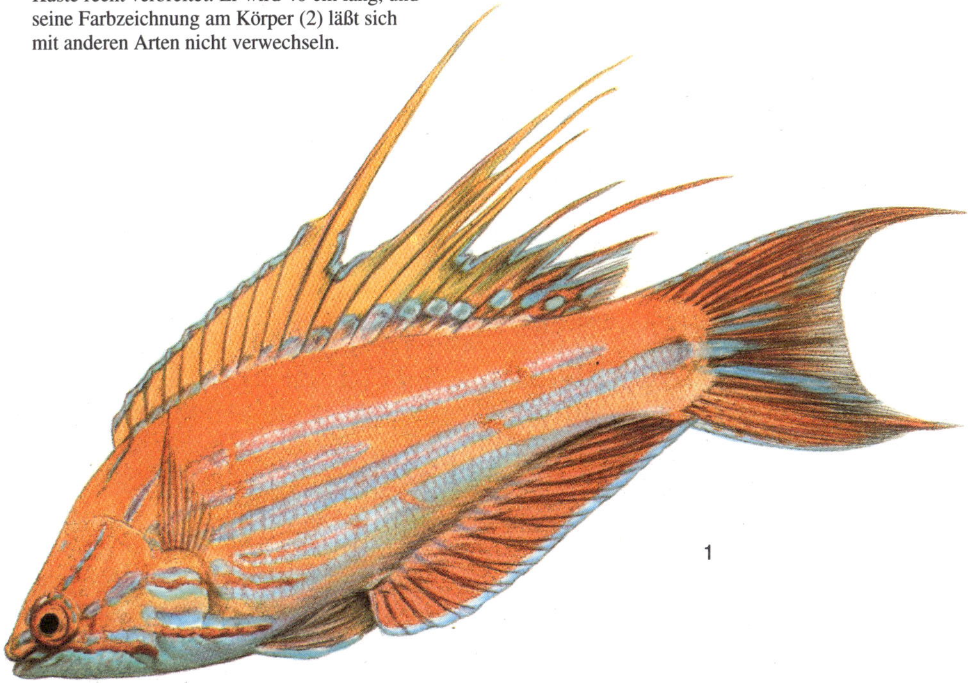

1

Der Lippfisch *Choerodon azurio* (3) lebt in der Nähe von Hinterindien und im Südchinesischen Meer bis Südjapan. Er wird etwa 40 cm lang, hat eine vollständige Seitenlinie, bewohnt Küstengewässer unterschiedlicher Art und laicht im Juni. Sein Fleisch ist weich und schütter und schmeckt nicht besonders gut.

Die Lippfische ernähren sich meist von hartschaligen Tieren wie Seeigel, Krustentiere und Muscheln, aber auch von Würmern und Algen. Unter ihnen sind Putzerfische (s. Seite 138–139). Wenn sie eine allzu große Beute erjagt haben, halten sie diese im Maul fest, zerschlagen sie mit Seitenhieben an einem Stein oder Fels und verschlingen sie dann stückweise. In Gefangenschaft brauchen sie große Aquarien mit Verstecken, einen sandigen Boden und genug Platz zum Schwimmen. Sie fordern mehrmals täglich tierische und pflanzliche Nahrung. Bei mangelnder Betreuung hungern sie lieber, magern ab und gehen ein. Ihnen bekommt weder eine starke Fischkonkurrenz beim Fressen noch das Zusammensein mit Wirbellosen. Obwohl ihre Haltung nicht zu anspruchsvoll und sie in Färbung, Form und Verhalten sehr interessant sind, stehen sie bei Aquarianern nicht besonders hoch in der Gunst.

Der Putzer-Lippfisch (1) ist im Indischen Ozean und im Roten Meer stark verbreitet. Er wird 10 cm lang, kommt vorwiegend in einer Tiefe von 50 cm bis 40 m vor und ist beispielhaft für ein gutes Zusammenleben, eine sog. Symbiose, aus der sowohl der Wirt als auch der Gast Nutzen zieht. Eine beträchtliche Anzahl von Meeresfischarten hat sich nämlich auf das ständige oder gelegentliche Säubern anderer Fische spezialisiert. Diese Putzer lesen ihnen dabei die auf der Haut festsitzenden Parasiten ab und scheuen sich auch nicht, in das aufgesperrte Maul und unter hochgeklappte Kiemendeckel vorzudringen. Wer sich säubern lassen will, nimmt üblicherweise eine ungewohnte Haltung ein – legt sich auf die Seite, stellt sich mit dem Kopf schräg oder senkrecht nach oben oder unten, hebt die Kiemendeckel oder lenkt in anderer Weise die Aufmerksamkeit eines Putzers auf sich. Der bekannteste Putzer, der Putzer-Lippfisch, zeigt selbst ein ungewöhnliches Verhalten: Er nähert sich dem Interessenten mit Schaukelschwimmen, breitet die Schwanzflosse aus und hebt sie hoch, läßt sich gleich darauf wieder herunterfallen und berührt den „Kunden“ mit den Brustflossen oder dem offenen Maul. Auf Abb. 2 lockt er einen erwachsenen Papageifisch der Art *Pseudodax molucanus*, den er reinigen will.

Bei der Haltung größerer Meeresfische in Gefangenschaft empfiehlt es sich im allgemeinen, gleichzeitig einen Putzer der Gattungen *Labroides, Labaricus* oder *Gobiosoma* mitzuhalten, damit er sich um die Hygiene der Fischbewohner des Aquariums kümmert.

Zu den intensivsten Putzern der Gattung *Labroides*, die sich in der Natur „Putzerstationen“ einrichten, gehört der Gelbe Putzerfisch (*Labroides bicolor*). Er ist aus den Küstengewässern von Ostafrika bis Sri Lankia bekannt und wird 14 cm lang. Er sammelt nicht nur Parasiten von den Fischen ab, sondern säubert ihnen oft auch Wunden, entfernt abgestorbene Haut, Schuppen und tieferes Gewebe, Muskelfleisch. Über Nacht legt er sich zwischen Korallenäste schlafen und produziert einen festen Schleimkokon um sich, der ihn vor Räubern schützt. Frühmorgens verläßt er den Kokon und tritt seine Tätigkeit in der „Putzerstation“ an.

3

Der Rotmeer-Putzerfisch (*Labaricus quadrilineatus,* 3) ist aus dem Roten Meer, dem Golf von Aden und dem Arabischen Meer bekannt. Er wird 11,5 cm lang und kommt hauptsächlich in einer Tiefe von 50 cm bis 15 m vor. Ein echter Putzer ist er nur in seiner Jugend; die erwachsenen Tiere ernähren sich von lebenden Korallenpolypen und halten sich daher meist zwischen den Ästen und Büscheln von Korallen auf. Im Aquarium frißt er gern

1

Salinenkrebschen und andere Krustentiere (*Cyclops, Mysis*), *Tubifex*-Würmer, weiße Mückenlarven (*Chaoborus*) und sogar künstliches Trockenfutter. Er ist weniger aggressiv und kann in kleinen Trupps gehalten werden.

Der Schwarzschwanz-Lippfisch (*Symphodus melanocerus*, 4) ist in der Adria und im Mittelmeer in verwachsenem Litoral und oft auch in der Nähe von Hafendeichen häufig. Sein Körper ist langgestreckt und nur 14 cm groß. Beide Geschlechter unterscheiden sich in der Färbung: Das Männchen hat einen bläulichen Rücken, die Körperseiten mit einem Stich ins Violette und mit schmalen bräunlichen Längsstreifen sowie braune Flossen. Das Weibchen ist dagegen ganz braun und hat leicht violette Brustflossen, rötliche Rücken-, After- und Bauchflossen sowie eine dunkelbraune, am Ende schwarze Schwanzflosse. Die Jungen sind vielleicht die einzigen Putzerfische im erwähnten Gebiet.
Sie entfernen die Parasiten von anderen Lippfischarten, aber auch von Sägebarschen (*Serranidae*) und Meerbrassen (*Sparidae*). Der Schwarzschwanz-Lippfisch bekundet seine Lust zum Putzen durch eine senkrechte Körperhaltung mit dem Kopf nach oben, ernährt sich aber nicht nur von Parasiten: Im Aquarium nimmt er gern das Fleisch von Schnecken, Muscheln und Krevetten sowie kleine Happen von Fisch- und beliebigem Geflügelfleisch.

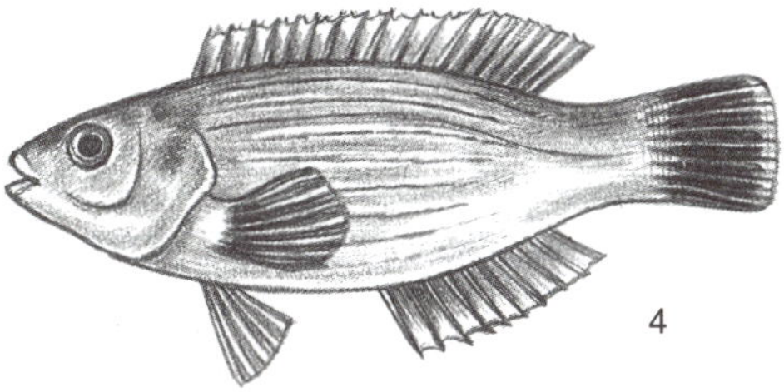

4

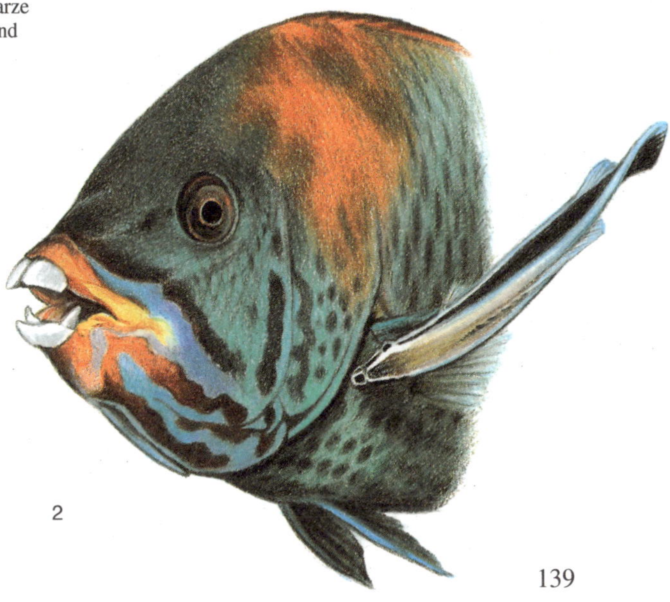

2

Eistirn-Seepapagei
Ypsiscarus ovifrons

Der Eistirn-Seepapagei (1) ist im westlichen Teil des Pazifischen Ozeans in der Nähe der Philippinen und vor allem im Indischen Ozean zu Hause und wird etwa 25 cm lang.

Die Papageifische – alle ausgezeichnete Schwimmer – leben in tropischen Korallenriffen und an Felsenklippen subtropischer Meere und haben meist eine bunte Färbung. Ihre Zähne am Ober- und Unterkiefer sind ganz oder teilweise zu Knochenplatten mit scharfem Rand verwachsen. Mit diesen Platten packen sie ihre Nahrung und zerkleinern sie unter weithin hörbaren Knackgeräuschen mit ihren stark entwickelten Schlundzähnen. Abgebrochen, zermalmt und gefressen werden sowohl abgestorbene Korallenstücke als auch Korallen mit lebenden Polypen. Die unverdauten Überreste der fein zermahlenen Korallenskelette wandern durch ihren Darm dann wieder ins Freie, und so beteiligen sich diese Fische mit einer gewaltigen Menge Kot an der Bildung feinsandiger Korallenbänke. Auffallend ist der meist überragende Oberkiefer und die den verwandten Lippfischen sehr ähnliche Art des Schwimmens – normalerweise mit Hilfe der Brustflossen; nur bei schneller Flucht benutzen sie auch die Schwanzflosse. Für die Nacht bilden sie relativ schnell, innerhalb von 30 Minuten etwa, eine Schleimhülle, die sie früh wieder verlassen. Dieser „Schlafsack" soll ihnen nachts offenbar Schutz vor Feinden bieten, insbesondere wohl vor Muränen. Ihre Hauptnahrung sind Korallen, Algen, Krustentiere und andere Wirbellose mit harter Schale. Die Bestimmung der einzelnen Arten von Papageifischen ist oft auch für den Fachmann schwierig, vor allem, wenn ihr Fangort nicht bekannt ist. Ihre Färbung ändert sich mit dem Wachstum und Alter sowie mit der Lokalität. Darüber hinaus gibt es einen erheblichen farblichen und vielfach auch gestaltlichen Geschlechtsdimorphismus oder auch mehrere unterschiedliche Phasen vom ganz jugendlichen bis zum voll erwachsenen Farbkleid.

2 ♂

3 ♀

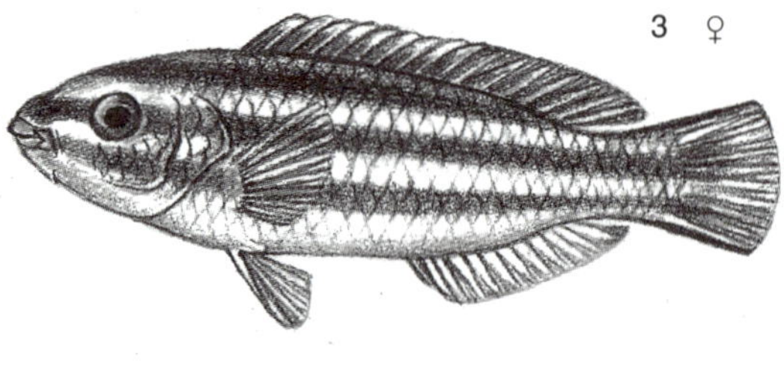

Der Gestreifte oder Prinzeß-Papageifisch (*Scarus taeniopterus*) ist im Westatlantik verbreitet, hauptsächlich in der Karibik, in der Nähe der Bermudas, bei Südflorida und den Antillen. Er wird 30 cm lang, und das Männchen (2) unterscheidet sich beträchtlich vom längsgestreiften Weibchen (3) – es ist immer stattlicher und hochrückiger. Mit der exakten Bestimmung dieser Art gibt es auch in der Natur Schwierigkeiten: Ältere Männchen ähneln stark der Art *S. vetula*, junge und Tiere mittleren Alters wiederum lassen sich nur schwer von *S. croicensis* unterscheiden. Dadurch ergeben sich auch Probleme mit einer genauen geographischen Abgrenzung der drei Arten. Im Becken hat man bisher wahrscheinlich nur den Prinzeß-Papageifisch gehalten. Eingeführt wurden junge Tiere, die sich verhältnismäßig gut an die Gefangenschaft und eine Ersatznahrung gewöhnten. Trotz der noch dürftigen Angaben gilt dieser Fisch als relativ gut aquarienfähig.

1

Grüner Papageifisch

Sparisoma viride

Der Grüne Papageifisch kommt häufig an den Bermudas und Bahamas sowie von Südflorida südwärts bis Brasilien samt dem Golf von Mexiko vor. Er wird 48 cm lang und hält sich in der Nähe von Korallenriffen auf. Die Weibchen weiden oft die Algen ab, die tote Korallen überwuchern. Sie nehmen auch algenbewachsene Kiesel- und kleine Schottersteine ins Maul, wälzen sie dort hin und her, verschlukken alles Verdaubare und spucken den Rest wieder aus. Die prächtig gefärbten Männchen benagen die Algenklumpen auf Korallen und teilweise auch deren Kalkskelette. Die Jungfische unterscheiden sich erheblich von den anderen Jungen der Gattung *Sparisoma*. Sie haben am Körper große weiße Flecke, und eine breite weiße Querbinde ziert die Basis der Schwanzflosse. Die weißen Flecke am Körper und den weißen Schwanzflossenquerstreifen behalten auch die erwachsenen Weibchen (2), während die Männchen (1) an der Schwanzflossenbasis einen gelben Fleck haben.

Die Gattung *Sparisoma* läßt sich an den Zähnen leicht von der Gattung *Scarus* unterscheiden: Bei den *Scarus*-Arten sind die Zähne am Ober- und Unterkiefer ganz verwachsen und bilden glatte Knochenplatten in Form eines Papageischnabels mit scharfen Kanten – die Oberkieferplatten ragen bei geschlossenem Maul über die des Unterkiefers hinaus. Bei der Gattung *Sparisoma* dagegen erkennt man an den Platten verwachsene Zahnreihen in Form von Buckeln, und der scharfe Plattenrand ist gewellt bis gezackt; bei geschlossenem Maul liegt die Zahnplatte des Unterkiefers hier vor der des Oberkiefers, also genau umgekehrt als bei der *Scarus*-Gattung.

Die meisten Papageifische laichen im freien Wasser. Das geschieht paarweise oder im Schwarm. Die Männchen schwimmen dabei um die Weibchen herum, steigen mit ihnen in einer Spirale zum Wasserspiegel hinauf, und in einem bestimmten Augenblick stoßen beide Partner eine Wolke von Samen bzw. Eiern aus. Diese sind pelagisch und treiben an der Oberfläche dahin. Von den Papageifischen kennen wir ungefähr 80 Arten. Sie brauchen ein geräumiges Becken und als Nahrung eine Menge Algen, Korallen und Manteltiere, die sich im Binnenland schwer beschaffen lassen. Ihre Haltung in Gefangenschaft ist daher schwierig und problematisch.

4

2 ♀

1 ♂

Der Rotband-Papageifisch (*Sparisoma aureofrenatum*) ist an der Ostküste Mittelamerikas, also im tropischen Teil des Atlantiks einschließlich Bermudas, Bahamas, Florida und Brasilien, ziemlich häufig. Er wird etwa 27 cm lang. Männchen (3) und Weibchen haben einen sattelförmigen weißlichen Fleck auf der Rückenseite des Schwanzstiels hinter dem Ende der Rückenflosse, bei den Weibchen ist er aber viel größer und auffälliger. Die Jungfische kennzeichnet in der Mitte der Körperseiten ein brauner Streifen, der hinter dem Hinterrand des Kiemendeckels als dunkler Fleck beginnt und ihnen bleibt, bis sie 7–8 cm groß sind.

Der Gelbschwanz-Papageifisch (*Sparisoma rubripinne*) hat eine ähnliche Verbreitung wie der Rotband-Papageifisch, wird aber 44 cm lang. Die Männchen sind blaugrün und die Weibchen schmutzigbraun mit dunkelgefleckten Flossen. Die selten in der Population vertretenen ganz grün gefärbten vollerwachsenen Männchen mit dunklem Fleck an der Brustflossenbasis (4) laichen paarweise nur mit einem bestimmten Typ von Weibchen und wurden früher für die selbständige Art *S. axillare* gehalten. Die meisten jüngeren Männchen und Weibchen, mit fast gleicher Körper- und Flossenform und Färbung, laichen dagegen in Gruppen.

3

Streifiger Korallenwächter Korallenwächter oder Büschelbarsche

Paracirrhites forsteri *Cirrhitidae*

Der Streifige oder Schlanke Korallenwächter (1) ist im Indischen und Pazifischen Ozean westwärts bis zur ostafrikanischen Küste und im Roten Meer häufig vertreten. Er wird 45 cm lang und kommt meist in einer Tiefe von 1–40 m vor. Gern ruht er mit den Brustflossen an Korallenästen der Gattungen *Acropora* und *Pocillopora* hängend, von wo er vorbeischwimmende kleine Fische und Krustentiere überraschend schnell angreift. Sein Fleisch wird vom Geschmack her nicht geschätzt.

Die Bandfische (*Cepolidae*) haben einen bandförmig langgestreckten, seitlich stark abgeflachten Körper, der von kleinen Rundschuppen bedeckt ist, und große Augen. Das schräg nach oben weisende große Maul umsäumen feinbezahnte Kiefer. Die Rücken- und Afterflosse verschmilzt mit der lanzettförmig zugespitzten Schwanzflosse. Diese Fische bewohnen den Indischen und Pazifischen Ozean sowie den östlichen Teil des Atlantiks und halten sich an Felsenküsten auf. An der westeuropäischen Küste werden sie sportlich mit der Angel gefangen. Die ganze Familie besteht aus etwa 6 bekannten Arten, die den Gattungen *Cepola* und *Acanthocepola* zugeordnet werden. Am größten ist der Rote Bandfisch (*Cepola rubescens*), der etwa 70 cm lang wird und im Nordatlantik von Schottland südwärts bis zum Mittel- und Adriatischen Meer vorkommt. Gewöhnlich wird er mit Netzen nach starken Stürmen und Wellenschlag gefangen, die ihn offenbar aus seinen felsigen Schlupfwinkeln und Höhlen vertreiben. Seine Nahrung bilden Plankton und andere kleine Wirbellose. Im Mittelmeer und in der Adria sucht er mit Vorliebe schlammigen Grund und tieferen Pflanzenbewuchs auf, wo er mit dem Kopf schräg nach oben und mit dem Schwanz auf den Boden gestützt nach geeigneter Beute ausspäht. Im Mittelmeer ernährt er sich eher räuberisch, im Atlantik hauptsächlich von Plankton. Jungfische lassen sich mit Erfolg auch im Aquarium halten. Von Südaustralien bis Queensland ist der Südliche Bandfisch (*Cepola australis*) verbreitet, der etwa 35 cm lang wird.

2

Den Allgemeinen Bandfisch (*Acanthocepola limbata,* 2) aus der Familie *Cepolidae* kennen wir aus dem westlichen Teil des tropischen Pazifiks, von den Küsten Japans, der Philippinen, Koreas und Südchinas sowie aus dem Indischen Ozean bis zur ostafrikanischen Küste. Er wird etwa 50 cm lang und steigt bis 100 m tief. Seine Rückenflosse stützen 102–104, seine Afterflosse 105–107 Flossenstrahlen. Die Seitenlinie bilden 300 Schuppen. Häufig fängt man ihn wegen seines schmackhaften Fleisches, z.B. in Japan; in anderen Ländern wird er nicht geschätzt.

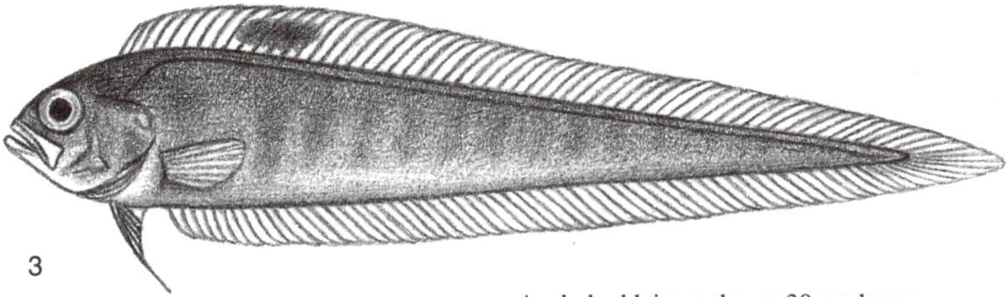

3

Auch der kleinere, kaum 30 cm lange Bandfisch *Acanthocepola cuneata* (3) ist im Pazifischen und Indischen Ozean verbreitet und bei Indien die Art *A. indica* mit einem schwarzen Saum um die Afterflosse, während *A. krusensterni* mit schwarzumsäumter After- und Rückenflosse hauptsächlich bei Japan, Korea, den Philippinen und Südchina lebt.

1

Karibischer Korallenklimmer
Amblycirrhites pinos

Korallenwächter oder Büschelbarsche
Cirrhitidae

Der Karibische Korallenklimmer ist im tropischen Westteil des Atlantischen Ozeans von Florida bis zu den Bahamas, in der Nähe der Großen und Kleinen Antillen und an der Küste Mittelamerikas beheimatet. Er wird etwa 8 cm lang und ist uns aus einer Tiefe von 2–50 m bekannt. Bei den Jungfischen ist der hintere Rand der Schwanzflosse ausgeschnitten, bei den Adulten gerade abgestutzt. Die Augen der jungen Tiere liegen mitten auf dem Kopf, bei den erwachsenen ragen sie über das obere Kopfprofil hinaus (1).

Bekannt sind an die 30 Arten von Büschelbarschen. Sie bewohnen hauptsächlich die Felsküsten und Korallenriffe des Indischen und Pazifischen Ozeans sowie des westlichen Atlantiks. Charakteristisch für sie sind verdickte untere Strahlen der Brustflossen, mit denen sie sich am Untergrund, auf dem sie ruhend verharren, abstützen; erwähnenswert sind die Stachelenden des vorderen Teils der Rückenflosse, die frei und zu borsten- bis haarförmigen Gebilden zerfasert sind (1, 2). Die meisten Büschelbarsche werden nicht länger als 20 cm. Sie sitzen gewöhnlich auf lebenden oder toten Korallen und lauern auf Beute – vorbeischwimmende Krustentiere und kleine oder junge Fische. Gewöhnlich wird ein Harem gebildet: ein stattliches Männchen lebt mit 2–7 Weibchen zusammen. Es sind protogyne oder proterogyne Zwitter, d.h. jedes Tier hat sowohl weibliche als auch männliche Geschlechtsdrüsen, wobei die weiblichen eher reifen als die männlichen (das Gegenteil ist die sog. Proterandrie). Bei der Art *Cirrhitichthys oxycephalus* wurde festgestellt, daß die laichwilligen Weibchen gegen Abend in das Revier eines Männchens schwimmen, sich an die Enden von Korallenästen setzen und bei Dunkelwerden einzeln Seite an Seite mit dem Männchen in einem Bogen aufwärts schwimmen und dabei Eier bzw. Samen frei ins Wasser ausstoßen. Die Eier und die geschlüpften Jungen sind einige Wochen lang pelagisch, ehe sie zum Leben am Boden übergehen.

2

Cirrhites pinnulatus (2) ist im Indischen und Pazifischen Ozean westwärts bis zur ostafrikanischen Küste häufig vertreten. Er wird etwa 25 cm lang und lebt versteckt zwischen Felsklippen und Korallenästen. Sein Fleisch soll ausgezeichnet schmecken.

Der Gefleckte Korallenwächter oder Gefleckte Büschelbarsch (*Cirrhitichthys aprinus* 3) ist im mittleren tropischen Indopazifik beheimatet; nach Westen zu finden wir ihn bis an der Küste Ost- und Südafrikas. Er wird etwa 10 cm lang, lebt im Gegensatz zu anderen Arten paarweise und läßt sich mit Erfolg in Aquarien halten. Seine Nahrung bilden kleine Krustentiere und Jungfische.

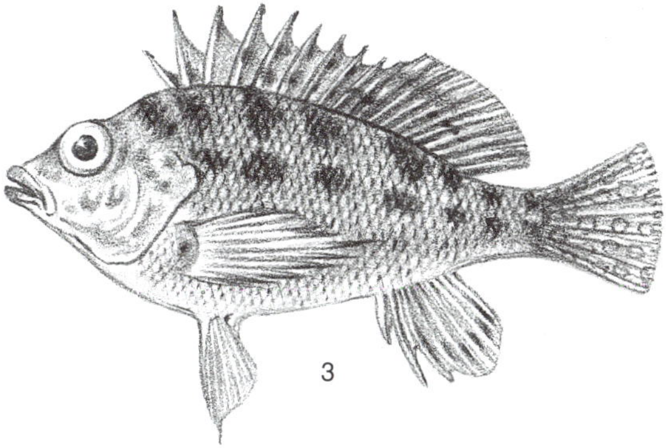

3

1

Goldstirnkieferfisch — Kieferfische
Opistognathus aurifrons — *Opistognathidae*

Der Goldstirnkieferfisch (1) lebt im tropischen Westteil des Atlantischen Ozeans, hauptsächlich in der Karibik. Er wird etwa 12 cm lang und ist bis aus 45 m Tiefe bekannt. In sandigem Boden höhlt er senkrechte Brunnenschächte aus und mauert sie an der Öffnung mit Muschelschill, Korallenbruchstücken oder Steinchen aus. Im Aquarium braucht er eine starke Schicht Sand von mindestens 10 cm. In Gefangenschaft wurde schon mehrmals seine Fortpflanzung beobachtet. Das Weibchen bebrütet die Eier im Maul und nimmt auch während der Entwicklung des Laichs Nahrung zu sich, indem es das Eierbüschel einfach in die Höhle spuckt und nach dem Fressen wieder ins Maul saugt. Je nach der Temperatur schlüpfen die Larven nach 6–8 Tagen.

Zur Familie *Opistognathidae* gehören die Gattungen *Opistognathus, Merogymnus* und *Tandys*, rund 20 Arten sind insgesamt im tropischen Westatlantik und im indopazifisch-australischen Raum verbreitet, die meisten von geringer Größe, doch kennt man an der Küste Australiens auch große Arten; so wird *Merogymnus eximius* 36 cm lang und *Tandys maculata* sogar 43 cm.

Die Karibik-Arten sind durchwegs klein. Der Gelbe Kieferfisch (*Opistognathus gilberti*, 2) wird nur 6 cm lang und lebt in einer Tiefe von 30–50 m. Seine Höhle baut er wie der Goldstirnkieferfisch.

Der Dunkle Kieferfisch (*Opistognathus whitehursti*, 3) wird etwa 7,5 cm lang und lebt vorwiegend in einer Tiefe von nur 7 m. Die Eier bebrütet das Männchen im Maul, und Höhlen werden in Form senkrechter Brunnen gegraben, doch weder mit Muscheln noch mit Korallen oder Steinchen befestigt.

Der Gebänderte Kieferfisch (*Opistognathus fasciatus,* 4) wird 17 cm lang, bleibt wie der Dunkle und der Gefleckte Kieferfisch den ganzen Tag in seinem Brunnenschacht und bevorzugt eine Tiefe von etwa 2 m.

Der etwa 14 cm lange Gefleckte Kieferfisch (*Opistognathus maxillosus*, 5) gräbt bis 29 cm tiefe senkrechte Gänge mit einer geräumigen Höhle im unteren Teil, befestigt sorgfältig den Schacht und kleidet ihn mit verschiedenem verfügbaren Material aus. Oft ragen dann aus der Schachtmündung nur seine Schnauze und die Augen hervor, und häufig verschwindet er völlig in der Höhle, nachdem er die Eingangsöffnung z.B. mit einem Korallenstück zugedeckt hat. Er lebt in einer maximalen Tiefe von 8 m.

2

3

4
5
1

Das Petermännchen (1) lebt von Skandinavien aus überall im östlichen Atlantik um Westeuropa herum sowie im ganzen Mittelmeer südwärts bis zur Küste Westafrikas. Bekannt ist es auch an der ganzen Schwarzmeerküste. Es wird maximal 42 cm lang. Die kräftigen Stacheln der ersten Rückenflosse sind ebenso wie der mächtige Stachel im Oberteil des Kiemendeckels mit Giftdrüsen ausgestattet. Verletzungen damit rufen Schmerzen, Entzündungen und Schwellungen hervor. Das Gift bewirkt eine Lähmung der weißen Blutkörperchen und eine Zersetzung der roten. Artcharakteristisch sind 2–3 Stacheln an der vorderen Oberseite der Augenhöhle. Die Grundfärbung des Körpers ist rotbraun. Drei untere Strahlen der Brustflossen sind frei, nicht durch Flossenhaut verbunden, und bilden bewegliche Schreitfüßchen.

In den Sommermonaten treffen wir das Petermännchen an der Küste in einer Tiefe von 5–15 m an, oft in den Sand eingewühlt, so daß nur die Augen herausragen und nach einer geeigneten Beute ausspähen. Nachts schwimmt es manchmal in Schwärmen im freien Wasser. Zum Winter zu steigt es tiefer. Gelaicht wird von Juni bis August. Die Eier haben nur einen Durchmesser von 1 mm und sind pelagisch. Es ernährt sich von Garnelen, Grundeln und anderen kleinen Bodenfischen. Gefangen wird es hauptsächlich in Netzen und kommt ohne Kopf und von den Giftstacheln der ersten Rückenflosse befreit auf den Markt. Sein Fleisch ist zwar trocken, aber sehr schmackhaft und gefragt.

2

Die Viperqueise oder das Zwergpetermännchen (*Trachinus vipera*, 2) hat die gleiche geographische Verbreitung wie die vorangehende Art, kommt aber nicht an der Küste Norwegens und im südöstlichen Teil des Mittelmeeres vor. Sie hat keine Stacheln vor den Augen, und der Körper ist gelbbraun gefärbt. An den europäischen Küsten gilt sie als der giftigste und gefährlichste Fisch, da sie im seichten Wasser Badende mit ihren Giftstacheln bedroht.

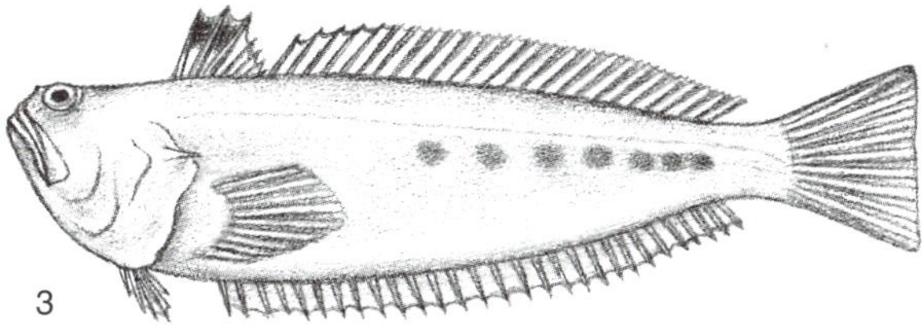

3

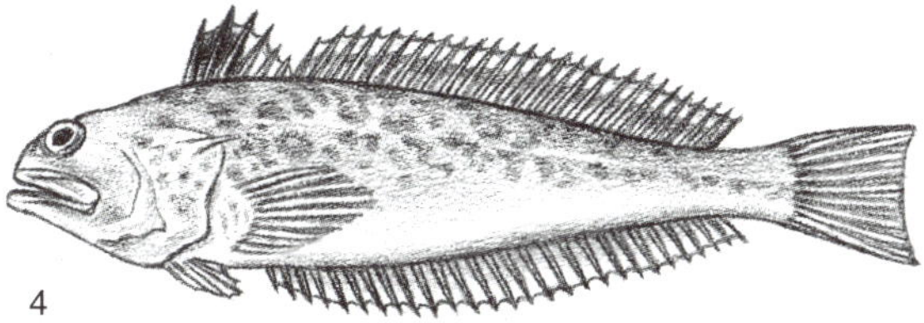

4

Die Spinnenqueise (*Trachinus araneus*, 3) lebt im Mittelmeer – sie wird daher auch Mittelmeerpetermännchen genannt – und wird 50 cm lang. Sie hat am Kopf vor den Augen zwei Stacheln sowie einen rotbraunen Körper, den seitlich 6–7 auffällige charakteristische schwarze Flecke zieren. Der Bauch ist gelblich und der ganze Leib oft mit kleinen dunklen Flecken bedeckt.

Das Strahlenpetermännchen (*Trachinus radiatus*, 4) ähnelt sehr dem Petermännchen, hat aber auf dem Rücken und an den Körperseiten dunkle ringförmige Flecke. Die Grundfarbe des Körpers ist gelblich, der Kopf rötlich oder violett. Diese Art wird 40 cm lang und kommt häufig an sandigen Stellen des Mittelmeers und der Adria vor.

Die Petermännchen oder Eigentlichen Drachenfische bilden eine wenig zahlreiche Familie mit einer einzigen Gattung und vier Arten. Ihre Bauchflossen liegen kehlständig vor den Brustflossen, Rundschuppen bedecken den Körper, und eine Schwimmblase ist nicht entwickelt. Sie leben auf dem Grund, meist geschickt in den Sand eingegraben, und greifen ihre Beute blitzschnell und überraschend an. Nach dem Überwältigen und Verschlingen der Nahrung verscharren sie sich wieder rasch.

1

Der Rosaband-Krokodilfisch (1) ist vielleicht der am auffälligsten gefärbte Vertreter der Familie *Parapercidae*, die auch *Mugiloididae* oder *Pinguipedidae* genannt wird. Diese Familie umfaßt durchwegs langgestreckte Fischarten mit einem robusten Körper, der aber nicht länger als 30 cm wird. Die meisten leben an den Festlands- und Inselküsten des Indischen und Pazifischen Ozeans und nach Süden zu bis Australien. Gegenüber den Petermännchen oder Eigentlichen Drachenfischen (*Trachinidae*, S. 150–151) haben die Sandbarsche oder Krokodilfische einen niedrigen Vorderteil der Rückenflosse aus 4–5 Stacheln und mehrreihige Zähne nicht nur in den Kiefern, sondern auch auf dem Pflugschar- und Gaumenbein. Die Afterflosse stützen nur weiche verzweigte Strahlen. Das Maul ist breit und dicklippig. Die meisten Arten kommen ganz in Küstennähe vor, nur einige sind aus Tiefen unter 500 m bekannt, wie z.B. der bis Südafrika verbreitete Trübe Sandbarsch (*Parapercis nebulosa*). Aus der Umgebung der Malediven und Sri Lankas ist der Vielpunkt-Sandbarsch (*Parapercies millepunctata*) bekannt, der etwa 18 cm lang wird und sich in einer Tiefe von 3–15 m auf festem Korallensubstrat oder zwischen Geröll tummelt.

An den Malediven finden wir den Malediven-Sandbarsch (*Parapercis signata*), der nur etwa 11 cm lang wird und 12–35 m tief an sandigen geröllbedeckten Ufern vorkommt. Bei Südafrika ist der ungefähr 32 cm lange Augenfleck-Krokodilfisch oder Schwanzfleck-Sandbarsch (*P. hexophthalma*), der auch die Sandküsten und seichten Lagunen des Roten Meeres bewohnt, stellenweise relativ häufig.

Der etwa 20 cm lange Sechsstreifige Krokodilfisch (*Neopercis sexfasciata*, 3) ist an verschiedenen Küsten des tropischen Pazifiks häufig vertreten und westwärts bis Japan, Korea und Südchina bekannt.

3

4

Der Blaustreifen-Krokodilfisch (*Parapercis pulchella,* 2) lebt im Pazifischen und Indischen Ozean westwärts bis zur Küste Indiens. Er hat auf dem Rücken feine Kamm-, auf dem Kopf und an den Körperseiten aber kleine Rundschuppen. Als Küstenbewohner kommt er hauptsächlich in Buchten vor. In Japan wird er gemischt mit anderem Fischfleisch (kamaboko) gegessen. Von den anderen hier erwähnten Arten unterscheidet er sich durch die Form der Schwanzflosse.

2

Den Vielstreifigen Krokodilfisch (*Neopercis multifasciata,* 4) finden wir im Indischen und Pazifischen Ozean, nach Westen zu bis an die Küste Japans, Koreas und Taiwans. Er wird etwa 19 cm lang und unterscheidet sich von den anderen erwähnten Arten durch einen runden dunklen Fleck an der Basis der Schwanzflosse. Zusammen mit *Parapercis mimaseana* wird er stellenweise für Speisen verwendet.

1

Sphinxschleimfisch
Aidablennius sphynx

Der Sphinxschleimfisch (1) lebt im Küstengürtel des Mittel-, Adriatischen und Schwarzen Meeres und liebt stark löcherige Felsblöcke und dichtbewachsenes Gewirr von Meeresalgen der verschiedensten Arten und Farben. Er hat einen auffallend hohen Vorderteil der Rückenflosse, und das bis 8 cm lange Männchen ist größer als das Weibchen. In der Natur wird im Mai und Juni in kleinen Höhlen und Steinspalten gelaicht. Das Männchen säubert die Vertiefung vorher mit dem Maul von Sand sowie den Eingang und die nahe Umgebung von Algen, Schneckenhäusern und Muschelschalen und schafft alles so weit wie möglich fort. Der Sphinxschleimfisch benötigt sauerstoffreiches und sauberes Wasser. Er siedelt in der Gezeitenzone und kommt mit der Flut immer wieder zum Eigelege zurück, falls es bei Ebbe nicht austrocknet. Im Aquarium gewöhnt er sich leicht ein und ist sehr neugierig, braucht aber viel Schlupfwinkel. Er ernährt sich hauptsächlich von Zooplankton, teilweise auch von Algen, die er mit seinen scharfen Kieferrändern abbeißt.

Die Familie der Schleimfische umfaßt 15 Gattungen und mehr als 70 Arten. Sie werden 4–30 cm lang und leben vorwiegend in Küstengewässern des gemäßigten, subtropischen und tropischen Gürtels, nur einige sind an das Leben im Süßwasser adaptiert. Sie alle haben eine langgestreckte Körperform, über den Augen verschieden große Tentakel und keine Schwimmblase. Sie ernähren sich von Algen, Plankton und Bodenfauna und zeichnen sich durch die Schönheit ihrer Formen und Farben sowie eine große Anpassungsfähigkeit aus. Die Jungen bis zu einer Größe von 1,5 cm leben planktonisch und gehen erst dann nach und nach zu einem Bodenleben über. Wahre Zwerge sind z.B. der Schwarzkopf-Schleimfisch (*Lipophrys nigriceps*) und der Dalmatinische Schleimfisch (*L. dalmatinus*), die in der Adria nur 4 cm lang werden, ein echter Riese andererseits mit seinen 30 cm der Gestreifte Schleimfisch (*Parablennius gattorugine*), der von Schottland und Irland um Westeuropa herum samt Mittelmeer bis Westafrika verbreitet ist.

2

Der Felsenspringer *Istiblennius enosimae* (2) ist etwa 15 cm lang und z.B. in japanischen und koreanischen Gewässern häufig, wird aber wirtschaftlich nicht genutzt. Die Männchen haben am Scheitel einen Fettbuckel in Form eines schmalen konvexen kammartigen Helms.

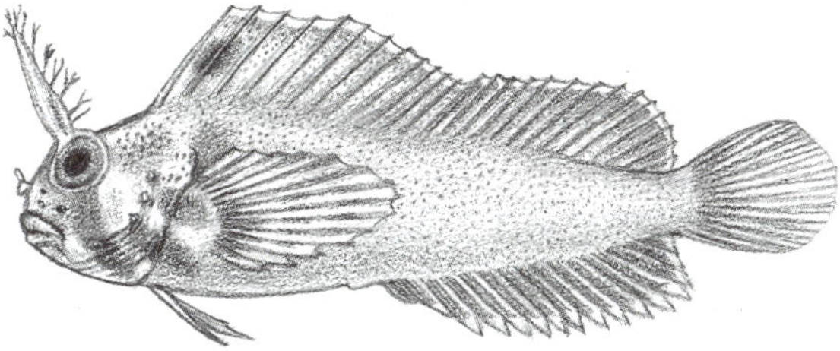

3

Hypsiblennius exstochilus (3) finden wir in der Karibik; er wird ungefähr 5 cm lang und hält sich meist in Korallenbüscheln auf.

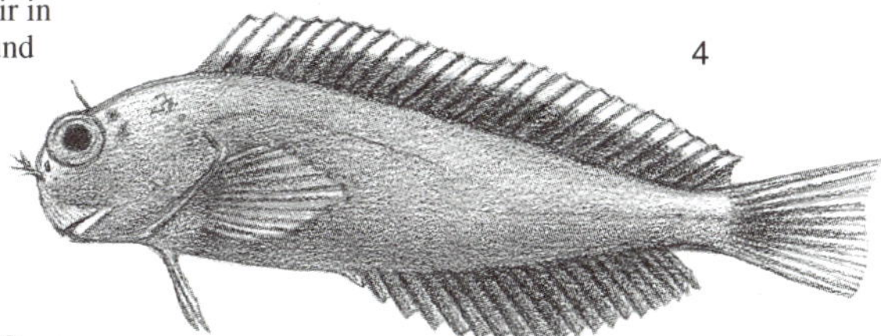

4

Ophioblennius atlanticus (4) wird ca. 12 cm lang. Die Nominatform *O. atlanticus atlanticus* lebt vom östlichen Atlantik westwärts über die Insel Ascension bis zu den Bahamas und zur Küste Brasiliens. Die meisten Schleimfische leben in seichten Küstengewässern, doch einige Arten steigen mehrere Dutzend Meter tief.

Den Rekord hält vielleicht der Seeschmetterling (*Blennius ocellaris*), der im Ostatlantik von Schottland bis Senegal zu Hause ist und im Mittelmeer in Tiefen bis 100 m gefangen wurde.

1

Falscher Putzer

Aspidontus taeniatus

Schleimfische
Blenniidae

Die guten Beziehungen zwischen einem Putzer und seinem von Parasiten zu befreienden Kunden nutzen in grausamer Weise einige Schleimfische zu ihrem Vorteil, z.B. der sog. Falsche Putzer (1). Er sieht dem Putzer-Lippfisch (S. 138–139) fast zum Verwechseln ähnlich (5) und führt durch sein Äußeres und sein Verhalten einen vertrauensseligen Interessenten, der sich putzen lassen will, leicht hinters Licht: blitzschnell greift er an und reißt dem überraschten Opfer mit seinen scharfen Zähnen Schuppen, Hautstücke, Flossen- und Kiementeile oder Muskelfleisch aus. Gerade durch sein Aussehen kann er sich ohne Schwierigkeiten seiner Beute nähern, immer findet sich ein Fisch, den sein Anblick täuscht. Auch die Vertreter der Gattung *Dasson*, z.B. *D. variabilis* (7), haben ein zweckdienlich entwickeltes scharfes Gebiß wie die räuberischen Schleimfische der Gattung *Aspidontus*. Sie ahmen die Putzer-Lippfische nicht nur in Form und Färbung ihres Körpers, sondern auch im Verhalten nach – sie schwimmen nicht schaukelnd und wellenartig wie die anderen Schleimfische, sondern nähern sich wie die Putzer durch Schläge der Brustflossen mit Tanzbewegungen ihrer Beute.

Im Indischen und Pazifischen Ozean lebt der Säbelzahn-Schleimfisch (*Runula rhinorhynchos*, 2), der vertrauensvolle, an einer Säuberung Interessierte heftig attackiert. Die meisten Vertreter der Gattung *Runula* greifen hauptsächlich die Augen an und kehren mehrmals zu ihrem Opfer zurück. *Runula albolineata* aus dem Gebiet der Galapagosinseln schwimmt gewöhnlich in Trupps von 5–10 Tieren und geht andere Fische an, aber auch die Beine von Tauchern. Der Überfall erfolgt blitzschnell, genauso schnell sind die Angreifer wieder verschwunden.

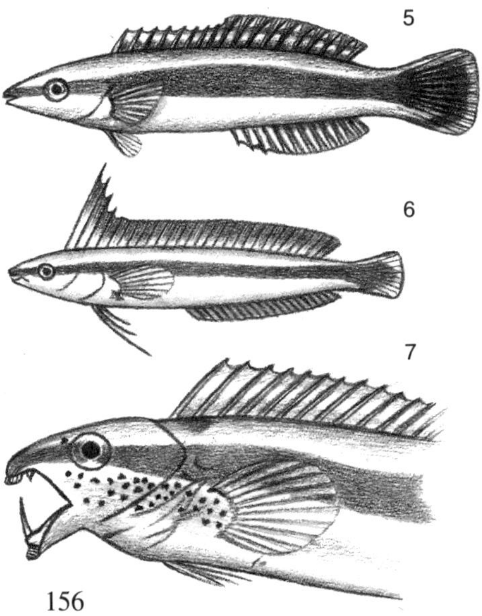

Diese Imitatoren – die räuberischen Schleimfische – sind durchwegs 10–12 cm groß und haben ein unterständiges Maul, wie die Zeichnungen der Arten *Runula rhinorhynchos* (2), *Plagiotremus* (= *Aspidontus*) *tapeinosoma* (3), *Aspidontus tractus* (4) und *Aspidontus filamentosus* (6) veranschaulichen; bei den echten Putzerlippfischen (z.B. *Labroides dimidiatus*, 5) dagegen ist das Maul endständig (terminal). Außerdem haben die Nachahmer (z.B. *Dasson variabilis*, 7) ein kräftig entwickeltes Gebiß mit gebogenen Säbelzähnen am Unterkiefer, die auch einen menschlichen Daumen ohne weiteres durchbeißen können.

2

3

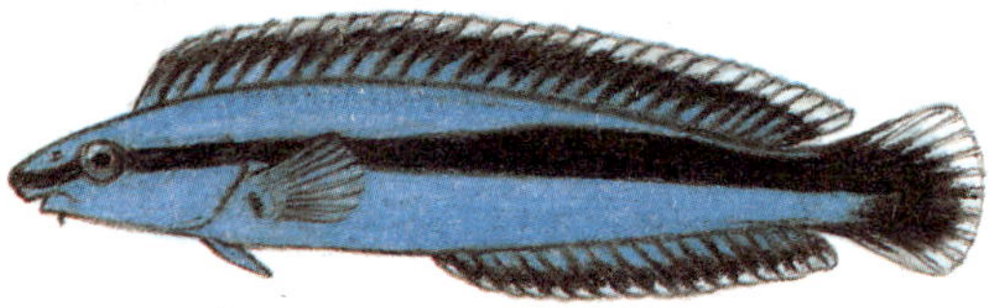

4

In Aquarien wird der Falscher Putzer (*Aspidontus taeniatus,* 1) ab und zu gehalten. Er stammt aus dem Indischen und Pazifischen Ozean und dem Roten Meer und wird etwa 10 cm lang. Getrennt von anderen Fischen läßt er sich leicht halten – gern nimmt er das Fleisch von Weichtieren und Fischen, kleine Krustentiere, die Tentakeln von Röhrenwürmern und jedes Zooplankton. Im Becken braucht er genügend Schlupfwinkel.

1

Die Beschuppten Schleimfische sind nahe Verwandte der Schleimfische (*Blenniidae*). Während letztere immer einen nackten Körper haben, ist er bei den Beschuppten Schleimfischen manchmal mit kleinen Schuppen bedeckt und manchmal nackt. Der vordere Teil der Rückenflosse wiederum ist bei den *Blenniidae* hoch, bei den *Clinidae* dagegen in der Regel niedriger als der hintere Teil; Bei den *Clinidae* sind die vorderen harten Stacheln zahlreicher als die weichen hinteren, bei den *Blenniidae* ist es umgekehrt. Bei den Männchen einiger Beschuppter Schleimfische ist die Urogenitalpapille zu einem Begattungsorgan verlängert, und diese Arten sind lebendgebärend; die anderen legen Eier. Die Beschuppten Schleimfische sind in den warmen Meeren der Südlichen Hemisphäre, hauptsächlich entlang den Küsten Australiens, Südamerikas und Südafrikas, weit verbreitet. Die fadenförmigen Bauchflossen in Höhe der Kehle vor den Brustflossen bilden oft „Schreitfüße". Einige Arten erinnern in der Beweglichkeit ihrer Augen an Chamäleons. Andere Beschuppte Schleimfische verlassen sogar das Wasser und hüpfen auf feuchten Felsklippen umher. Ihr Fleisch wird allgemein als außerordentlich schmackhaft bezeichnet. Diese Familie ist artenmäßig sehr zahlreich und gliedert sich in mehrere Unterfamilien. Allein in der Karibik sind etwa 14 Gattungen und 41 Arten bekannt, bei Südafrika leben 28 Arten, die 16 Gattungen zugeordnet werden. Wir kennen ausgesprochene Miniaturfische, etwa die aus der Karibik stammenden *Paraclinus cingulatus* und *Acanthemblemaria spinosa*, die nur 22,8 mm lang werden, aber auch wahre Riesen, z.B. den südamerikanischen *Clinus robustus*, der eine Länge von 28 cm erreicht. Die *Blenniidae* ernähren sich in wesentlichem Maße von pflanzlicher Kost, die *Clinidae* dagegen sind alle Fleischfresser.

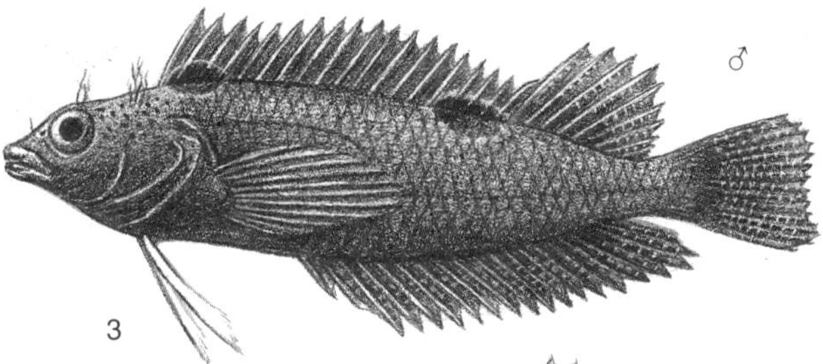

3 ♂

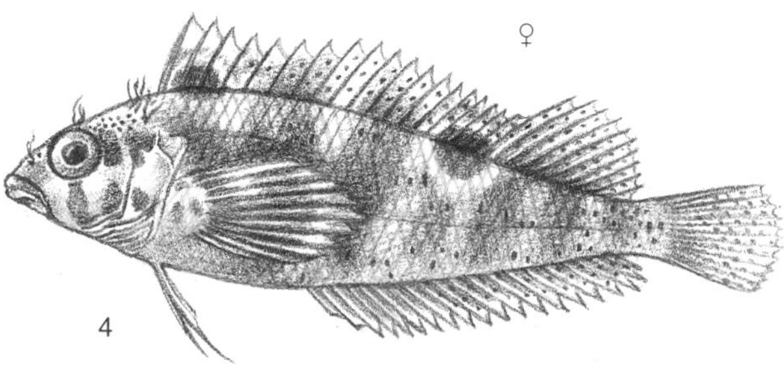

4 ♀

2

1

Der Fleckwangige Schleimfisch (*Labrisomus nigricinctus*, 1 – Männchen, 2 – Weibchen) lebt in der Karibik in der Nähe der Bahamas, Floridas und der Antillen. Er wird nur 5 cm lang und steigt höchstens in eine Tiefe von 4 m. Wo er sich aufhält, ist der Boden gewöhnlich sandig und von Steinblöcken und Felsenklippen unterbrochen, die unregelmäßigen Pflanzenwuchs zeigen, tiefer unten mit Korallenformationen bedeckt. Von den anderen *Labrisomus*-Arten in diesem Gebiet unterscheidet er sich durch einen runden dunklen bis schwarzen Fleck am Kiemendeckel, den ein heller Ring – eine Aureole – umsäumt, durch ein unbezahntes Gaumenbein und einen markanten farblichen sekundären Geschlechtsdimorphismus. Die halbwüchsigen Männchen zeigen eine übereinstimmende Färbung mit den geschlechtsreifen Weibchen.

Der Rotgrüne Schleimfisch (*Malacoctenus gilli*) ist in der Karibik von den Bahamas, Kuba, Curaçao und von der mittelamerikanischen Küste bekannt. Er wird etwa 5 cm lang und lebt wahrscheinlich auf einem beliebigen Untergrund außer Korallen – auf Sand und Felsen, im Flachwasser und bis zu einer Tiefe von etwa 5 m. Bei den Männchen (3) ist der Körper im oberen Drittel rötlich und in den unteren zwei Dritteln grünlich bzw. ganz einheitlich schwarz mit auffällig kontrastierenden weißen Bauchflossen. Die Weibchen (4) sind heller, mit dunklen Flecken und Querstreifen am Körper.

Die Scharfnase findet sich im Mittelmeer und in der Adria überall sehr häufig und wird etwa 7 cm lang. Das Männchen (1) ist größer als das Weibchen und in der Laichzeit herrlich rot, mit Kopf, Kehle und Brustflossen in Schwarz. Das Weibchen hat eine unauffällige hellgraubraune Färbung. Es legt die Eier auf einer nackten senkrechten Felswand ab, und das Männchen bewacht das Gelege und seine Umgebung bis in eine Entfernung von etwa 2 m. Im Aquarium wird sehr sauerstoffreiches, gut gefiltertes Wasser gefordert und als Fütterung kleines Krustazeen-Plankton, z.B. Ruderfußkrebse (*Cyclops*) und Wasserflöhe (*Daphnia*) in kleinen Mengen mehrmals täglich. Die Scharfnase ist sehr empfindlich gegenüber jeder Wassertrübung und geht oft ohne einen sichtbaren Grund ein.

Die Dreiflossen-Schleimfische unterscheiden sich von den unbeschuppten (*Blenniidae*) und den beschuppten Schleimfischen (*Clinidae*) auf den ersten Blick durch drei selbständige Rückenflossen und ein kleines zugespitztes Maul. Der Körper ist mit Kammschuppen bedeckt. Sie bewohnen die tropischen, subtropischen und warmen küstennahen Teile der Meere. Stellenweise sind sie häufig, wie z.B. *Tripterygium varium* in Neuseeland; es laicht im Juni wie die Scharfnase, aber auf einem gesäuberten flachen Stein. Die Eier bilden ein zusammenhängendes einschichtiges Gelege. Die Eltern bleiben eine Zeitlang als festes Paar zusammen, doch um den Laich kümmert sich nur das Männchen. Die größten Spezies werden nicht länger als 10 cm. Insgesamt sind auf der Welt rund 100 Arten und 16 Gattungen der Familie *Tripterygiidae* bekannt. Im Atlantik leben 5 Arten allein der Gattung *Enneanectes*, die durchwegs in der Karibik vertreten sind. Sie bewohnen hauptsächlich die Gezeitenzone, steigen aber auch auf 25 m, einige vielleicht noch tiefer. Werden sie aufgescheucht, dann „hüpfen" sie über die Felsen und ändern unaufhörlich die Richtung, suchen aber selbst auf der Flucht kein Versteck auf. Für einen geduldigen und wißbegierigen Beobachter sind sie wahre Kleinodien der seichten Gewässer.

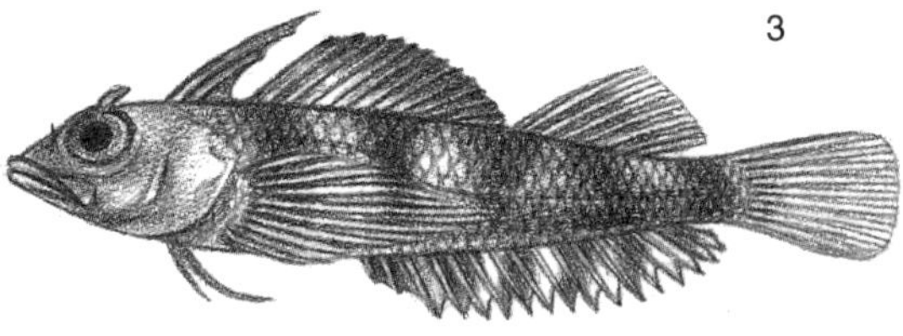

3

Enneanectes atrosus (3) ist an den Bahamas beheimatet und trotz seiner höchstens 33 mm der größte dieser Gattung – die anderen 4 Arten im selben Gebiet sind noch kleiner, 23–28 mm. Die Art *E. atrosus* lebt zweifellos am tiefsten, denn sie wurde immer zwischen 8 und 28 m gefangen. Sie hält sich am Fuß von Korallenriffen auf, die feiner weißer Sand umsäumt, und hat auf sonst farblosem Körper braune bis schwarze schräge Querstreifen. Über ihre Biologie ist bisher nichts bekannt.

2

An vielen Stellen Südjapans und Koreas lebt die Art *Tripterygium etheostoma* (2), die etwa 7 cm lang wird und sich mit Vorliebe in Gezeitentümpeln aufhält. Sie hat auf dem Rücken und den Körperseiten Kamm- und auf dem Bauch Rundschuppen, um die Brust- und Bauchflossen herum ist sie nackt. Die erwachsenen Männchen sind in der Balz- und Laichzeit ganz schwarz, nur der Schwanzteil ist hell. Wirtschaftlich werden sie nicht genutzt.

1

Die Familie der Sandaale umfaßt Meeresfische, die überwiegend im östlichen und westlichen Teil des Atlantiks auf der Nördlichen Erdhalbkugel vorkommen. Sie haben einen langgestreckten Körper und einen zugespitzten Kopf, der untere Kiefer ist länger als der obere, und in der langen Rücken- und Afterflosse gibt es nur verzweigte Weichstrahlen. Sie leben hauptsächlich von Plankton und dienen selber Fischen und Wasservögeln als Nahrung. Kommerziell werden sie verschiedentlich verwertet und auch zu Fischmehl verarbeitet.

Der Große Sandaal (1) ist entlang der westeuropäischen Küste von Norwegen, Island und der Färöer nach Süden zu bis Nordspanien verbreitet, lebt in der Nord- und Ostsee und wird 35 cm lang. Seine Brustflossen reichen nicht bis zum Anfang der Rückenflossebasis (2). Er hält sich im Winter wie im Sommer in relativ seichten Gewässern an der Küste auf und laicht von April bis August in der Nordsee etwa 20 m tief. Die Entwicklung der Keimlinge in der Eihülle dauert 2–3 Wochen.

Der Kleine Sandaal (*Ammodytes lancea*) hat das gleiche Verbreitungsgebiet wie der Große Sandaal und wird im Alter von 4 Jahren 20 cm lang, doch hat er längere Brustflossen, die weiter als unter den Anfang der Rückenflossebasis hinausreichen, und einen viel weiter vorstreckbaren Zwischenkiefer (3). Er hält sich auf sandigem Grund von der Küstenlinie bis zu einer Tiefe von 30 m auf, ist tagsüber im Sand vergraben und bewegt sich nachts in Schwärmen im freien Wasser. Es sind drei Unterarten beschrieben worden: die Nominatform *A. lancea lancea*, die im April und Mai bei Island und den Färöern laicht, *A. l. marinus* mit einer Laichzeit von November bis Februar in der Murmansker Bucht und in der Nordsee und *A. l. dubius* an den Küstengewässern Westgrönlands. Die Weibchen legen 4 000–22 000 Eier mit einer durchschnittlichen Größe von 0,7–1,0 mm. Die frisch geschlüpften, 4–8 mm langen Larven leben pelagisch. Die erwachsenen Tiere ernähren sich von Plankton, Würmern, Krustentieren und Jungfischen. Sie selbst sind eine wichtige Nahrung für verschiedene Raubfische.

5

Der Nacktsandaal (*Gymnammodytes semisquamatus*, 4) zeigt eine Verbreitung wie der Große Sandaal, kommt aber nicht bei Island und den Färöern vor, dafür häufig im ganzen Mittel- und Schwarzen Meer sowie an der nordwestafrikanischen Küste. Seine Rückenflosse hat einen gewellten Außenrand, und auf dem Kopf trägt er gewöhnlich einen dunklen Fleck. Der Vorderteil des Körpers ist unbeschuppt. Er wird nur etwa 15 cm lang und lebt in der Gezeitenzone zwischen kleineren Felsblöcken und Muschelschill. Gelaicht wird in den Sommermonaten. Im Mittelmeer lebt die Rasse *G. semisquamatus cicerulus*.

1

2

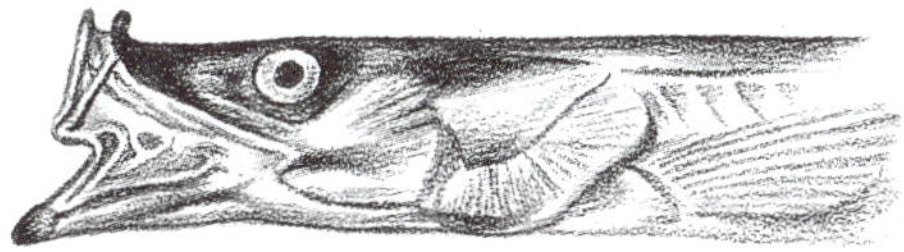

3

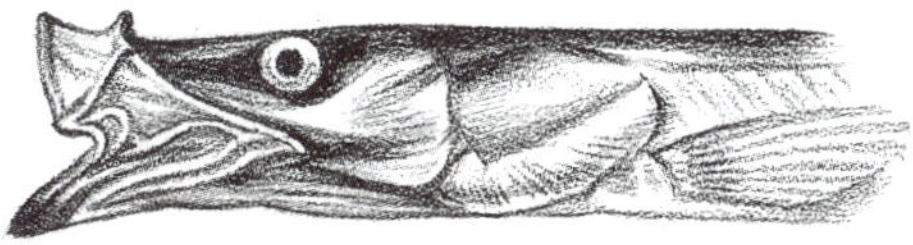

Der Sandaal *Ammodytes capensis* (5) ist die einzige bekannte Art der Südlichen Hemisphäre von der Küste Südafrikas. Er wird etwa 20 cm lang, und seine Schwanzflosse ist viel weniger ausgeschnitten als bei den im Nordatlantik verbreiteten Arten. Das Fleisch hat einen ausgezeichneten Geschmack, doch wird er wenig gefangen, und über sein Leben und Verhalten ist nichts bekannt.

Die Ostküste des Nordatlantiks von Labrador bis zum Kap Hatteras bewohnt der Amerikanische Sandaal (*Ammodytes americanus*), der sehr der europäischen Unterart *A. lancea marinus* und dem aus dem Pazifik stammenden *A. hexapterus* ähnlich ist und für den amerikanischen Fischfang die gleiche wirtschaftliche Bedeutung hat wie *A. l. marinus* für den europäischen. *A. americanus, A. l. marinus* und *A. hexapterus* sind einander anatomisch, morphologisch und schließlich auch im Verhalten auffallend ähnlich, so daß nicht auszuschließen ist, daß es sich nur um verschiedene Formen derselben Art handelt.

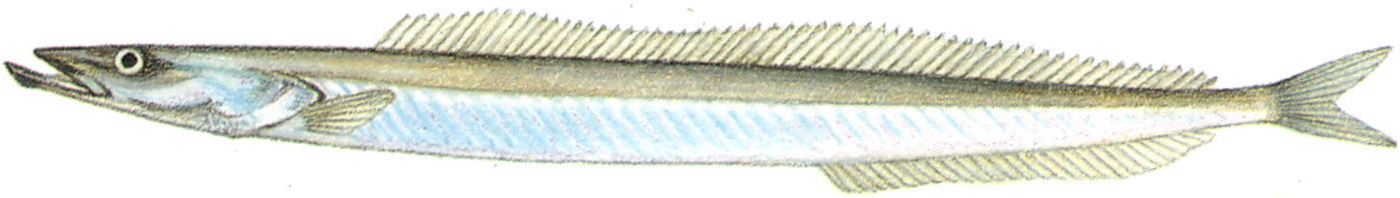

4

Der Paletten-Leierfisch (1) lebt in der Umgebung der Philippinen und in der melanesischen Inselwelt. Er wird etwa 5 cm lang und mit Vorliebe im Aquarium gehalten. Er ernährt sich von Salinenkrebschen-Nauplien, *Mysis*-Krustentieren, Algen und Grindal-Würmchen. Bei Gefahr vergräbt er sich im sandigen Boden oder versteckt sich in Steinaushöhlungen oder unter Steinen.

In Gefangenschaft wurde oft sein Ablaichen beobachtet. Beim Balzen will das Männchen dem Weibchen imponieren und umschwimmt es mit gespreizter Rükkenflosse. Es versucht, eine Bauchflosse unter den Bauch des Weibchens zu schieben, schwimmt Seite an Seite mit ihm zur Wasseroberfläche hinauf, und mit einem plötzlichen Ruck beider Körper endet der Laichakt.

In Aquarien hält man auch den größeren Augenfleck-Leierfisch (*S. ocellatus*), der etwa 6 cm lang wird und vielerorts an Korallenriffen des Indischen und Pazifischen Ozeans verbreitet ist, sowie den etwa 10 cm langen Mandarin-Leierfisch (*S. splendidus*) von den Philippinen und der ostaustralischen Küste.

Die Leierfische (*Callionymidae*) leben in den Tropen, Subtropen und den Meeren des gemäßigten Gürtels auf sandigem Grund und werfen sich mit einem Sprung auf ihre Beute. Ihr Körper ist abgeplattet, langgestreckt und schuppenlos und der Kopf ziemlich groß. Das kleine ausstülpbare Maul umgeben dicke Lippen. Die Kiemenöffnungen an den Kopfseiten sind klein. Bei den Männchen sind beide Rückenflossen auffällig vergrößert. Die tropischen Arten führen ein ziemlich verstecktes Leben und lassen sich schwer fangen, so daß sie nur vereinzelt in Aquarien gelangen.

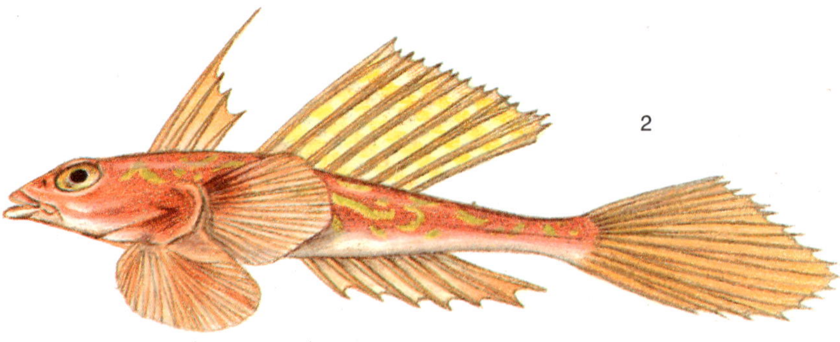

2

Der Segel-Leierfisch (*Synchiropus altivelis,* 2) ist aus der Umgebung Südjapans, Koreas und Taiwans bekannt. Er wird etwa 30 cm lang und bewohnt die tieferen Küstengewässer. Sein Fleisch verwendet man in Japan zusammen mit dem anderer Fische in der Küche (kamaboko).

Der Europäische oder Gestreifte Leierfisch (*Callionymus lyra*) ist eine buntgefärbte Art, die von Island und Norwegen entlang der westeuropäischen Küste bis Gibraltar sowie an der südspanischen Mittelmeerküste vorkommt. Das Männchen (3) wird 30 cm lang, das

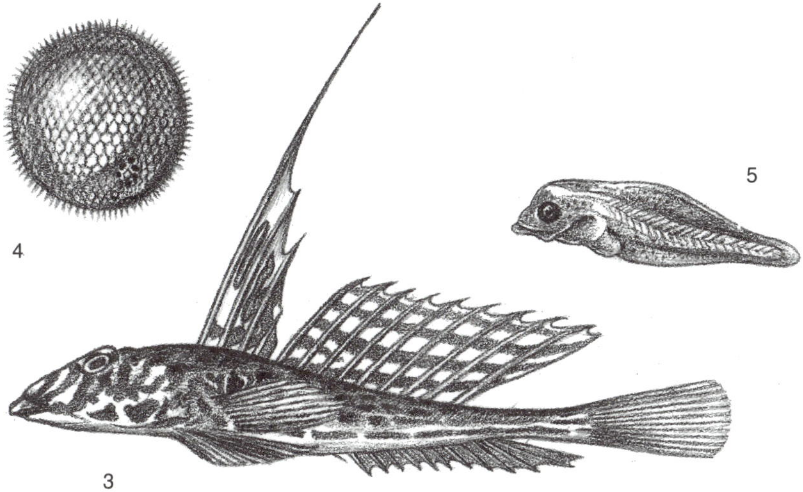

4

5

3

Weibchen 25 cm. Dieser Fisch steigt vielleicht bis 360 m und laicht von Januar bis August in einer Tiefe von 20–40 m. Das Männchen führt dem Weibchen Hochzeitstänze vor – es hüpft auf sandigem Grund mit gespreizten Flossen um die Partnerin herum, dann schwimmt das Paar zum Wasserspiegel hinauf, und in einem bestimmten Augenblick der engen Annäherung beider Körper stößt das Weibchen den Laich frei ins Wasser. Die Eihüllen (4) sind außen von einer charakteristischen Skulptur bedeckt, von kleinen Feldern und Haftfortsätzen. Nach dem Ausschlüpfen umgibt den ganzen Körper des 2,3 mm langen Eleutherembryos (5) ein undifferenzierter Flossensaum. Die Eier und freien Keimlinge sind pelagisch. Im Reifealter ernähren die Fische sich hauptsächlich von kleinen Krusten- und Weichtieren.

Der ihm ähnliche, nur 14 cm lange, aber farblich sehr attraktive Leierfisch *C. festivus* lebt im Mittel-, Adriatischen und Schwarzen Meer. Seine Flanken schmücken 14–16 silbrigbläuliche Querstreifen.

1

Halfterfisch — Halfterfische
Zanclus cornutus — *Zanclidae*

Die Halfterfische sind nahe Verwandte der Familie Doktorfische oder Seebader (*Acanthuridae*), unterscheiden sich von ihnen aber durch einen sehr langen dritten Stachel in der Rückenflosse und das Fehlen eines Stachels oder einer flachen, vorstülpbaren Knochenplatte am Schwanzstiel, die scharf wie ein Skalpell und eine gefährliche Waffe bei seitlichen Schlägen mit dem Schwanz ist. Die Familie der Halfterfische ist monotypisch, d.h. sie umfaßt nur eine Gattung und eine Art.

Der Halfterfisch (1) ist einer der häufigsten und verbreitetsten Fische im Indischen Ozean von den veralgten Riffen Südafrikas bis zu den verstreuten Korallenbänken im Golf von Aden, vom Roten Meer bis Sri Lanka. Nachgewiesen ist sein Vorkommen bis zu einer Tiefe von 180 m. Meist hält er sich paarweise auf, nur selten zieht er in Schwärmen umher. Er wird 25 cm lang und ernährt sich hauptsächlich von Schwämmen und Algen. Über seine Fortpflanzung wissen wir wenig. Bekannt ist, daß er sich in den Abendstunden paarweise in einem Bogen der Wasseroberfläche nähert und dort ablaicht, also pelagische Eier hat. Der Artname *Z. canescens* ist ein ungültiges Synonym, denn darunter wurden eigentlich junge Halfterfische beschrieben. In Gefangenschaft wird der Halfterfisch einzeln in einem algenbewachsenen Becken mit ruhigen Mitbewohnern gehalten, und er braucht verschiedenartige Nahrung und einen häufigen Teilwasserwechsel.

3

Der Genetzte Kaninchenfisch (*Siganus vermiculatus,* 3) ist im Indischen Ozean und am indoaustralischen Archipel weit verbreitet. Er bewohnt Korallenriffe, Seegraswiesen und sogar Flußmündungen und lebt in Schwärmen. In Gefangenschaft braucht er ein großes Aquarium und viel freien Raum zum Schwimmen. Notwendig sind pflanzliche Nahrung, Algen, Kopfsalat, aber auch tierisches und Trockenfutter. Gegenüber anderen Fischen verhält er sich freundlich.

2

Der Blaugestreifte Kaninchenfisch (*Siganus puellus*, 2) ist von der Küste Ostindiens bis zu den Salomonen und nach Norden bis zu den Philippinen und Taiwan bekannt. Er wird etwa 30 cm lang und gehört zur Familie der Kaninchenfische (*Siganidae*), die Korallenriffe, Lagunen und Seewiesen der tropischen Meere bewohnen und auch mit den Doktorfischen verwandt sind. Charakteristisch für sie ist das ständig bewegte, nicht vorstülpbare Maul. Die kräftigen Stacheln der Rücken-, After- und Bauchflossen sind mit Giftdrüsen ausgestattet.

1

Weißkehl-Doktorfisch
Acanthurus leucosternon

Der Weißkehl-Doktorfisch (1) ist im Indischen und Pazifischen Ozean häufig. Oft hält er sich in Schwärmen über Korallenriffen und Felsklippen auf und wird 30 cm lang. Er liebt die Freiheit und Bewegung und gewöhnt sich manchmal schwer an die Gefangenschaft. Als Nahrung verlangt er Algen, Kopfsalat, Krustentiere und das Fleisch von Weichtieren. Später lernt er, auch künstliches, flockiges Futter anzunehmen. Unverträglich ist er nicht nur Angehörigen der eigenen Art und Gattung gegenüber, sondern auch gegenüber allen größeren hochrückigen bunten Fischen. Bei Erschrecken erblaßt er merklich, und an den Flanken zeigen sich 4–5 weißliche Querstreifen. Er will nicht nur ein ziemlich geräumiges Becken zum Schwimmen haben, sondern auch genügend Verstecke. Gut läßt er sich in möglichst großen Aquarien halten – ausreichender Raum wirkt ausgesprochen beruhigend auf ihn. Er braucht eine Temperatur von 25–28 °C. In Gefangenschaft lebt er lange: belegt ist eine Zeit bis 11 Jahre.

Der Streifen-Doktorfisch (*Acanthurus lineatus*, 2) ist im Indischen Ozean westwärts bis Ostafrika, bis zu den Seychellen, Malediven und Sri Lanka beheimatet. Er wird 38 cm lang und bevorzugt die oberen Schichten von Korallenriffen in einer Tiefe von 0,5 bis 6 m. Besonders liebt er die Gezeitenzone und schwimmt einzeln umher, zeigt sich nur selten in Gruppen und verteidigt sein Revier. Seine Ernährung bilden Algen und Krustentiere. In Gefangenschaft frißt er am besten junge knackige Kopfsalatblätter. Er verhält sich ähnlich aggressiv wie die vorige Art.

2

Der Paletten-Doktorfisch (*Paracanthurus hepatus*, 3) bewohnt den ganzen Indischen Ozean, in westlicher Richtung finden wir ihn selten bis zum Arabischen Meer. Er wird 30 cm lang, bevorzugt eine Tiefe von 10–40 m und kommt im sauberen Strömungswasser des äußeren Teils von Korallenriffen und ihren Terrassen vor. Die jungen Tiere leben gruppenweise vor allem zwischen den Ästen der Korallen *Pocillopora eydouxi*, die älteren sind Einzelgänger. Im westlichen Verbreitungsgebiet (z.B. bei der Insel Mauritius)

3

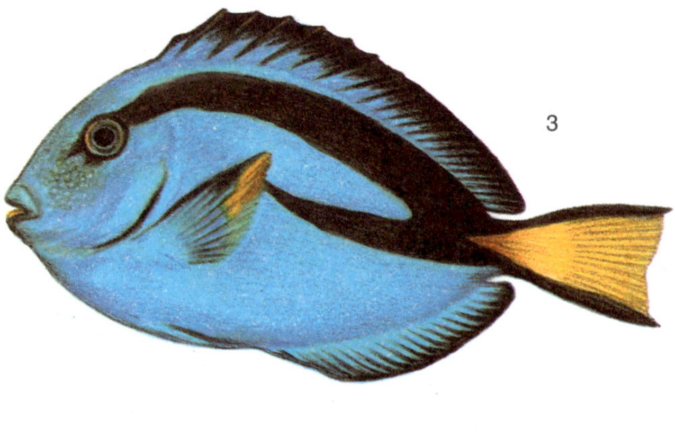

hat dieser Doktorfisch einen gelben Bauch statt des sonst üblichen weißen. Am sattesten gefärbt sind die Jungfische, mit dem Größerwerden bleichen die Farben dann aus. Verzehrt werden Algen und Krustentiere. In Gefangenschaft ruft der Mangel an pflanzlicher Kost eine Geschwürbildung am Körper hervor, und der Fisch wird anfällig gegen Parasiten. Außer Algen frißt er das Fleisch von Weichtieren, *Tubifex*-Würmer und Enchyträen, gegebenenfalls auch Meereskrustazeen. In einer zahlenmäßig kleinen Gruppe läßt er sich in einem möglichst großen Aquarium gut halten. Gegenüber den anderen Mitinsassen ist er friedfertig und gehört zu den schönsten Doktorfischen. Er verlangt eine Temperatur von 25–30 °C und gut gefiltertes, ständig sauberes und äußerst stickstoffarmes Wasser.

1

Desjardin-Seebader

Zebrasoma desjardinii

Der Desjardin-Seebader (1) lebt im ganzen Indischen Ozean, nach Westen zu bis im Roten Meer. Er wird 40 cm lang, bevorzugt eine Tiefe von 2–30 m und hält sich paarweise an Korallenriffen entlang der Küsten sowie in Lagunen auf. Im Roten Meer bildet er stellenweise Schwärme. Er verzehrt Algen und kleine Krustentiere und ist im Aquarium praktisch gegenüber allen Fischen aggressiv. Junge Exemplare gewöhnen sich besser an die Gefangenschaft.

Die Vertreter der Familie Doktorfische oder Seebader haben beiderseits des Schwanzstiels einen flachen, vorstülpbaren Stachel oder eine scharfe Knochenplatte ähnlich einem chirurgischen Skalpell. Mit dieser gefährlichen Waffe können sie durch seitliche Schwanzschläge ihre Rivalen oder Feinde ernsthaft verletzen. Bei den Arten der Gattung Nashorn- oder Einhornfische (*Naso*) befinden sich an dieser Stelle nur zwei kleine Knochenhöcker. Die Doktorfische bewegen sich in einem charakteristischen Schaukelschwimmen. Etwa 70–80 % ihrer Nahrung bilden Algen, der Rest sind Krustentiere, kleine Fische, Würmer und andere fleischliche Kost. Die Jungfische tummeln sich in verschieden großen Schwärmen. Die Erwachsenen laichen schwarmweise gewöhnlich gegen Abend bei Dunkelwerden; dabei lösen sich einige Tiere plötzlich von den übrigen und steigen zur Wasseroberfläche auf, und ihr Schwimmen endet paarweise eng aneinandergepreßt. Dann entfernen die Partner sich jäh voneinander in einer Wolke von Eiern und Samen. Laich und Jungfische sind pelagisch. Am Anfang ihrer Entwicklung, im *Acronurus*-Larvenstadium, haben sie an den Stellen der künftigen Rücken- und Afterflosse lange Stacheln. Bekannt sind etwa 100 Arten von Doktorfischen.

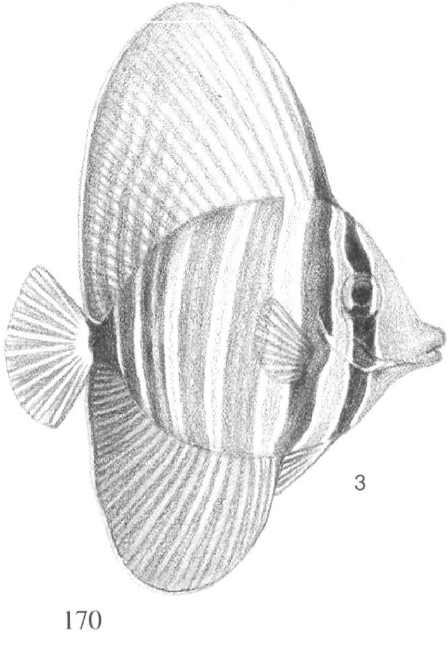

3

Der Gelbe Seebader (*Zebrasoma flavescens*, 2) ist ein häufiger Fisch im Indischen Ozean und indoaustralischen Archipel. Er lebt an der Küste der Philippinen, Südjapans, Melanesiens, Mikronesiens und Polynesiens, wird etwa 20 cm lang und hält sich in einer Tiefe von etwa 2 m in Korallenriffen auf. Sein ganzer Körper ist hell- bis orangegelb und der Stachel am Schwanzstiel weiß. In der Natur lebt er einzeln oder paarweise, gegebenenfalls in kleinen Trupps. Er gewöhnt sich relativ gut an die Gefangenschaft und frißt Algen, Kopfsalat, Krustentiere und eingefrorene Salinenkrebschen. Ruhige Mitbewohner mag er und bildet nur kleine Reviere.

Der Segel-Seebader (*Zebrasoma veliferum*) lebt im Indischen und Pazifischen Ozean, wird etwa 40 cm lang und ähnelt dem Desjardin-Seebader. In der Jugend (3) hat er eine stark entwickelte hohe Rücken- und Afterflosse. Nur ganz junge Tiere gewöhnen sich an die Gefangenschaft. Er ist

2

1

außerordentlich
unverträglich. Wenn er
gereizt wird, spreizt er die
mächtigen unpaarigen Flossen.
Sein imposanter Anblick verleitet
immer wieder zu Versuchen einer
Akklimatisation, die bisher aber nicht
allzu erfolgreich verlaufen ist.

Escolar
Lepidocybium flavobrunneum

Der Escolar (1) ist aus dem Nordatlantik sowie dem Nord- und Südpazifik bekannt. Unregelmäßig fängt man ihn von Japan bis Südafrika, in der Umgebung von Australien und Kalifornien und verschiedentlich auch im Atlantischen Ozean. Er bewohnt Tiefengewässer, wird 180 cm lang und wiegt 45 kg. Seine Biologie ist wenig bekannt. Er ernährt sich von Fischen und Kopffüßern und hat sehr öliges Fleisch. In der Jugend ist er hellbraun, später bis schwarz.

Die kleine Familie der relativ großen Schlangenmakrelen oder Ölfische ist in den warmen Meeren der nördlichen und südlichen Erdhalbkugel verbreitet. Die meisten sind mesopelagische (d.h. in mittleren Tiefen des freien Meeres vorkommende), teilweise auch Tiefseefische. Sie sind alle gute Schwimmer und ernähren sich räuberisch. Von ihrem Leben ist bisher wenig bekannt, da ein Fang von ausreichendem Studienmaterial nicht gelingt. Auf den ersten Blick hin ähneln sie langgestreckten Thunfischen oder Makrelen, doch fehlen ihnen die waagerechten Kiele seitlich des Schwanzstiels, und Kiefer und Gaumenbein sind mit großen festen Zähnen bestückt. Die meisten Schlangenmakrelen haben zwei Rükkenflossen, und bei manchen ist der hintere Teil der zweiten Rücken- und der Afterflosse zu einer größeren Zahl von Flösselchen oben und unten am Schwanzstiel zerfallen. Wirtschaftliche Bedeutung haben sie nur örtlich. Ihr Fleisch ist ölig. Am bekanntesten sind die Arten der Gattungen *Gempylus, Lepidocybium, Nesiarchus, Prometheichthys, Rexea, Ruvettus* und *Thyrsites*.

Die etwa 130 cm lange Schlangenmakrele *Nesiarchus nasutus* ist im Nordatlantik aus Tiefen bis 1 200 m bekannt und wird gelegentlich bei Norwegen und Island gefangen. Der Königs-Barrakuda (*Rexea solandri*), ebenfalls etwa 130 cm lang, wird bei Südaustralien, Neuseeland und Tasmanien gefischt und hat einen blauen Rücken und zartes, duftendes Fleisch.

Der Ölfisch *Ruvettus pretiosus* aus der Umgebung Großbritanniens und Neufundlands wird bis 180 cm lang und in Tiefen zwischen 180–350 m gefangen. Auch wenn sein Fleisch ölig ist und laxierende Wirkung hat, gilt es als sehr schmackhaft. Der überall auf der Südlichen Erdhalbkugel verbreitete Atun oder Snoek (*Thyrsites atun*) wird etwa 140 cm lang und wandert jährlich in großen Schwärmen an den Küsten entlang. Er ist stahlblau mit silbrigem Bauch und wirtschaftlich ein gesuchter Fisch, dessen schmackhaftes Fleisch roh und geräuchert geschätzt wird.

1

2

Prometheichthys prometheus (2) ist aus den wärmeren Teilen des Pazifiks bekannt; er wird etwa 60 cm lang und häufiger bei Südjapan gefangen. Sein Fleisch ist nicht wohlschmeckend, man verarbeitet es aber dennoch in Japan.

Die Schlangenmakrele (*Gempylus serpens*, 3) wird vereinzelt in allen warmen Meeren auf der ganzen Welt gefischt. Zuerst wurden im Pazifik vor allem nachts einzelne Exemplare an der Wasseroberfläche entdeckt, heute fängt man sie in einer Tiefe von einigen hundert Metern. Sie wird bis 150 cm lang, ernährt sich von Sepien, Kalmaren und Fischen und dient selber größeren Raubfischen als Nahrung. Ihr ziemlich langgestreckter aalförmiger Körper ist seitlich abgeflacht, der Kopf lang und spitz zulaufend und der Oberkiefer kürzer als der Unterkiefer. Die massiven kegelförmigen Zähne sind besonders gut entwickelt und im Unterkiefer in größerer Anzahl vorhanden. Wahrscheinlich ist diese Schlangenmakrele gar nicht so selten, wie man bis vor kurzem noch vermutete.

3

Gewöhnlicher oder Roter Thunfisch

Thunnus thynnus

Der Gewöhnliche Thunfisch (1), ist wahrscheinlich heute der größte und schwerste EchteKnochenfisch der Welt. Er lebt in allen warmen Ozeanen und Meeren zwischen dem Nördlichen und Südlichen Wendekreis, wird über 4 m lang und bis 900 kg schwer. Er wächst enorm schnell, wird vielleicht nur 15 Jahre alt und ist ein pelagisch lebender Zugfisch, der sich in kleinen Trupps unter dem Wasserspiegel aufhält; dabei wird eine Temperatur über 10 °C bevorzugt. Im Juni wandert er aus dem Atlantik ins Mittelmeer zum Laichen. Die Eier sind nur 1–1,2 mm groß, die pelagisch lebenden Protopterygiolaven messen 4 mm. Nach dem Ablaichen ziehen die abgemagerten Elternfische auf Nahrungssuche nordwärts bis nach Norwegen. Erst im August und September verlassen sie die Küsten Nordeuropas und schwimmen in die wärmeren Gewässer Richtung Azoren. Die Thunfische sind Schwarmräuber der Hochsee, ernähren sich an der Oberfläche von Sardinen, Sardellen, Heringen und Makrelen und in der Tiefe von Rotbarschen und Lengfischen. Gefangen werden sie mit Netzen verschiedenster Art, mit Reusen und am Haken. Die europäische Jahresausbeute beträgt 25 000–55 000 t. Ihr fettes rötliches schmackhaftes Fleisch wird außerordentlich geschätzt. Die meisten Tiere werden zu Konserven verarbeitet. Bekannt sind mehrere Rassen oder Arten, die an der westamerikanischen, japanischen und australischen Küste leben. Unterschiede bestehen vor allem in der Zahl ihrer Reusendornen. Ob es sich um selbständige Arten, Unterarten oder nur Rassen handelt, ist bisher nicht eindeutig erwiesen.

Der Weiße Thunfisch (*Thunnus alalunga*, 2) ist ebenfalls in allen warmen Meeren verbreitet. Er wird 110 cm lang und 30 kg schwer, hat sehr lange Brustflossen, die bis hinter das Ende der zweiten Rückenflossenbasis reichen, lebt pelagisch auf dem offenen Meer vom Wasserspiegel bis zu einer Tiefe von 50 m und laicht im Mai und Juni. Anschließend ziehen die entkräfteten erwachsenen Tiere auf Nahrungssuche nach dem Norden bis Irland.

1

2

3

Der Pelamide (*Sarda sarda*, 3) ist im Atlantik zwischen dem Nördlichen und Südlichen Wendekreis sowie im Mittel- und Schwarzen Meer verbreitet und wird etwa 7 kg schwer. Ähnliche Arten, die im Indischen Ozean (*S. orientalis*) und im Pazifik (*S. australis* und *S. lineolata*) leben, werden im Handel sehr geschätzt. Der Pelamide hat ein tief eingeschnittenes Maul, das bis über den hinteren Augenrand reicht. Er lebt pelagisch und ernährt sich von allen greifbaren kleineren Schwarmfischen, ist vor allem westlich von Gibraltar und im östlichen Teil des Mittelmeeres anzutreffen und laicht im Juni. Danach zerfallen die Schwärme in kleinere Gruppen, die auf Nahrungssuche durch die Nordsee streifen. Auf den Markt kommen sie vor allem in der Türkei als Frischware.

Echter Bonito
Katsuwonus pelamis

Der Echte Bonito (1) ist ähnlich wie der Weiße Thunfisch in allen wärmeren Regionen der Ozeane und Meere verbreitet und zeichnet sich durch 4–7 dunkle Längsbinden am Bauch aus. Den vorderen Teil seines Körpers bedecken ziemlich große Schuppen, die ein feines Korsett bilden, der hintere Teil ist nackt, schuppenlos. Er wird etwa 1 m lang und wiegt an der Küste Europas 5 kg, an der Küste der USA bis 23 kg. Verstreut hält er sich auf offenem Meer nahe der Oberfläche auf und wandert im Sommer aus dem Atlantik ins Mittelmeer bis nach Südosteuropa. Er wird in kleinen Mengen zusammen mit dem Weißen Thunfisch erbeutet. Im Pazifik ist er viel zahlreicher und stellt einen wirtschaftlich wichtigen Fisch dar. Intensiv fängt man ihn an den Küsten Japans, der USA und Perus.

Der Thonine (*Euthynnus alleteratus*, 2) ist in warmen Gewässern des westlichen und östlichen Atlantiks beheimatet; im westlichen Atlantik von Neuengland über die Bermudas bis nach Südbrasilien, im östlichen von der Biscaya südwärts bis Kapstadt. Er wird 90 cm lang und 9–15 kg schwer und hat unter der Brustflosse arttypische dunkle Flecke, lebt überall in Küstennähe und hält sich in Schwärmen vor allem in flachen Schelfgewässern auf, wo er kleine Heringsfische jagt; er ernährt sich aber auch von Sepien und Krustentieren. Er hat sehr schmackhaftes, im Handel geschätztes Fleisch, ist aber auch eine beliebte Beute von Sportfischern. Intensiv wird er an der westafrikanischen Küste gefangen.

Sehr ähnlich sehen den Thunfischen (*Thunnidae*) die Makrelen (*Scombridae*). Während erstere zur selbständigen Ordnung *Thunniformes* gehören, werden die Makrelen der Unterordnung *Scombroidei* innerhalb der Ordnung Barschartige Fische (*Perciformes*) zugerechnet. Der Grund für die Trennung von Thunfischen und Makrelen nicht nur in zwei Familien, sondern eigentlich in zwei Ordnungen sind sowohl entwicklungsmäßig unterschiedliche morphologische und anatomische Skelettmerkmale als auch der unterschiedliche Bau des Blutgefäßsystems. Außerdem ist die Körpertemperatur der Thunfische höher als die Temperatur des umgebenden Seewassers, was bei Fischen ungewöhnlich ist.

Die Makrele (*Scomber scombrus*, 3), lebt im Nordatlantik an der Ostküste Nordamerikas von Labrador bis Südkarolina sowie vor Westeuropa von Mittelnorwegen und Island südwärts bis Nordwestafrika und im ganzen Mittel- und Schwarzen Meer. Sie wird etwa 60 cm lang und maximal 2 kg schwer und ist ein pelagisch lebender Zugfisch, der sich in

2

1

Schwärmen oft knapp unter dem Wasserspiegel aufhält. Überwintert wird vorwiegend in tieferen Gewässern am Boden im nördlichen Teil der Nordsee am Skagerrak bzw. südlich und westlich der britischen Inseln. In den Wintermonaten nimmt sie keine Nahrung zu sich, vom Frühjahr an aber ernährt sie sich von Zooplankton, das sie mit Hilfe der Kiemenreusen aus dem beim Atmen ins Maul gesaugten Wasser filtert. Mit Erwärmung des Meeres wandert sie in die Nähe der Oberfläche und im April/Mai in die wärmeren Küstengewässer (11–14 °C). Bei Südengland, Nordfrankreich und in der Nordsee wird im Mai und Juni gelaicht, im östlichen Teil des Skagerraks und Kattegats im Juni/Juli und im Mittelmeer am frühesten, d.h. schon im März und April. Abgelaicht wird im freien Wasser an der Oberfläche. Die Eier sind pelagisch und 0,9–1,4 mm groß, die nach etwa 6 Tagen schlüpfenden Larven messen 3,5–4,2 mm. Die jungen Tiere beginnen sich erst zum Jahresende von der Küste zu entfernen. Makrelen werden mit Netzen jeder Art gefangen und frisch, geräuchert, eingefroren und konserviert genossen. Der Jahresfang in Europa beträgt etwa 135 000 t. Den größten Anteil haben Frankreich, die Niederlande und Norwegen.

Schwertfisch
Xiphias gladius

Schwertfische
Xiphiidae

Der Schwertfisch (1) ist ubiquitär in allen warmen und tropischen Meeren verbreitet. Er wird 5–6 m lang und bis 300 kg schwer. Häufig wird er unter dem Wasserspiegel harpuniert, doch lebt er auch in Tiefen unter 600 m, wo ihn vielleicht die Gipfel von Unterseecañons anziehen. Er kommt in Gruppen vor, bildet aber keine Schwärme, ist ein ausgezeichneter Schwimmer und ernährt sich von Heringen und anderen Schwarmfischen einschließlich Tiefseearten. Gern verzehrt er Tintenfische. Einst wurde er an den europäischen Küsten aus kulinarischen Gründen gefangen, in den letzten Jahrhunderten auch im Atlantik an der Küste Nordamerikas. Am Pazifik diente er den Menschen noch in der ersten Hälfte unseres Jahrhunderts als Nahrung.

Histiophorus platypterus (2) aus der Familie Fächerfische (*Histiophoridae*), auch Segel- oder Speerfische genannt, ist im Atlantischen, Indischen und Pazifischen Ozean verbreitet, vor allem an der südafrikanischen und westamerikanischen Küste, an der Arabischen Halbinsel, bei Japan und Australien. Er zieht saisonweise je nach Jahreszeit und Wassertemperatur hauptsächlich an der Küste entlang, lebt im Flachwasser und wird 3,6 m lang und 124 kg schwer; die sportlich gefangenen Tiere wiegen gewöhnlich nur etwa 30 kg. Stellenweise wird er auch für Fischmärkte angelandet.

Im Atlantik an der amerikanischen Küste von Nova Scotia bis Brasilien ist bei Sportfischern der 2,5 m lange und bis 75 kg schwere Weiße Marlin (*Tetrapturus albidus*) beliebt. Der mit ihm verwandte Gestreifte Marlin (*Tetrapturus audax*), der in den Gewässern des Indischen und Pazifischen Ozeans von Japan bis Neuseeland häufig ist, wird 3 m lang und wiegt bis 226 kg. Er hat an den Körperseiten eine variable Anzahl von Querstreifen (im Durchschnitt 15), die abwechselnd bläulich und dunkel sind. Er frißt alles, was ihm in die Quere kommt, besonders Sardinen, Fliegende Fische und Makrelenhechte. Sein ausgezeichnet schmeckendes Fleisch wird von Sportfischern und Fischhändlern überall geschätzt.

Alepisaurus borealis (3) aus der Familie Lanzenfische (*Alepisauridae*) besiedelt die Tiefengewässer des tropischen und warmen Pazifiks und wird etwa 3 m lang.

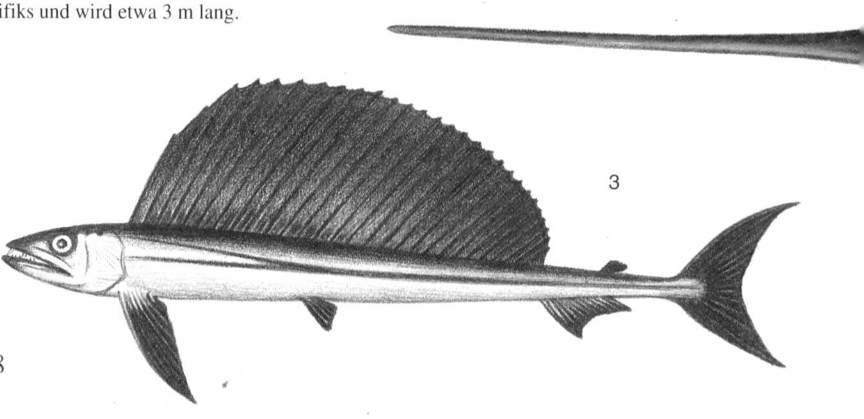

2

Er ist ein räuberischer mesopelagischer Hermaphrodit (d.h. Zwitter) mit langgestrecktem Körper, spitz zulaufender Schnauze, mächtigen Kiefern mit kleinen scharfen Zähnen und breiten schwertförmigen Zähnen am Gaumenbein. Die warmen Gewässer des Atlantiks, Pazifiks und Indischen Ozeans bewohnt auch der etwa 1,6 m lange und 4,5 kg schwere *A. ferox*, der ebenfalls räuberisch ist und sich von Fischen, Kopffüßern und Krustentieren ernährt.

Wir kennen ihn aus Fängen knapp unter dem Wasserspiegel, aber auch aus einer Tiefe von etwa 500 m. Er hat eine dunkel gefleckte segelförmige Rückenflosse, deren 3.–5. verlängerter Strahl über den oberen Flossenrand hinwegragen, und eine unsymmetrische Schwanzflosse mit längerem oberen Lappen.

1

Schwarzgrundel
Gobius niger

Die Schwarzgrundel, auch Swattküling genannt, ist eine der größten Grundeln in den Gewässern entlang der europäischen Küsten: sie lebt im ganzen Mittel- und Schwarzen Meer, im Ostatlantik von Norwegen bis Nordafrika sowie in der Nord- und Ostsee, wird etwa 20 cm lang und bewegt sich in einer Tiefe von 1–75 m über sandigem und schlammigem pflanzenbewachsenem Grund; oft taucht sie an Flußmündungen im Brackwasser auf. Sie ist grau bis braun gefärbt, mit heller Zeichnung. Das Weibchen legt von Mai bis August 1 000–6 000 Eier in einer Höhle unter Steinen, auf flachem Tang oder Holzpfählen ab, und das Männchen (1) betreut den Laich. Die Eier sind länglich, 0,8 mm groß und mit einem schmalen Ende an der Unterlage festgeklebt. Die geschlüpften Protopterygiolarven sind 3 mm lang und leben anfangs pelagisch. Zum Bodendasein gehen sie bei einer Größe von etwa 9 mm über. Man fängt die Schwarzgrundeln in dichten Netzen und verwendet sie als Köder für größere, wirtschaftlich wichtige Fische.

Im Mittelmeer und in der Adria stellt *G. niger jozo* eine Unterart dar. Das Männchen hat eine auffallend vergrößerte erste Rückenflosse und ist während der Laichzeit ganz schwarz. In der Balz und bei Rivalitätskämpfen gibt es Drohlaute von sich. Seine Urogenitalpapille ist dunkel und konisch zugespitzt, die Legeröhre des Weibchens hell und walzenförmig. Diese Fische werden stellenweise auf Öl gebraten und verkauft.

Die Familie der Grundeln umfaßt an die 400 Arten, die vorwiegend am Boden leben; nur einige Arten sind pelagisch. Sie kommen praktisch in allen tropischen, warmen und kalten Meeren vor, in Salz-, Brack- und Süßwasser. Meist bewohnen sie verschiedene Grotten und Höhlen am Grund unter Steinen oder zwischen Korallen einzeln, gegebenenfalls paarweise. Die Männchen einiger Arten verteidigen ihre Reviere, die anderen leben schwarmweise oder sogar in Schwämmen und in Symbiose mit Krebsen, Garnelen, Anemonen u.a.

3

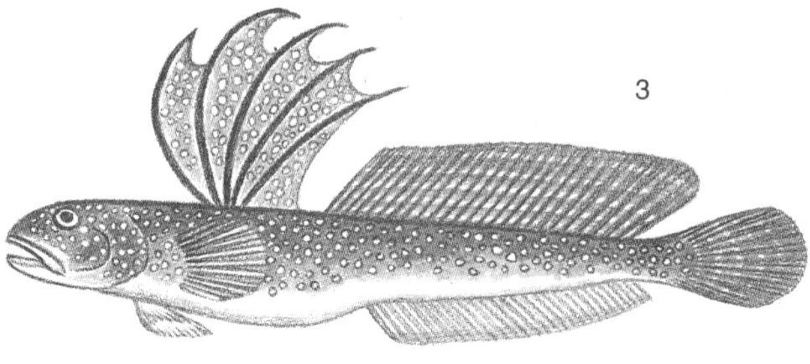

Das Glotzauge (*Boleophthalmus pectinirostris*, 3) ist uns aus der Umgebung von Südjapan, Korea, China und Malaysia bekannt und wird etwa 19 cm lang. Es kriecht aus dem Wasser aufs Trockene heraus, auf schlammigen, bei Flut überspülten Boden, wo es sich hüpfend fortbewegt und Nahrung sucht, vorwiegend Insekten – bildet eine Art Übergang zwischen Grundeln und den Schlammspringern (*Periophthalmidae*), die oft lange Zeit außerhalb des Wassers zubringen. Örtlich wird sein öliges Fleisch geschätzt.

2

Bei den Grundeln sind die Bauchflossen zu einer verschieden großen Saugscheibe zusammengewachsen, im Gegensatz zu den Schläfergrundeln (*Eleotridae*) mit separaten, selbständigen Bauchflossen. Bei den Schlammspringern wiederum sind diese nur teilweise, unvollkommen an der Basis oder am äußeren Ende zusammengewachsen. Ihre Augen sind hoch angesetzt, so daß sie ganz hervortreten und den oberen Rand des Kopfes überragen.

Pterogobius virgo (2) lebt an der Küste Südjapans und Koreas und ist auffallend gefärbt: der Körper und beide Rückenflossen sind blau und rot längsgestreift, der Bauch gelblich bis rein weiß. Er hält sich im Flachwasser in Küstennähe auf und wird 20 cm lang, kommt aber nur vereinzelt vor und ist ohne wirtschaftliche Bedeutung.

1

Die Grünbandgrundel (1) lebt in der Karibik bei den Bahamas, Kuba und den Kleinen Antillen in seichten Küstengewässern und Gezeitentümpeln auf weichem, schlammigem Boden; vereinzelt ist sie von Korallenriffen bekannt, wo sie auf toten Ästen von Hartkorallen sitzt. Bei Puerto Rico wurde sie auf den langen Stacheln von Seeigeln sitzend beobachtet, und bei Curaçao lebt sie in Meeresschwämmen. Außer im Flachwasser wird sie bisweilen auch in einer Tiefe bis 4 m angetroffen und gefangen. Ihr Körper ist nackt, ohne Schuppen, und das etwa 44 mm lange Männchen ist größer als das Weibchen.

Die Putzergrundel (*Gobiosoma genie*, 2) lebt in der Nähe der Bahamas, der Caymaninseln, der Kleinen und Großen Antillen bis 30 m tief auf Korallenriffen. Das Männchen ist 4–5 cm lang und größer als das Weibchen. Wie die Putzerlippfische der Gattung *Labroides* säubert auch die Putzergrundel andere Fische von äußeren Parasiten. Sehr ähnlich ist ihr die nur etwa 4 cm lange Hainasen-Putzergrundel (*Gobiosoma evelynae*), die oft mit ihr zusammenlebt.

Die Grundeln haben zwei Rückenflossen, doch fehlt ihnen die Schwimmblase und die Seitenlinie, und bei den Hochzeitsspielen, bei Imponiergehabe und Rivalenkämpfen geben sie knurrende Töne von sich. Das Männchen säubert stets sorgfältig das Laichsubstrat und „fegt den Tanzboden" – schafft mit dem Maul Steine, Muscheln, jeglichen Unrat, verwesende Pflanzenreste u.dgl. beiseite. In Verteidigungshaltung spreizt es alle Flossen und sperrt weit das Maul auf – nachdrücklich verteidigt es den Laichplatz und seine Umgebung und je nach Artzugehörigkeit auch ein verschieden großes Revier. Die Grundeln ernähren sich von Planktonlebewesen, kleinen Krustentieren und Würmern, verschmähen auch Fischlein nicht, und ein größeres Exemplar verschlingt bisweilen sogar einen kleineren Artgenossen. Obwohl sie oftmals herrlich gefärbt sind, werden sie wenig in Aquarien gehalten und daher selten eingeführt. Leicht gewöhnen sie sich an Ersatzfutter – Ruderfußkrebse, Nauplien von Salinenkrebschen, Wasserflöhe, kleine Krustentiere der Gattung *Mysis*, Fleischbrocken von Weichtieren und einige auch an künstliche Nahrung.

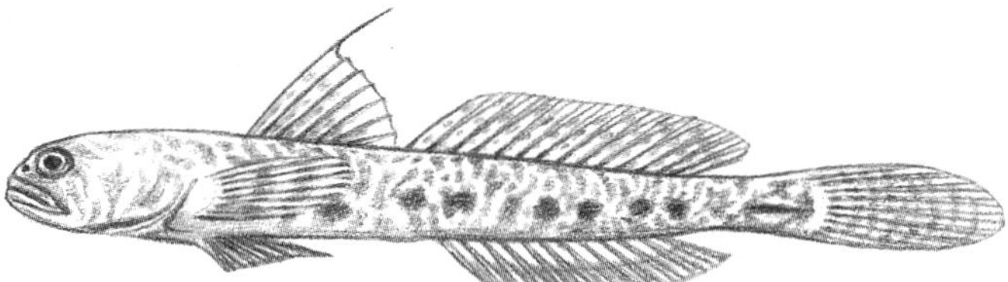

4

Die Orangefleckgrundel (*Nes longus*, 4) ist in der Umgebung von Florida, der Bermudas und der Insel Aruba häufig. Sie wird 8–9 cm lang und hält sich in einer Tiefe von 60–70 cm auf sandigem pflanzenbewachsenem Boden auf. Sie lebt bisweilen auch auf schlammigem Grund kommensal mit Knallkrebschen, die im Schlamm Höhlen bauen.

Auch die Neunstreifengrundel (*Ginsburgellus novemlineatus*, 3) ist in der Karibik beheimatet. Sie lebt im Flachwasser zwischen Felsenklippen und Korallen bis etwa 3,5 m tief und sitzt oft auf den langen Stacheln von *Diadema*-Seeigeln. Das Männchen mit seinen knapp 25 mm Länge ist größer als das Weibchen.

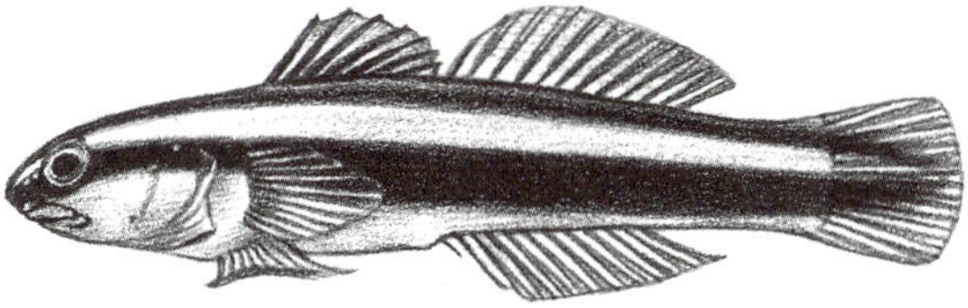

2

3

1

Der Drachenkopf (1) lebt im Pazifik, ist von der Küste Südjapans und Chinas bekannt und wird etwa 30 cm lang.

Die Drachenköpfe sind in allen Weltmeeren außer der Antarktis verbreitet, bewohnen vor allem warme und tropische Gewässer und erinnern äußerlich an Barsche. Die Familie umfaßt formenmäßig ziemlich unterschiedliche Gattungen, so daß man sie in mehrere Unterfamilien einteilt. Gemeinsames Merkmal ist ihre Toxizität. Das Gift hat hauptsächlich eine Abwehrfunktion, soll sie vor Angreifern schützen. Mit den Giftdrüsen sind insbesondere die Stacheln der Rückenflosse und die zahlreichen Stacheln an Kopf und Kiemendeckel verbunden. Die meisten Arten leben am Boden. Sie bewegen sich kaum, verschmelzen leicht mit der Umgebung und sind gefährliche Räuber. An den Augen, den Kiemendeckeln und am Kinn haben sie charakteristische Knochenplatten.

Manche Arten haben wegen ihres schmackhaften Fleisches eine große wirtschaftliche Bedeutung, andere fürchtet man wegen der Stacheln mit den Giftdrüsen. Die Drachenköpfe sind primär meistens rot, ändern ihre Färbung nur nach der Umgebung, in der sie leben (Mimikry). Von den bekanntesten Gattungen seien genannt: *Ablabys, Amblyapistus, Dendrochirus, Helicolenus, Inimicus, Iracundus, Parascorpaena, Pterois, Rhinopias, Scorpaena, Scorpaenodes, Scorpaenopsis, Sebastes, Sebastichthys, Sebastodes*. Aus dem Fleisch einiger Arten werden legendäre Nationalgerichte oder sogar weltbekannte Speisen zubereitet. Der Kleine Braune Drachenkopf (*Scorpaena porcus*) beispielsweise, auch Kleine Meersau genannt, bildet die Grundlage für die berühmte französische Fischsuppe Bouillabaisse; ein unerläßlicher Bestandteil dafür ist auch der Große Rote Drachenkopf oder die Große oder Europäische Meersau (*S. scrofa*).

3

Der Steinfisch *Scorpaena mossambica* (3) kommt nur an der ostafrikanischen Küste vor und ist häufiger lediglich in felsigen Tümpeln. Er wird etwa 12 cm lang, und sein Farbkleid ist je nach dem Untergrund, auf dem er sich gerade aufhält, sehr variabel, so daß es unermeßlich schwerfällt, ihn in der Natur zwischen dem Gestein überhaupt zu entdecken.

2

Der Drachenkopf *Scorpaena izensis* (2) lebt im Pazifik und im Ostchinesischen Meer. Er wird etwa 28 cm lang und ist ein wahres Chamäleon – er kann entsprechend der Umgebung unauffällig fleckig, braun, grau, grünlich oder gelblich sein, die fade Färbung aber augenblicklich auch in ein grelles Rot verwandeln.

1

Japanischer Rotbarsch
Sebastes matsubarai

Drachenköpfe
Scorpaenidae

Dieser Rotbarsch (1) ist in japanischen Gewässern häufig, hauptsächlich in der Sagamibucht und bei der Stadt Ibaraki; sporadisch findet man ihn von Ibaraki bis Wakayama, in der Nähe von Toyama und Niigata. Er lebt tief im Meer und kommt lediglich im Frühjahr in die nur 200 m tiefen Küstengewässer geschwommen, laicht im April / Mai und wird 60 cm lang. Sein Fleisch gilt als schmackhaft.

Der Große oder Gold-Rotbarsch (*Sebastes marinus*), auch Bergilt genannt, bewohnt den nördlichen Atlantik von Norwegen und Schweden in Richtung Schottland, Island und Grönland sowie die Küste Kanadas und der USA bis New Jersey. Er wird 1 m lang und 15 kg schwer, ist lebendgebärend und erreicht ein Alter von etwa 60 Jahren. An der Küste hält er sich in einer Tiefe von 100–400 m auf, ist aber gewöhnlich auch auf dem offenen Meer anzutreffen. Bei Fängen aus großer Tiefe platzt seine Schwimmblase, Augen und Eingeweide quellen heraus. Die wichtigsten Laichplätze sind bei den Lofoten, bei Island und Neufundland. Im Oktober und November kommen viele Gold-Rotbarsche im nördlichen Teil der Barentssee zusammen, wo sie sich paaren. Die Weibchen wandern dann in den Wintermonaten zu den Lofoten und Vesterålen, wo sie von April bis Juli in einer Tiefe von 200–500 m Larven werfen. Diese messen 5–7 mm und halten sich an der Oberfläche auf. Sobald sie größer geworden sind, schwimmen sie in der Tiefe in die Richtung, aus der ihre Mütter kamen. Sie wachsen nur langsam. Die Jungfische ernähren sich von Garnelen, Flohkrebsen, Pfeilwürmern und Dorschbrut, die adulten hauptsächlich von Heringen und Lodden (*Mallotus villosus*).

Der eng verwandte Schnabelbarsch (*Sebastes marinus mentellus*, 2) lebt in größeren Tiefen. Er unterscheidet sich vom Gold-Rotbarsch durch größere Augen und einen Knochenfortsatz am Unterkiefer. Beide Arten werden mit dem Netz gefangen.

3

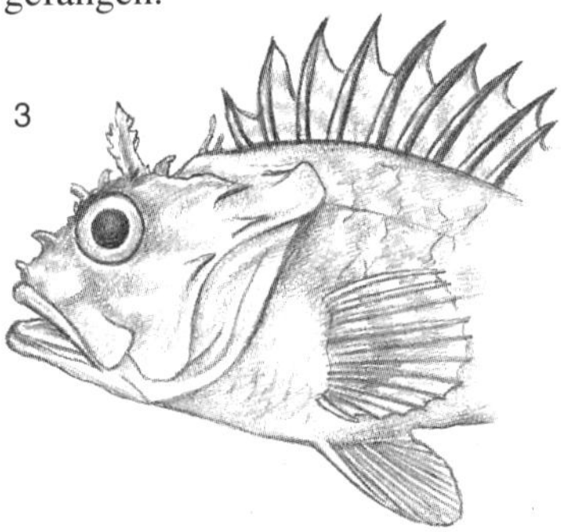

4

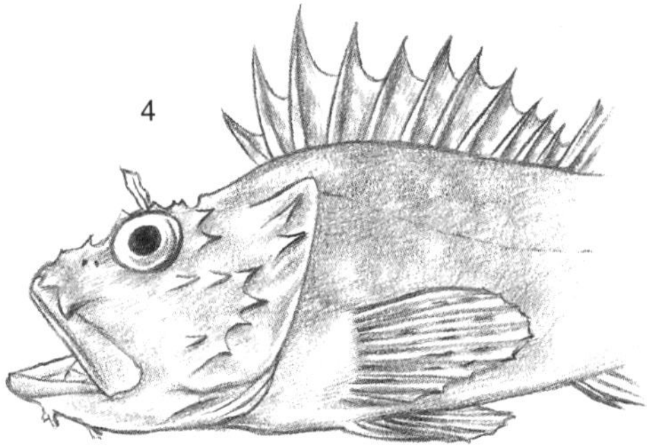

5

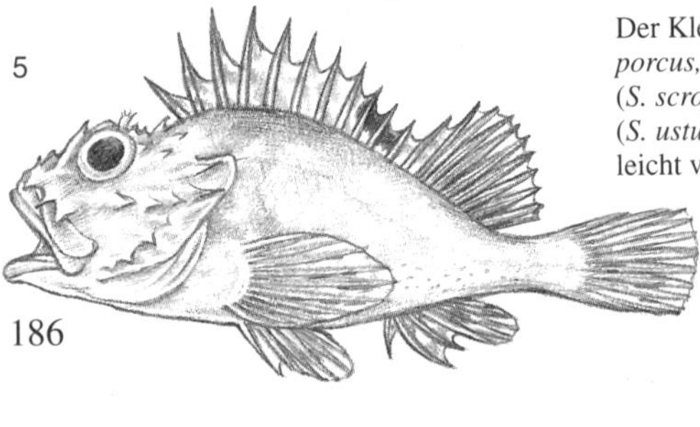

Der Kleine Braune Drachenkopf (*Scorpaena porcus*, 3), der Große Rote Drachenkopf (*S. scrofa*, 4) und der Kleine Rote Drachenkopf (*S. ustulata*, 5) aus dem Mittelmeer lassen sich leicht voneinander unterscheiden:

1

2

Bei *S. porcus* und *S. scrofa* sind Überaugententakel vorhanden, bei *S. ustulata* nicht; *S. porcus* und *S. ustulata* haben einen nackten Unterkiefer, *S. scrofa* hat am Unterkiefer Hautfortsätze und *S. ustulata* einen schwarzen Fleck am Ende des stachligen Teils der Rückenflosse; *S. scrofa* wird 40 cm lang, *S. porcus* 20 cm und *S. ustulata* nur 14 cm. Stacheln mit Giftdrüsen haben alle Arten an den Flossen und Kiemendeckeln.

Der Marmorierte Rotbarsch (1) ist aus den Gewässern von Hokkaido bis Südjapan bekannt sowie an der Küste Koreas, der Philippinen und Südchinas. Er wird 35 cm lang und tummelt sich auf felsigem Ufergrund. Die Jungen entwickeln sich von Dezember bis April in der Bauchhöhle des Weibchens.

Helicolenus dactylopterus (2) trifft man häufig bei Südjapan an – bekannt ist er von Ibaraki und Simane bis Korea. Er lebt auch im Atlantik von Norwegen nach Süden zu bis Madeira, im westlichen Teil des Mittelmeeres und vielleicht auch im Roten Meer, wird bis 46 cm lang und bewohnt eine Tiefe von 200–800 m. An der Küste halten sich nur die Jungen auf. Er ist räuberisch, ernährt sich von Fischen, Krustentieren und Sepien. Die Innenseite der Kiemendeckel und das Innere seiner Mundhöhle sind dunkelblau. Gefangen wird er zufällig, und wirtschaftliche Bedeutung hat er nur im Mittelmeer. In einer Tiefe von 60–600 m finden wir in der Nähe Südafrikas den etwa 30 cm langen *Helicolenus maculatus*. Er kommt hauptsächlich von der Walvis Bay bis Durban vor und wird mit Schleppnetzen stellenweise in Mengen gefangen. Sein Fleisch ist schmackhaft. Unendlich wichtig und nützlich für manche Drachenköpfe ist eine gründliche Tarnung. Das betrifft vor allem die Arten mit einer reduzierten Schwimmblase. Das Aussehen z.B. der Gattungen *Parascorpaena* und *Scorpaenopsis* und der Schaukelfische der Gattungen *Ablabys* und *Rhinopias* ermöglicht ihnen, ganz mit der Umgebung zu verschmelzen. Der Köderfisch-Drachenkopf (*Iracundus signifer*) wiederum hat ein erstaunliches Verhalten entwickelt: Wenn sich ihm eine Beute nähert, beginnt er die Rückenflosse zu bewegen, auf der anstelle des dritten Stachels ein Fleck ist, die Imitation eines Auges. Dadurch entsteht der Eindruck, als handle es sich um ein zuschnappendes Fischlein. Neugierig kommt der Nichtsahnende in gefährliche Nähe – bis der Räuber ihn ergreift und frißt.

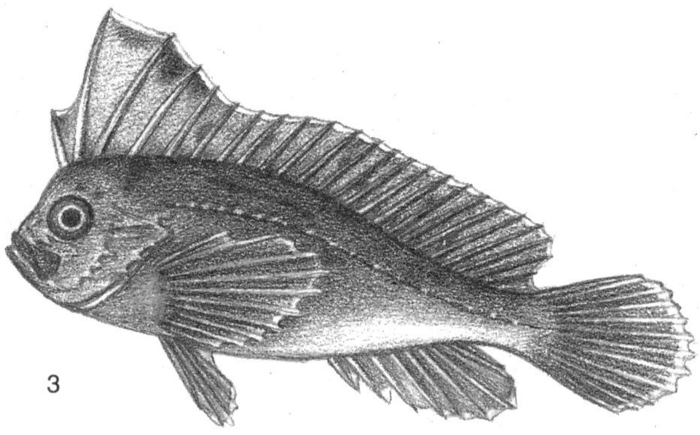

3

Der Rotgelbe Napoleonfisch (*Amblyapistus taenianotus*, 3) ist in den warmen und tropischen Gewässern des Indischen und Pazifischen Ozeans nordwestwärts bis Japan (Wakayama) recht verbreitet. Er wird etwa 10 cm lang und lebt in Küstennähe zwischen Tang und auf Korallenriffen. Oft ist er in Aquarien anzutreffen, wo er ruhig am Grund

2

verharrt, am liebsten zumindest teilweise versteckt im strömenden Wasser der Belüftung oder Filterpumpe. Er ernährt sich von kleinen Fischen und Garnelen und später auch vom Fleisch toter Tiere. Von Zeit zu Zeit schlängelt er sich hinter der Beute her und verfolgt sie. Gegenüber Mitbewohnern ist er nicht aggressiv, im Gegenteil: gemeinsam in einem Becken mit allzu lebhaften Fischen fängt er bald an zu hungern, magert ab oder geht sogar ein. Gut halten läßt sich auch der Gefleckte Napoleonfisch (*Amblyapistus binotatus*) aus dem Indischen Ozean, der 12 cm lang wird. Von der vorigen Art unterscheidet er sich durch eine insgesamt dunklere Färbung und einen weißen Fleck an den Körperseiten.

1

Strahlensaum-Feuerfisch
Pterois lunulata

Der Strahlensaum-Feuerfisch (1) bewohnt die Korallenriffe im Indischen und Pazifischen Ozean. Er wird etwa 28 cm lang und hat einen rötlichen bis bräunlichen Körper mit maximal 28 dunklen Querstreifen an Kopf und Körperseiten. Er ist dämmerungsaktiv wie alle Arten der Gattung *Pterois*, verharrt tagsüber in seiner typischen Haltung mit dem Kopf schräg abwärts unter Korallenästen und lauert auf Beute. Heftiges Öffnen des großen Mauls bewirkt einen beträchtlichen Wasserschub, wodurch das Beutetier – Fisch oder Garnele – im Rachen des Räubers verschwindet. Doch auch eine andere Jagdtechnik beherrscht dieser Feuerfisch: mit Hilfe seiner gespreizten fächerförmigen Brustflossen scheucht er den erwählten Leckerbissen vorsichtig in eine Ecke des Aquariums oder an einen anderen geeigneten Ort und bemächtigt sich seiner dann dort durch kräftiges Ansaugen. Artgenossen oder anderen großen Fischen gegenüber ist er ungefährlich, kleine Fische aber sind für ihn stets eine leichte Beute.

Der Eigentliche Rotfeuerfisch (*Pterois volitans*, 2) ist in den Korallenriffen des ganzen Indopazifiks zu Hause. Er wird etwa 38 cm lang und hat die größten Flossen aller bekannten *Pterois*-Arten. Je älter und größer er wird, desto kleiner erscheinen die Flossen. Über den Augen hat er mächtige Hauttentakel. In Gefangenschaft wächst er sehr schnell und läßt sich leicht halten. Gewöhnlich ist er rot, wir kennen aber auch sehr dunkle Formen, z.B. im Roten Meer bis schwarze. Außer den Giftdrüsen an den Flossenstacheln ist das Schleimsekret seines Körpers toxisch. Bei der Haltung von Rotfeuerfischen ist daher höchste Vorsicht geboten. Auch wenn es nicht zu tödlichen Verletzungen kommt, ist ein Stich mit ihren Stacheln doch sehr schmerzhaft und heilt schwer.

2

Die Drachenköpfe brauchen für ihre Haltung geräumige, ziemlich hohe Aquarien mit genügend Verstecken – Höhlen, überhängende Korallen oder hohle Tuffkalksteine. Gut leben sie mit Wirbellosen, Seeanemonen u.dgl. zusammem, doch nicht mit Krebsen und Garnelen, die sie als schmackhafte Abwechslung ihres Speisezettels betrachten. Sie ernähren sich von kleinen Fischen und Garnelen, später auch von Weichtierfleisch, Kalbsherz und Geflügelfleisch. Eine gemeinsame Haltung mit familienfremden Fischen empfiehlt sich nicht: Drachenköpfe sind zögerliche Jäger und erhalten in unruhiger Gesellschaft zu wenig Nahrung. Innerhalb ihrer eigenen Familien-Angehörigen sind sie freundlich und friedfertig. Sie verlangen anfangs lebendes Futter, später gewöhnen sie sich auch an tote fleischliche Nahrung, doch muß sie ihnen so gegeben werden, daß sie nicht auf den Boden fällt. Drachenköpfe, vor allem Feuerfische, sind sehr neugierig; sie erkennen bald ihren Pfleger und verschmähen Leckerbissen nie.

Roter Knurrhahn

Trigla lucerna

Der Rote Knurrhahn (1) lebt im östlichen Atlantik an der Küste Westeuropas von Norwegen nach Süden zu bis Westafrika einschließlich der englischen und schottischen Küste sowie im ganzen Mittel- und Schwarzen Meer. Er wird 75 cm lang und lebt am Grund, tummelt sich aber im freien Wasser auch in einer Tiefe von 10–150 m, bevorzugt weichen schlammigen, gegebenenfalls schlammigsandigen Boden und ernährt sich hauptsächlich von Fischen – Heringen, Sardinen, Ährenfischen – und ihrer Brut. Er ist ein gewandter Schwimmer und springt auch über den Wasserspiegel, gerät oft in Schleppnetze und gilt in vielen Ländern als ausgezeichneter Speisefisch. Der europäische Jahresfang beträgt an die 18 000 t.

Der Geflügelte Knurrhahn (*Lepidotrigla alata*, 2) bewohnt den westlichen Pazifik; ziemlich häufig ist er bei Südjapan, stößt aber auch weit nach Norden vor und ist von der Küste Koreas und schließlich auch um Australien herum bekannt. Er wird nur 20 cm lang und lebt in der Tiefe; man fängt ihn stellenweise und fügt sein Fleisch Mischgerichten hinzu. Der Rücken erwachsener Tiere ist feuerrot wie bei der Art *L. microptera*, die in den Gewässern Südjapans und Koreas sowie im Ostchinesischen Meer lebt.

Der maximal 45 cm lange Graue Knurrhahn (*Eutrigla gurnardus*, 3) hat die gleiche geographische Verbreitung wie der Rote Knurrhahn, dringt jedoch weiter nach Norden bis ins Weiße Meer und zu den Shetlandinseln, den Färöer und Island vor, fehlt aber an der westafrikanischen Küste. Auch die Lebensweise beider ist analog. Im Sommer hält er sich gern nahe der Küste auf und laicht von April bis August. Das Weibchen legt 200 000–300 000 pelagische, im Durchschnitt 1,4 mm große Eier. Die Larven schlüpfen nach 8–10 Tagen und ernähren sich von Zooplankton. Die etwa 15 mm großen Jungfische haben eine bizarre stachlige Knochenbedeckung des Kopfes (4) und riesige Brust-, jedoch winzige Bauchflossen. Im Reifealter ernähren sie sich von Grundeln und anderen Bodenfischen, von Garnelen, Krebsen u.dgl. In einigen Ländern verwertet man sie als Speisefische.

2

Die Knurrhähne sind in den Meeren der tropischen, subtropischen und gemäßigten Zone verbreitet. Meist handelt es sich um kleine Fische, von denen die größten maximal 75 cm lang werden. Ihr Kopf ist mit einem Panzer aus starken, aus Haut entstandenen Knochenplatten bedeckt und der Körper mit Schuppen oder dünnen Knochenplatten. Die

4

3

Brustflossen sind breit und fächerförmig und ihre drei unteren Strahlen selbständig, beweglich und gebogen wie Finger, die feinfühlig den Boden abtasten; sie dienen zum Aufspüren von Beute und zur Fortbewegung auf dem Substrat. Mit Hilfe besonderer Muskeln bringen die Knurrhähne die Schwimmblase zum Schwingen und geben dadurch tiefe, dumpfe Töne von sich, deren Zweck bisher nicht zuverlässig geklärt ist. Zu hören sind sie bei der Balz und beim Laichen, aber auch außerhalb der Fortpflanzungszeit.

1

Seehase oder Lumpfisch
Cyclopterus lumpus

Der Seehase oder Lumpfisch lebt an der Küste Westeuropas vom Weißen Meer nach Süden zu bis Spanien samt Nord- und Ostsee, rund um ganz Großbritannien und Island sowie an der Ostküste Nordamerikas von Südgrönland südwärts an Neufundland entlang bis New Jersey.

Das Männchen (2) wird 30 cm lang, das Weibchen (1) bis 50 cm und 5 kg schwer. Der stachlige Vorderteil der Rückenflosse ist bei beiden Geschlechtern von einer starken Hautschicht überwachsen und der Körper mit kleinen Knochenhöckern bedeckt. Knochenstacheln sind am Körper in drei Längsreihen angeordnet. Das Weibchen ist graugrün, das Männchen braun bis sattrot. Das Weibchen hat einen höheren stachligen Rückenkamm und kleinere Brustflossen als das Männchen. Der Seehase lebt auf hartem felsigem Grund in einer Tiefe von 20–200 m, bisweilen aber auch pelagisch. Gelaicht wird von Februar bis Mai in der seichten Uferzone. Das Weibchen legt bis 200 000 gelbrote Eier, die sich später grün färben, und das Männchen bewacht den Laich. Die geschlüpften Jungen messen 6–7 mm. Zuerst, in den Sommermonaten, halten sie sich vor allem in Blasentangbestand auf und wandern Anfang des Winters in tiefere Gewässer. Sie ernähren sich von Grundeln und anderen Bodenfischen sowie von Krustentieren, Flohkrebsen und Rippenquallen. Seehasen werden für den Markt gefangen und frisch, geräuchert oder eingesalzen verkauft. Ihr wäßriges, gallertartiges Fleisch schätzt man freilich nur in einigen Ländern, z.B. in Dänemark. Größeren Absatz finden die Eier in würziger Salzlake, sie werden in Deutschland bisweilen schwarz gefärbt; verlangt werden sie auch in Island und Dänemark.

Zur Familie der Lumpfische (*Cyclopteridae*) gehören neben den Seehasen der Gattung *Cyclopterus* auch die Scheibenbäuche der Gattung *Liparis*. Ihre Bauchflossen sind in Kehlhöhe zu einer mächtigen querstehenden Saugscheibe zusammengewachsen. Der Körper ist schuppenlos, und eine Schwimmblase ist nicht ausgebildet.

3

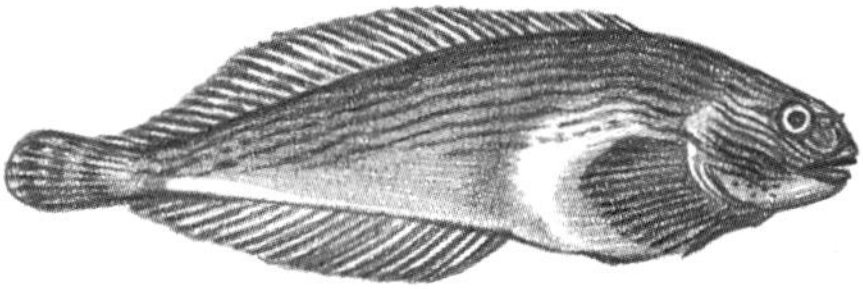

Der nur etwa 15 cm lange Große Scheibenbauch (*Liparis liparis*, 3) lebt im östlichen Atlantik samt Ärmelkanal und Ostsee bis zur Ostsibirischen See und westwärts über Island und Südgrönland bis nach Kanada und südwärts bis Virginia. Die Rücken- und die lange Afterflosse sind durch einen Flossensaum mit der Schwanzflosse verbunden. Seine Körpergestalt erinnert an eine große Kaulquappe. Der Körper ist unbeschuppt und die nackte Haut von einer dichten Schleimschicht bedeckt. Die Bauchflossen bilden eine runde Saugscheibe. Die Färbung ist veränderlich – gelb oder rötlich bis braun. Er bewohnt Stellen mit reichlichem Algenbewuchs (Seetang), laicht im Winter und klebt die Eier an Tang und Polypenkolonien fest. Die Larven schlüpfen nach 6–8 Wochen. Seine Nahrung bilden kleine Krustentiere.

2 ♂

1 ♀

Die Scholle (1) ist vom Weißen Meer entlang der Küste Westeuropas südwärts bis zum westlichen Teil des Mittelmeeres sowie um Island und Südgrönland herum verbreitet. Sie wird 95 cm lang und 7 kg schwer, etwa 50 Jahre alt und lebt von den flachen Küstengewässern bis in eine Tiefe von 200 m. Gelaicht wird bei einer Wassertemperatur von 6 °C und einem Salzgehalt von 10–12 Promille, z.B. in der Nordsee 20–40 m tief von Januar bis Juni. Das Weibchen legt 50 000–520 000 Eier, die 1,6 mm groß sind.

Die Polarscholle (*Liopsetta glacialis*, 2) bewohnt die kalten nördlichen Gewässer des Weißen Meeres, der Barents- und Tschuktschensee. Sie wird nur etwa 26 cm lang und etwa 9 Jahre alt. Im Weißen Meer sind die Oberseite ihres Körpers und die Flossen mit dunklen runden und ovalen Flecken bedeckt, im Beringmeer leben die gefleckte und die fleckenlose Form nebeneinander. Die Polarscholle hat eine fast gerade Seitenlinie und wird den kleinen Arten der Kaltwasserschollen zugeordnet, die im Sommer aus den tieferen Schichten in das Flachwasser der Küsten wandern. Sie ernährt sich von kleinen Fischen, Weichtieren der Gattungen *Tellina* und *Cythodaria*, küstenbewohnenden Krustentieren der Gattungen *Mesidothea, Pontoporeia* und *Gammarus*, Borstenwürmern (*Polychaeta*) und anderen Wirbellosen und wird im 4.–5. Jahr geschlechtsreif. Das Weibchen legt 50 000–200 000 Eier, die 1–1,5 mm groß sind. Gelaicht wird von Januar bis März. Die Polarscholle wächst langsam und hat keine große wirtschaftliche Bedeutung. Von der Gattung *Liopsetta* sind 4 Arten aus dem nördlichen Teil des Pazifiks, den arktischen Meeren und von der Atlantikküste Nordamerikas bekannt, wo es sich hauptsächlich um die Art *L. putnami* handelt, die etwa 30 cm lang und höchstens 700 g schwer wird und in etwa 27 m Tiefe an der Küste lebt. Obwohl sie ein ausgezeichnetes Fleisch hat, wird sie wirtschaftlich nur stellenweise verwertet und im Netz gefangen.

3

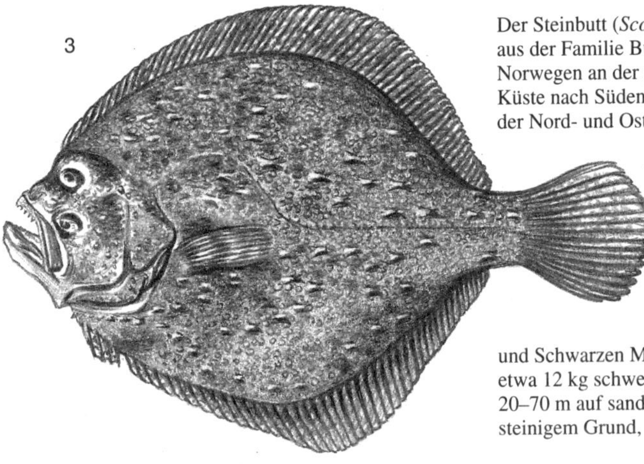

Der Steinbutt (*Scophthalmus maximus*, 3) aus der Familie Butte (*Bothidae*) lebt von Norwegen an der ganzen westeuropäischen Küste nach Süden bis zur Westküste Afrikas, in der Nord- und Ostsee sowie im ganzen Mittel- und Schwarzen Meer. Er wird 100 cm lang und etwa 12 kg schwer und lebt in einer Tiefe von 20–70 m auf sandigem oder gemischt steinigem Grund, ernährt sich von kleinen

1

Fischen und wirbellosen Tieren am Boden und laicht von April bis August. Das Weibchen legt 10–15 Millionen Eier. Bei einer Größe von etwa 2,5 cm gehen die pelagisch lebenden Jungen zum Bodendasein über. Gegen Ende des Jahres ziehen die nun 8–10 cm großen Jungfische aus den seichten Küstengewässern in tiefere Gründe. Geschlechtsreif werden die Männchen schon bei einer Größe von etwa 15 cm und die Weibchen bei 20 cm. Der Steinbutt ist ein hochgeschätzter, wirtschaftlich wichtiger Fisch.

2

Die Seezunge (1) ist von der Nordseeküste an Westeuropa entlang südwärts bis zur westafrikanischen Küste, im ganzen Mittelmeer und im südwestlichen Teil des Schwarzen Meeres verbreitet. Sie wird maximal 60 cm lang, 3 kg schwer und etwa 20 Jahre alt und lebt ständig in einer Tiefe von 10–60 m auf sandigem oder schlammigem Grund. Im südlichen Teil der Nordsee laicht sie von April bis Juli, an der Küste Irlands von März bis Mai und im Mittelmeer an seichten Stränden bei einer Wassertemperatur von 6–12 °C bereits im Februar.

Der Atlantische oder Weiße Heilbutt (*Hippoglossus hippoglossus*, 2) aus der Familie Schollen (*Pleuronectidae*) ist im nördlichen Teil des Atlantiks an der amerikanischen und europäischen Küste sowie im nördlichen Teil des Pazifiks verbreitet. Die pazifische Population (von Südkalifornien bis Alaska, zum Beringmeer, zur Küste Kamtschatkas, zum Ochotskischen Meer und südwärts bis Japan) ordnen einige Ichthyologen der selbständigen Art Pazifischer Heilbutt (*H. stenolepis*) zu. Der Heilbutt wird etwa 3–4 m lang, 300 kg schwer und 40–50 Jahre alt. Er lebt in einer Tiefe von 50–2000 m bei einer Wassertemperatur von 3–9 °C und hohem Salzgehalt. Er schwimmt ab und zu in der Hochsee, einzelne Tiere sind auch aus Küstengewässern bekannt. Er laicht bei 5–7 °C in 300–1000 m Tiefe von Dezember bis April bei Norwegen, Schottland, den Färöern, Grönland und Neufundland. Das Weibchen legt 2–3,5 Millionen Eier ab, die 3–4 mm groß sind. Die etwa 7 mm langen Larven schlüpfen nach 9–16 Tagen. Der Heilbutt ist sehr gefräßig und räuberisch, er stürzt sich auf Fische jeder Art, auf Sepien, Krebse und jede Bodenfauna. Im Winter hält er sich in großen Tiefen auf, seine Grundnahrung sind dann die Tiefseegarnelen *Pandalus borealis*. Gefangen wird er hauptsächlich am Haken, teilweise auch im Schleppnetz. Da er langsam wächst und spät geschlechtsreif wird, ist er an der norwegischen Küste stellenweise geschützt (legale Fanggröße über 50 cm), damit es nicht zu einem Überfischen kommt. Sein Fleisch wird wegen des guten Geschmacks geschätzt.

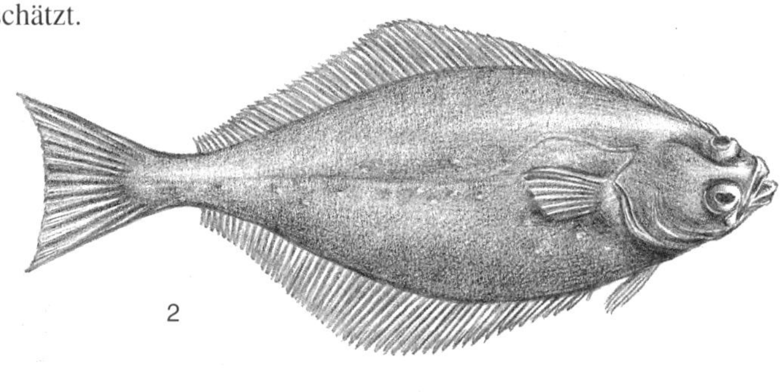

2

Die Kliesche oder Scharbe (*Limanda limanda*, 3) aus der Familie Schollen (*Pleuronectidae*) ist an der Küste Westeuropas vom Weißen Meer bis Nordspanien einschließlich der Färöer und Islands verbreitet.Sie wird etwa 40 cm lang und 700–800 g schwer, lebt auf sandigem

1

Grund und laicht von Januar bis August. Das Weibchen legt in einer Tiefe von 20–40 m 50 000–100 000 Eier, die 0,7–1,0 mm groß sind. Nach 7–14 Tagen schlüpfen nur 2,5 mm große Larven. Die Grundnahrung der Kliesche bilden Schlangensterne, Seeigel, Einsiedler- und Flohkrebse, Würmer und Weichtiere, teilweise jagt sie auch Fische. In einigen Gegenden gilt sie als Futterkonkurrent der hochgeschätzten Scholle (*Pleuronectes platessa*). Auf den Markt kommt die Kliesche frisch in Eis gekühlt oder tiefgefroren als Fischfilet. Für die Nordsee wurde als gesetzliches Fanglimit eine Größe über 20 cm festgelegt. Angelandet werden in Europa jährlich 11 000–12 000 t.

3

Mosers Scholle (1) lebt an der Küste Japans, hauptsächlich von Ibaraki bis Hokkaido, und bei den Kurilen. Sie wird 70 cm lang, hat kleine Augen und rauhe Schuppen mit einigen langen spitzen Stacheln. Gelaicht wird an der Küste Hokkaidos von November bis Januar. Das Fleisch ist recht schmackhaft (außer dem der abgelaichten Weibchen). An der japanischen Küste, bei Korea und an der Nordostküste Chinas ähnelt ihr sehr die Veränderliche Scholle (*V. variegatus*), doch verläuft bei dieser der Bogen der Seitenlinie tiefer am Körper, die Rücken- und Afterflosse sind sehr breit, und die runden, wenig abgegrenzten und zerflossenen dunklen Flecke reichen an den Flossen nicht bis zum Rand.

Die Horn-Scholle (*Pleuronichthys cornutus*, 2) ist von Hokkaido bis Südjapan sowie an den Küsten Koreas, Taiwans und Südchinas bekannt. Sie ist ziemlich häufig, wird maximal 30 cm lang und bewohnt vorwiegend tiefere Gewässer und Küstenzonen. Gelaicht wird von März bis Mai an der japanischen Küste und im November und Dezember bei Korea. Ihr Fleisch ist recht schmackhaft.

Die Ordnung der Plattfischartigen (*Pleuronectiformes*) umfaßt Fische, die den Barschen nahestehen, sich von ihnen im Reifealter aber durch einen unsymmetrischen Körper und nur an einer Seite des Kopfes befindliche Augen unterscheiden; die andere Körperseite ist unpigmentiert. Der Fisch liegt eigentlich seitlich. Die Schuppen sind ctenoid oder cycloid, eine Schwimmblase fehlt. Bekannt sind mehr als 400 Arten. Die Embryonen der Plattfische wie auch die geschlüpften Larven sind bilateral symmetrisch, erst im Laufe der weiteren Entwicklung wandert (verschiebt sich) ein Auge von einer Seite des Kopfes nach und nach auf die andere Seite, die Kiemenöffnungen verengen sich, die unpaarigen Flossen werden länger und bilden bei einigen Vertretern durch Verschmelzen der Rücken-, Schwanz- und Afterflosse einen zusammenhängenden Saum um den ganzen Körper. Die meisten Arten leben im Meer, nur einige dringen außerhalb der Laichzeit in Flüsse vor. Sie leben am Grund und sind durchwegs Fleischfresser, ernähren sich dort von Wirbellosen, hauptsächlich Muscheln, und in der Jugend von Plankton. Der Weltfang beträgt 2 % des gesamten Fischaufkommens. Die Plattfischartigen teilen sich in zwei Unterordnungen und viele Familien.

3

Die Horn-Seezunge (*Coryphaesopia cornuta*, 3) aus der Familie *Soleidae* ist aus dem tropischen Teil des Indischen und Pazifischen Ozeans sowie von der japanischen Küste bis Ostafrika bekannt. Bei Japan lebt sie in tiefen

1

Gewässern und bei Ostafrika im Flachwasser der Küste. Sie wird etwa 17 cm lang und hat glatte Rundschuppen, einen verlängerten ersten Strahl der Rückenflosse und rudimentäre Brustflossen. Der gestreifte Körper ist grau, braun oder grünlich.

Aus der Umgebung von Hokkaido bis Südjapan, von der Küste Koreas, vom Persischen Golf und Australien ist die sehr ähnliche Art *Zebrias zebra* bekannt, die Kammschuppen und einen kleinen gelben Fleck an der Schwanzflosse hat.

2

Schiffshalter
Echeneis naucrates

Der Schiffshalter (1) ist in allen tropischen Meeren verbreitet, er fehlt nur im östlichen Pazifik. Er wird 92 cm lang und hat in der Saugscheibe, die doppelt so lang wie der Kopf ist, 21–28 Knochenlamellen (2). Der Fisch ist braun bis schwarz längsgestreift und der dunkle bis schwarze Streifen an den Körperseiten weiß umsäumt. Er legt pelagische Eier. In der Torres-Straße und bei Nordaustralien verwenden die Eingeborenen ihn zum Fangen von Meeresschildkröten: an seinem Schwanz wird eine Leine festgebunden, und sobald der Jäger im Boot eine Schildkröte erblickt, läßt er den Schiffshalter los, der sich an ihr festsaugt. Langsam wird dann der Fisch samt Schildkröte an das Boot herangezogen. Im Altertum wurde der Schiffshalter wegen seines fetten Fleisches geschätzt und später sogar für gefährlich gehalten – immerhin bringt der römische Schriftsteller Plinius die Gefangennahme und spätere Ermordung Kaiser Caligulas damit in Verbindung, daß ein solcher Fisch das kaiserliche Schiff aufhielt, während die übrige Flotille sich rettete. Der deutsche Ichthyologe A. C. L. Günther vertritt die Ansicht, daß mehrere festgesaugte Tiere nicht nur die Richtung, sondern auch die Schnelligkeit eines kleinen Segelschiffes durchaus beeinflussen könnten.

Die Schiffshalter sind spezialisierte Fische, deren vordere Rückenflosse sich zu einer ovalen Saugscheibe mit Querlamellen umgewandelt hat. Sie haben einen langgestreckten Körper und keine Schwimmblase. Die Rückenflosse ist ebenso lang wie die genau darunter befindliche Afterflosse. Von den Gattungen *Echeneis, Remora, Remilegia* und *Phtheirichthys* sind etwa 10 Arten bekannt, die in den warmen Meeren leben. Der Schiffshalter taucht vereinzelt im Mittelmeer und nach Norden zu bis vor der südenglischen Küste auf und verzehrt die Nahrungsüberreste von anderen Fischen sowie von Schildkröten, Haien und Walen, an denen er sich oft fest saugt und so über große Entfernungen mitnehmen läßt.

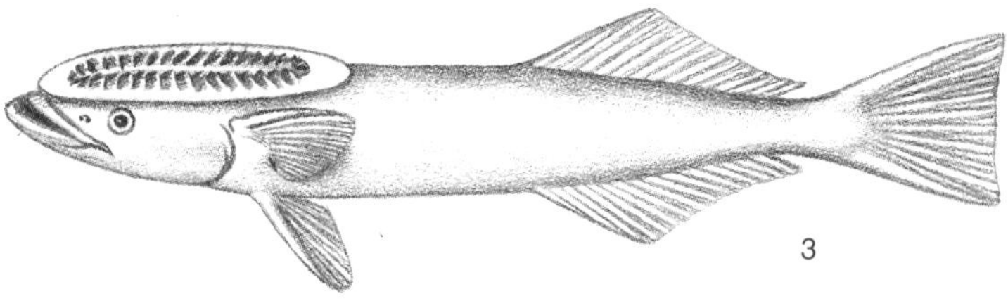
3

Der Küstensauger (*Remora remora,* 3) ist ebenfalls in den warmen Meeren verbreitet und gelangt gelegentlich wie der Schiffshalter ins Mittelmeer und bis zur englischen Küste. Er wird 46 cm lang, hat einen stattlichen walzenförmigen Körper, ist ganz braun bis dunkel gefärbt und hat in der Saugscheibe 16–20 Knochenlamellen. Er saugt sich an

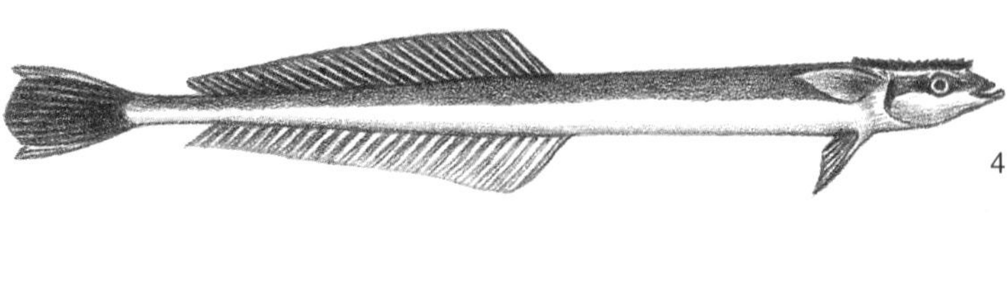
4

verschiedenen Wirtsfischen fest, ernährt sich aber nicht nur von Abfällen, sondern sammelt auch aktiv von ihrer Haut äußere Parasiten ab. Der kleine, ganz graue Walsauger (*Remilegia australis*) wird kaum 10 cm lang und saugt sich meist an Walen, seltener an Haien fest.

Der Lausfisch (*Phtheirichthys lineatus*, 4) bewohnt wahrscheinlich die meisten tropischen Meere außer dem östlichen Pazifik, wird aber nur selten gefangen. In Südafrika ist er von Kapstadt, der Algon Bay und Durban bekannt. Er wird etwa 75 cm lang, man findet ihn gewöhnlich festgesaugt an großen Fischen, z.B. an den Barrakudas *Sphyraena japonica* und den Gelben Fleckenbarschen (*Promicrops lanceolatus*). Seine Saugscheibe ist etwa so lang wie der Kopf, mit kaum 10 Querleisten. Er hat einen außergewöhnlich langgestreckten Körper, von oben her braun und scharf abgegrenzt vom hellen bis weißen Bauch.

Dreizahn-Bauchsackkugelfisch
Triodon bursarius

Die Bauchsackkugelfische haben eine langgestreckte, konische Schnauze. Der Dreizahn-Bauchsackkugelfisch (1) gehört zur monotypischen Gattung *Triodon*, hat keinen vorstülpbaren Kiefer, und seine Zähne sind miteinander verschmolzen. Es fehlen ihm die erste stachlige Rückenflosse und die Bauchflossen, und der Körper ist mit kleinen stachligen Plättchen bedeckt. Im indopazifischen Raum ist eine einzige Art dieses Fisches bekannt, die bei Moçambique, Japan, Sumatra, Seram, den Philippinen und Korea verbreitet ist, nirgends jedoch häufig. Über sein Leben wissen wir wenig. Am Bauch hat er einen ausspreizbaren Hautsack, der nicht wie bei den Kugelfischen (*Tetraodontidae*) mit Luft oder Wasser aufgeblasen, sondern vom Beckenknochengürtel unterstützt und bewegt wird. Gefärbt ist er hell sandbraun mit einem großen schwarzen runden Fleck an den Körperseiten, den ein leuchtendgelber Ring umsäumt.

Der Langhorn-Kofferfisch oder Kuhfisch (*Ostracion cornutus,* 2) aus der Familie Kofferfische (*Ostraciontidae*) stammt aus dem Indischen und Pazifischen Ozean und wird in der Natur 50 cm lang. Seine Grundfärbung ist sehr variabel – gelb, orange oder oliv, mit einem türkisgrünen Fleck mitten auf jeder körperbedeckenden Knochenplatte. Er schwimmt ständig im freien Wasser.

Den Kofferfischen, von denen über 30 Arten bekannt sind, fehlen die stachlige Rückenflosse und die Bauchflossen mit dem Beckenknochengürtel. Sie bewohnen die warmen Zonen aller Meere und haben unter der Haut Knochenplatten; nur der Schwanz ragt aus diesem harten Gehäuse hervor und ist beweglich. Wird der Fisch aufgeschreckt, dann klappt er den Schwanz nach vorn links oder rechts an die Körperseite. Der Panzer am Körper ist bei einigen Arten drei-, bei anderen mehreckig. Sie ernähren sich von kleinen Bodentieren und bewegen sich durch Rotationsbewegungen der Rücken- und Schwanzflosse fort. Die Brustflossen haben noch eine Zusatzfunktion beim Atmen, da die Kiemendeckel fast unbeweglich sind und die Kiemenspalte eng ist.

4

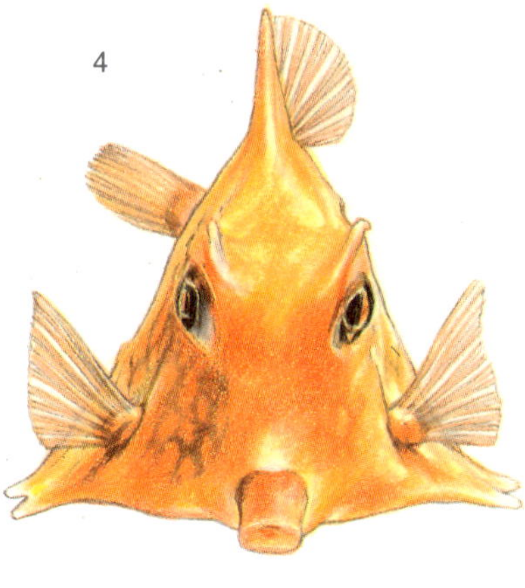

Der Pyramiden- oder Kamel-Kofferfisch (*Tetrosomus gibbosus,* 4) hat von vorn gesehen einen typisch viereckigen Körperpanzer, bewohnt den tropischen Teil des Indischen und Pazifischen Ozeans und wird etwa 30 cm lang. Wie viele andere Kofferfische ist er ein beliebter Aquarienpflegling, doch in Gefangenschaft empfindlich in bezug auf die Sauberkeit des Wassers, und leicht erkrankt er an bakteriellen Hautentzündungen. Er braucht sandigen Boden, ein geräumiges Becken und ruhige Mitbewohner. Anfangs verlangt er lebende Nahrung, später geht er wie viele andere dieser Familie gern zu toter tierischer Kost über, doch dürfen auf dem Speisezettel weder Algen noch grüner Kopfsalat fehlen.

Der Gefleckte Kofferfisch (*Lactophrys bicaudalis*, 3) lebt in der Karibik von den Bahamas bis zur Küste Brasiliens sowie im Golf von Mexiko und wird etwa 45 cm lang. Über den Augen hat er keine Hörner, ebenso wie zwei weitere Kofferfische des westlichen Atlantiks, *Lactophrys trigonus* und *L. triqueter*, die jedoch Knochenplatten in Form kleiner fünfeckiger Felder an den Körperseiten haben.

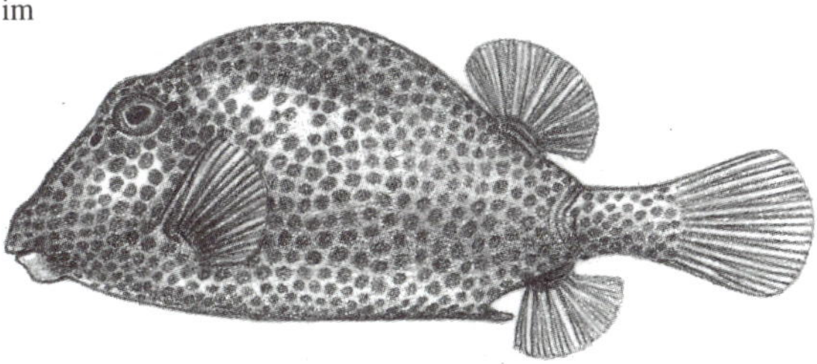

3

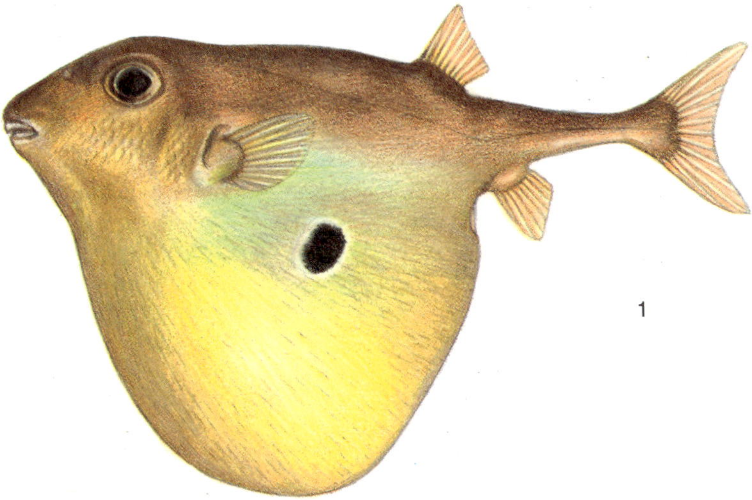

1

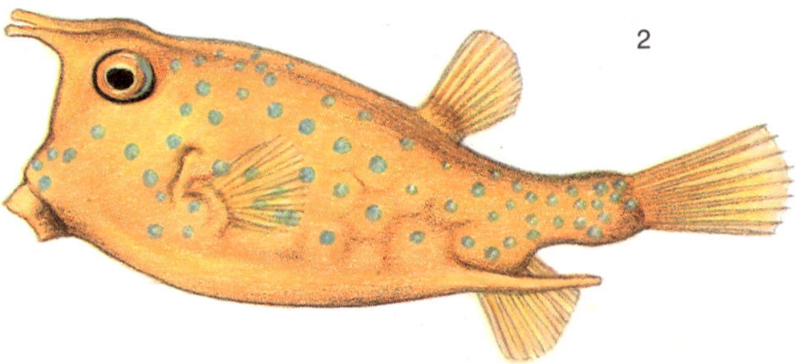

2

Leoparden-Drückerfisch
Balistoides niger

Drückerfische
Balistidae

Der Leoparden-Drückerfisch (1) ist im Indischen und Pazifischen Ozean bis nach Ostafrika, zu den Seychellen, Madagaskar, den Maskarenen, Malediven und Sri Lanka verbreitet, kommt aber nicht im Arabischen und Roten Meer vor, wie man früher annahm. Er wird 50 cm lang und hält sich in einer Tiefe von 5–60 m auf. Die Jungen verstecken sich in Höhlen, die Erwachsenen tummeln sich im freien Wasser über einem Korallenriff. Ihre Lippen sind orangefarben bis rot.

Der Blaustreifen-Drückerfisch (*Pseudobalistes fuscus*) bewohnt einen großen Teil des Indopazifiks einschließlich des Roten Meeres. Er wird 55 cm lang und hält sich in einer Tiefe von 1–50 m auf, besiedelt saubere Lagunen und inselförmige Korallenriffe über sandigen Flächen. Er ist recht scheu und außerordentlich bissig. In Gefangenschaft gewöhnen sich am besten die Jungfische (2) ein. Sie sind wellenförmig gestreift, mit einer gerundeten, konvexen Schwanzflosse, die Erwachsenen aber blaugrün gepunktet auf gelbem Untergrund, und ihre Schwanzflosse ist konkav, mit langem spitz auslaufendem oberen und unteren Rand.

Die Drückerfische leben im Atlantischen, Indischen und Pazifischen Ozean. Ihre Rückenflosse besteht aus 1–3 Stacheln, die Bauchflossen haben nur einen Strahl oder fehlen ganz. Bekannt sind mehr als 30 Arten, die ausnahmsweise bis 50 cm lang werden. In den nicht vorstülpbaren Kiefern haben sie je 8 kräftige meißelförmige Zähne, mit denen sie die Schalen von Mollusken zermalmen und sich der weichen fleischigen Körperteile bemächtigen. Sie verzehren auch Stachelhäuter, während sie Fische unbeachtet lassen. Einige Arten bauen beim Laichen Gruben in den Sand, in denen die Eier bewacht werden.

Der Orangestreifen-Drückerfisch (*Balistapus undulatus*, 3) lebt im Indopazifik und im Roten Meer. Er wird etwa 35 cm lang und hält sich in einer Tiefe von 1–40 m auf, bewohnt reich mit Korallen bewachsene Lagunen und bei starker Brandung die Geröllzonen und frißt wirbellose Tiere mit harten Schalen – Muscheln, Seeigel, Seesterne u.a. In Gefangenschaft stellt er keine besonderen Ansprüche und ist außerordentlich anpassungsfähig, leider aber sehr bissig.

2

3

1

Orangeflecken-Feilenfisch
Oxymonacanthus longirostris

Der Orangeflecken-Feilenfisch (1) oder Palettenstachler, auch Schnabel-Drükkerfisch oder Röhrenmund-Feilenfisch genannt, bewohnt den westlichen Teil des Pazifiks, den ganzen Indischen Ozean bis zur Ostküste Afrikas und ist auch häufig an den Seychellen, bei Madagaskar, an den Maskarenen, Chagos Islands, Malediven und bei Sri Lanka und selten im Arabischen Meer. Er wird 8–10 cm lang, hält sich in einer Tiefe von 1–30 m auf und bevorzugt Riffe mit reichem Korallenbewuchs. Er lebt einzeln oder paarweise. In der Natur ernährt er sich hauptsächlich von Korallenpolypen, in Gefangenschaft verzehrt er gewöhnlich stark nesselnde Glasrosen der Gattung *Aiptasia* und *Artemia*-Nauplien. Später nimmt er auch geflocktes Trockenfutter und kleine Fleischhäppchen von Muscheln und Krebsen an. Algenbewachsene Becken sagen ihm zu.

Die Feilenfische werden manchmal als eine Unterfamilie der Drückerfische (*Balistidae*) angesehen. Ihr Körper ist seitlich stark abgeflacht und die Haut rauh. Ähnlich wie die Drückerfische haben sie statt der ersten Rückenflosse einen aufstellbaren starken Stachelstrahl und einen weiteren kleinen, der hinten in eine Vertiefung im ersten Stachel paßt und diesen gut stützt. Bauchflossen fehlen ihnen; übriggeblieben ist von ihnen ein ebenfalls aufstellbarer Stachel, der eine Hautfalte am Bauch hochzieht. Dadurch kann der Fisch seine Gestalt optisch erheblich verändern und seinen Körper vergrößern, wenn er sich bedroht fühlt oder aufgeschreckt wird. Unwahrscheinlich variabel ist auch die Färbung und Zeichnung dieser Art – eines wahren Meisters der Tarnung. Feilenfische leben in allen warmen Meeren. Sie halten sich in Tangbewuchs auf, ernähren sich von Korallenpolypen und sind friedfertig. Für Aquarien werden aber nur folgende Arten eingeführt: der Langschwanz- oder Blaustreifen-Feilenfisch (*Alutera scripta*), der Büschel- oder Schmuckfeilenfisch (*Chaetodermis spinossimus*) und der Rotschwanz-Feilenfisch (*Pervagor melanocephalus*).

Der Genetzte Einstachler oder Netz-Feilenfisch (*Cantherines pardalis*, 2) ist im Indischen Ozean und Roten Meer weit verbreitet. Er wird etwa 25 cm lang, hält sich in einer Tiefe von 1–25 m auf und lebt auch an ganz flachen Stellen versteckt zwischen Seegras- und

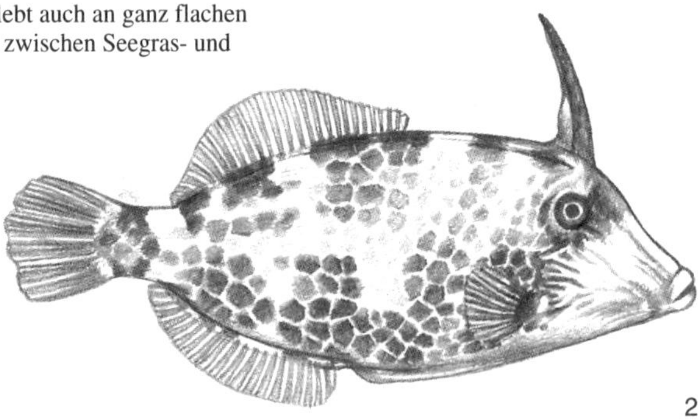

2

Algenwiesen. Charakteristisch für ihn ist ein blitzschneller Farbwechsel und eine so große Anpassungsfähigkeit, daß er ganz mit der Umgebung verschmilzt. Sein Rückenstachel ist weit nach vorn verschoben und steht über dem vorderen Rand der Augenhöhle. Dieser Fisch ist sehr friedfertig und gewöhnt sich leicht an die Gefangenschaft. Außer Glasrosen frißt er im Aquarium gern Algen, *Tubifex*-Würmer, Enchyträen, weiße Mückenlarven (*Chaoborus*), Schnecken, Regen- und Mehlwürmer sowie Muschelfleisch.

1

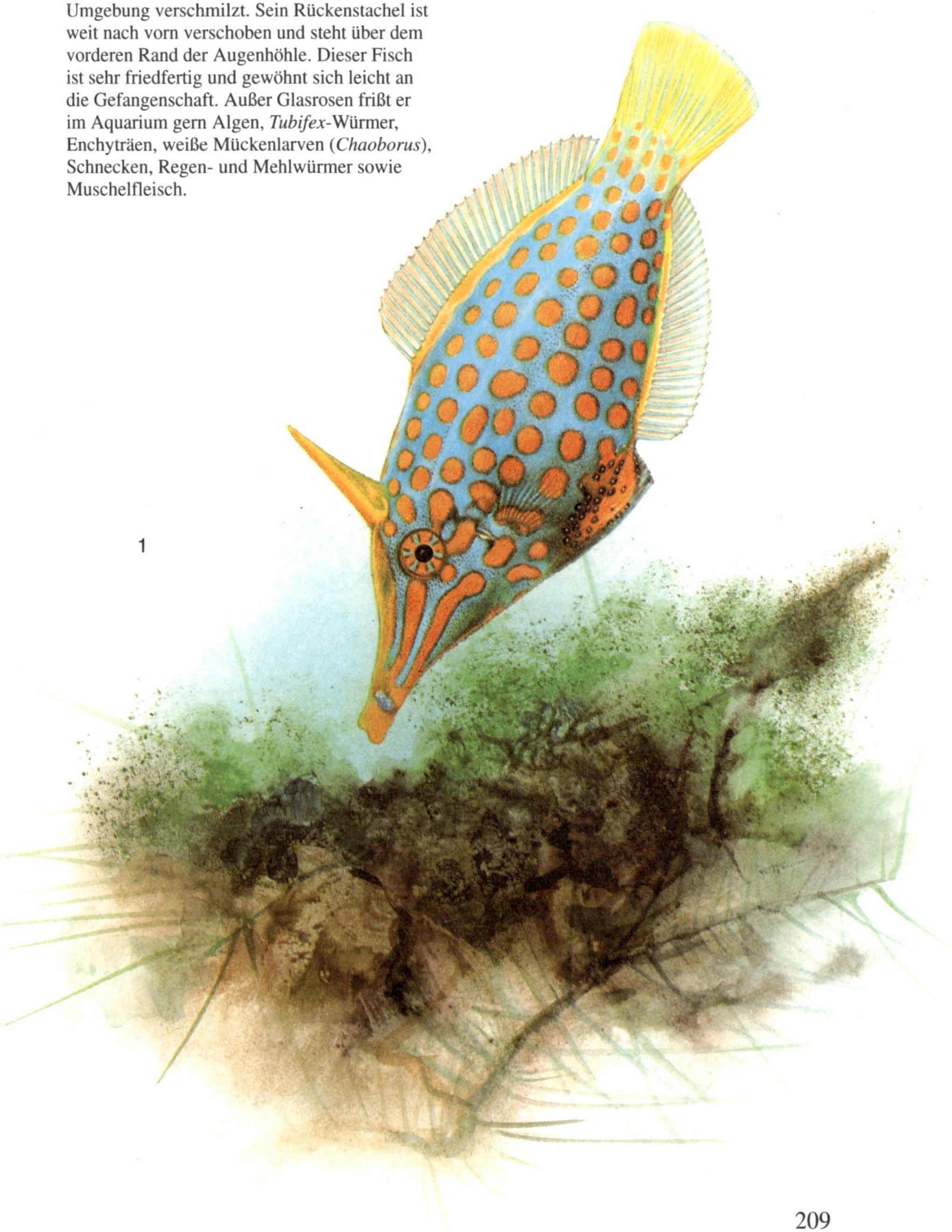

Schwarzfleck-Kugelfisch
Arothron nigropunctatus

Der Schwarzfleck-Kugelfisch (1) ist im ganzen Indischen Ozean verbreitet, lebt aber nicht im Roten Meer, wie bis vor kurzem noch angegeben wurde. Er wird 30 cm lang und hält sich in einer Tiefe von 3–35 m auf. Bekannt sind viele verschiedenfarbige Populationen von der Grundfärbung grau über hellgelb bis okkerorange. Er ist unregelmäßig mit schwarzen Flecken übersät und in der Jugend grauoliv; erst die Erwachsenen zeigen die erwähnten Gelborangetöne. In Gefangenschaft ist er friedfertig und ein Allesfresser. Oft wird er unrichtig mit der Art *A. citrinellus*, der bis 50 cm lang ist, verwechselt.

Der Tora-Fugu (*Fugu rubripes*, 2) ist von Hokkaido bis Südjapan sowie an den Küsten Koreas und Südchinas zu finden. Er wird 70 cm lang, bewohnt sandigen Ufergrund, wandert über den Winter in die Tiefe und laicht im Mai und Juni. Die Jungtiere halten sich küstennah in Buchten auf. In Japan bereitet man aus diesem Fisch köstliche Gerichte zu, obwohl seine Innereien das gefährliche Gift Tetraodotoxin, das am stärksten in der Laichzeit ist, enthalten. Besonders gut schmeckt es im Winter, und schwere Vergiftungen, die sogar tödlich verlaufen können, sind keine Seltenheit.

Bei den Kugelfischen ist der Körper nicht von einem Panzer umschlossen wie bei den Kofferfischen (*Ostracionidae*) – ihre Haut ist nackt oder von kleinen Knochenplatten bedeckt. Bauchflossen fehlen. Am Darm befindet sich ein Sack, den sie mit Wasser oder Luft füllen und dadurch ihr Körpervolumen bis zur Kugelform vergrößern können. Die Kiemenbögen sind auf drei reduziert und die Zähne in jedem Kiefer zu zwei Platten verwachsen, d.h. sie haben im Ober- und Unterkiefer eigentlich nur je zwei Zähne, insgesamt also vier.

3

Der Augenfleck-Krugfisch (*Canthigaster solandri*, 3) ist vom Arabischen Meer bis Sri Lanka verbreitet, im südlichen Teil des Indischen Ozeans aber selten. Er wird etwa 11 cm lang, hält sich in einer Tiefe von 3–30 m auf und lebt unter dem Schutz von Korallenästen bzw. in Tangdickicht einzeln oder paarweise. Unterhalb der Rückenflosse hat er einen runden dunklen Fleck, der von einem blaugrünen glänzenden Ring umgrenzt wird, und um die Augen herum eine strahlenförmige Zeichnung. Oft wird er mit dem Perlen-Krugfisch (*C. margaritata*) aus dem Roten Meer verwechselt, der aber weder die Zeichnung um die Augen noch einen Augenfleck unter der Rückenflosse hat.

Im ganzen Indischen Ozean ist noch eine dritte ähnliche Art verbreitet, Bennetts Krugfisch (*C. bennetti*) mit ähnlicher Zeichnung am Körper und dunklem Fleck unter der Rückenflosse, jedoch unterschiedlicher Gestalt: länglich oval und nach vorn, zum Kopf hin, leicht schmäler werdend. Die Gattung *Canthigaster* wird entweder zur Unterfamilie *Canthigasterinae* innerhalb der Familie *Tetraodontidae* gerechnet oder zur Familie der Krugfische (*Canthigasteridae*). Sie kommen nur in wärmeren Meeren vor, und beim Aufblähen – wenn sie den Darm mit Luft oder Wasser füllen – bildet sich bei ihnen aus einem freien Hautsaum auf dem Rücken sowie am Bauch ein Kamm.

1

2

Mondfisch
Mola mola

Mondfische
Molidae

Der Mondfisch (1) lebt in allen tropischen und warmen Teilen der Weltmeere und Ozeane. Taucher beobachten ihn oft nahe der Wasseroberfläche. An der Küste hält er sich etwa bis zu einer Tiefe von 200 m auf, im freien Meer steigt er vielleicht 2000 m tief. Er wird 2–4 m lang, 2 m hoch und 1400 kg schwer. Er ernährt sich von Zooplankton und kleinen Fischen, schwimmt oft knapp unterhalb des Wasserspiegels mit der Rückenflosse darüber hinausragend oder liegt auf einer Seite und läßt sich von den Wellen schaukeln. Bei einem Laichakt werden bis 300 Millionen Eier abgelegt. Die Larven leben im Bathypelagial. Sie haben auffällige Stacheln (2), die sie vor Raubfischen schützen. Mit fortschreitendem Wachstum verschwinden die Stacheln allmählich. Die einzelnen Entwicklungsstadien wurden unter dem Gattungsnamen *Molacanthus* beschrieben. Größere wirtschaftliche Bedeutung hat der Mondfisch nicht.

Der Lange Mondfisch (*Ranzania typus*, 3) ist aus allen warmen Weltozeanen bekannt. Er hat einen seitlich abgeflachten, leicht langgestreckten Körper, der hinter der Rücken- und Afterflosse wie schräg abgehackt wirkt. Die glatte Haut ist mit kleinen hexagonalen Knochenplatten bedeckt. Er wird 70–80 cm lang und höchstens 11 kg schwer und ernährt sich von Medusen und Rippenquallen (*Ctenophora*). Am Rücken ist er sattblau gefärbt, die Körperseiten sind glänzend stahlblau mit silbrig glitzernden, schwarzumsäumten Querstreifen, die in einem Bogen zum Bauch übergehen. Die oft genannten Namen *Ranzania laevis* und *R. truncata* sind offenbar Synonyme derselben Art.

Die Mondfische haben einen seitlich abgeflachten Körper, der sich nach hinten zu gleichsam leicht wölbt. Dieser Eindruck entsteht dadurch, daß der Schwanzstiel reduziert ist.

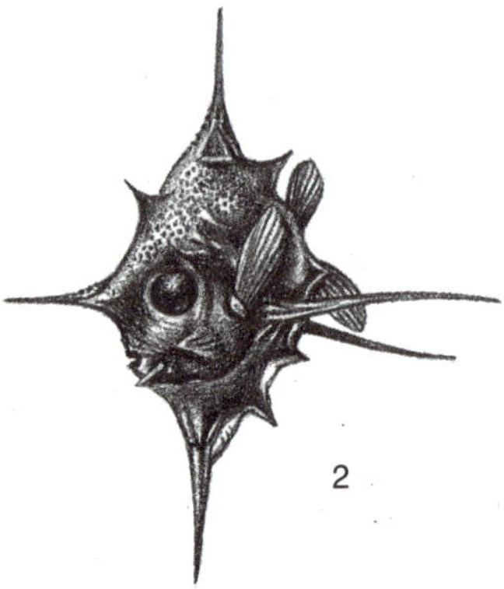

2

3

Den Langstachel- oder Braunfleck-Igelfisch (*Diodon holacanthus,* 4) aus der Familie Igelfische (*Diodontidae,* d.h. „Zweizähner“) finden wir überall in den warmen und tropischen Meeren häufig, hauptsächlich an den Küsten Floridas, Kaliforniens und Hawaiis sowie im Roten Meer. Er wird 30–60 cm lang und ist in Gefangenschaft ziemlich aggressiv gegenüber Artgenossen, aber relativ friedlich zu den anderen Mitbewohnern des Aquariums – kleinere Fischarten sieht er allerdings als Nahrung an. Anfällig zeigt er sich gegenüber äußeren Parasiten der Gattungen *Cryptocarion* und *Amyloodinium*, doch kann er jahrelang erfolgreich im Becken gehalten werden.

1

Die Haut der Igelfische hat kräftige Stacheln mit einer dreiteiligen Basis. Bei einigen Gattungen (*Diodon*) sind die Stacheln erektil, d.h. aufstellbar, bei anderen (*Chilomycterus*) unbeweglich. Zu dieser Familie gehören rund 60 Arten, von denen einige dankbare Aquarienzöglinge sind, z.B. *Chilomycterus schoepfi*, *Diodon hystrix* und *Lophiodon calori*.

4

Harlekin-Krötenfisch
Antennarius phymatodes

Fühler- oder Anglerfische
Antennariidae

Der Harlekin-Krötenfisch (1) lebt im Indischen und Pazifischen Ozean auf Korallenriffen und Seegrasfeldern, wird 12 cm lang und nimmt lebende Nahrung.

Die Fühlerfische, auch Angler- oder Krötenfische genannt, leben auf Korallen- und Felsenriffen, aber auch Seegraswiesen sowie auf den schwimmenden Algenteppichen der Sargassosee. Sie haben meist ein sehr bizarres Aussehen und eine glatte oder rauhe schuppenlose Haut. Sie verstehen es, rasch ihre Farbe zu wechseln, und passen sich äußerlich jeder Umgebung an. Die Maulöffnung zeigt schrägt nach oben. Mit Hilfe ihrer kräftigen, erheblich umgestalteten Brustflossen können sie sich auf jedem Untergrund gut fortbewegen. Charakteristisch für sie ist ein Hautanhängsel am ersten Flossenstrahl der vorderen Rückenflosse, das sehr beweglich ist und zum Anlocken der Beute – hauptsächlich Fische, Garnelen und Krebse – dient. Blitzschnell öffnet sich das Maul des Räubers, und der Fang verschwindet im Rachen. Die Fühlerfische sitzen auf dem Boden, auf Algen und Korallen, oder kriechen langsam vorwärts; nur selten schwimmen sie. Eine große Kiemenöffnung mit einer kleinen Spalte an den gelenkig beweglichen Brustflossen dient zum Auspressen von Wasser und damit zum Rückstoßschwimmen – die meisten Arten können gar nicht normal schwimmen.

Die Haltung von Fühlerfischen ist nicht leicht; sie gewöhnen sich zwar auch an totes Ersatzfutter, brauchen aber viel davon. Andere Fische fressen sie bis zu ihrer eigenen Größe. Mit Wirbellosen kann man sie halten, aber nicht mit Garnelen, Krebsen und Anemonen: die Krustentiere werden gefressen, und die Seeanemonen verwunden sie durch Nesseln. Die Familie umfaßt etwa 65 Arten.

Der Sargassofisch (*Histrio histrio*, 2) ist in allen tropischen Meeren von Korallenriffen bekannt, doch vor allem finden wir ihn auf schwimmenden Tangpolstern. Er wird 15 cm lang und hat viele verschieden große Hautanhängsel, wobei die eigentliche Lockangel über der Oberlippe sehr klein ausfällt. In Gefangenschaft zeigt er sich ziemlich empfindlich, dabei ist er ein rauflustiger Räuber. Im Aquarium gehaltene Tiere fressen sich oftmals gegenseitig auf. Die Weibchen können alle drei Tage laichen, sind also sehr fruchtbar.

3

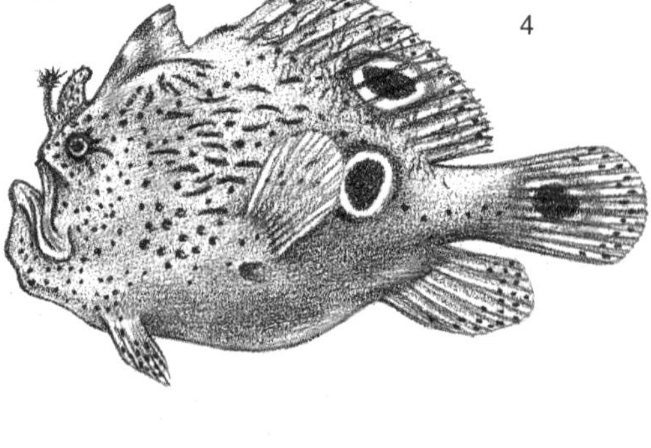

4

Der Krötenfisch *Phrynelox scaber* (3) bewohnt die amerikanische Küste von New Jersey und den Bermudas südwärts bis Südostbrasilien einschließlich des Golfes von Mexiko und der Bahamas und wird etwa 11 cm lang. Seine „Angelrute“ ist wurmartig hufeisenförmig. Wenn sie nicht aktiv und in Bewegung ist, legt er sie in die Vertiefung hinter den zweiten Stachel der Rückenflosse. Bekannt ist er aus geringen Tiefen von nur etwa 60 cm.

Der Augenfleck-Krötenfisch (*Antennarius ocellatus,* 4) ist im östlichen und westlichen Atlantik verbreitet, in der Karibik von North Carolina und den Bahamas bis Venezuela samt dem Golf von Mexiko. Mit seinen 37 cm ist er vielleicht die größte Art der Gattung *Antennarius*.

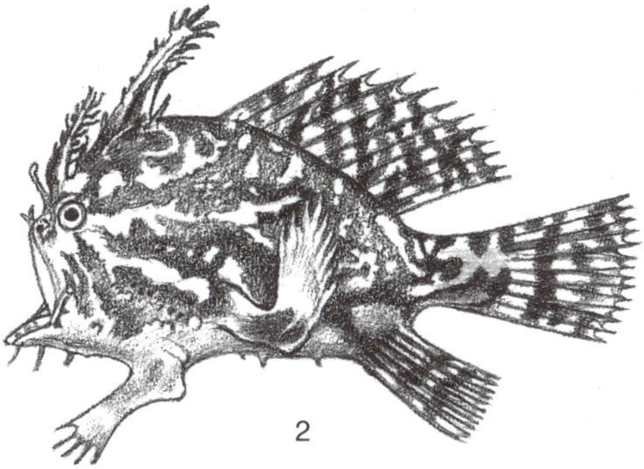

2

1

Rote Seefledermaus

Halieutea stellata

Seefledermäuse

Ogcocephalidae

Die Rote Seefledermaus (1) ist vom japanischen Ibaraki bis nach Korea und Indien bekannt und wird 30 cm lang. Ihre Haut am Bauch und am unteren Teil des Kopfes wird bei Berührung körnig. Sie bewohnt ziemlich tiefe Gewässer. Ihr Fleisch wird nicht verwendet.

Die Seefledermäuse gehören zu den bizarrsten Meeresfischen und sind phylogenetisch mit den Fühlerfischen nahe verwandt. Sie haben gut entwickelte Brustflossen, die funktionell zum Liegen auf einem Substrat gebaut sind. Der Körper ist von oben gesehen dorsoventral stark abgeplattet, gerundet oder dreieckig.

Der Krötenfisch *Chaunax fimbriatus* (2) aus der Familie *Chaunacidae* ist im Pazifik beheimatet. Gewöhnlich wird er den Seefledermäusen zugeordnet, doch unterscheidet er sich durch einige Merkmale von ihnen: er hat einen schmäleren, von rauher Haut bedeckten Körper und einen breiteren Bauch. Wie die Fühlerfische besitzt er einen Hautfortsatz (Illicium) als Köder zwischen den Augen. Die Kiemenöffnungen sind klein und hoch oben an den Kopfseiten. Er wird 40 cm lang und ist aus der Umgebung von Südjapan bekannt.

Die Seefledermaus *Halieutichthys aculeatus* (3) ist im westlichen Atlantik von North und South Carolina bis zur Karibik verbreitet und wird etwa 10 cm lang. Ihre Brustflossen sind groß und dunkel quergestreift und die Rückenseite von einer Vielzahl von Stacheln bedeckt. In relativ tiefen Gewässern – von 82–119 m – ist sie recht häufig. Sie lebt auf sandigem Grund und ist gewöhnlich zum Teil im Sand vergraben, kann aber im freien Wasser gut schwimmen. Aktivität zeigt sie nachts.

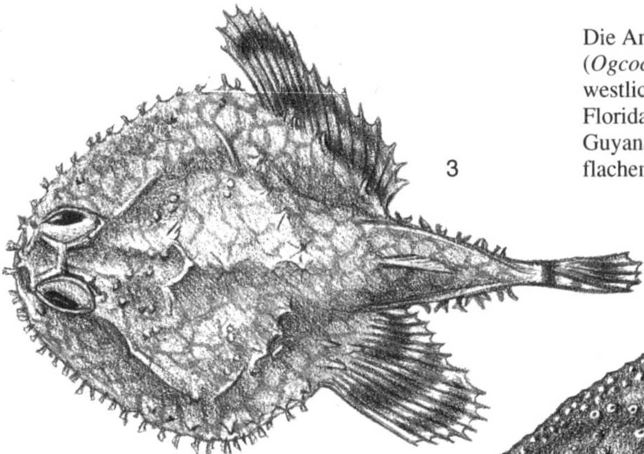

3

Die Amerikanische Kurznasen-Seefledermaus (*Ogcocephalus nasutus*, 4) kommt häufig im westlichen Atlantik vor, in der Karibik von Florida und den Bahamas bis an die Küste Guyanas. Sie wird 28 cm lang und lebt auf flachem sandigem Grund, auf Korallensand,

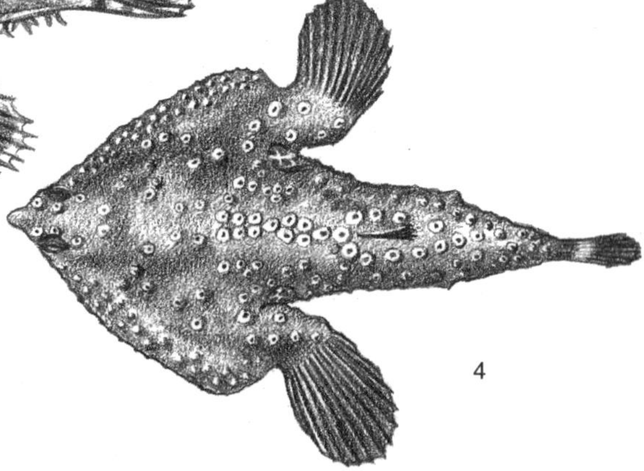

4

1

Schlamm und Tang und läßt sich mit der Hand fangen. Langsam bewegt sie sich mit Hilfe von Brustflossen und Schwanz auf dem Boden vorwärts und ernährt sich von Weichtieren, kleinen Fischen, Krustentieren und Würmern. Von oben gesehen hat sie einen dreieckigen Körper, der dünnere Schwanz ragt nach hinten. Sie hat eine spitze Schnauze und gelenkig gebogene Brustflossen, der Körper ist von einem harten stachligen Gehäuse bedeckt. Die Rückenseite ist dunkel und die Bauchseite braun bis rot.

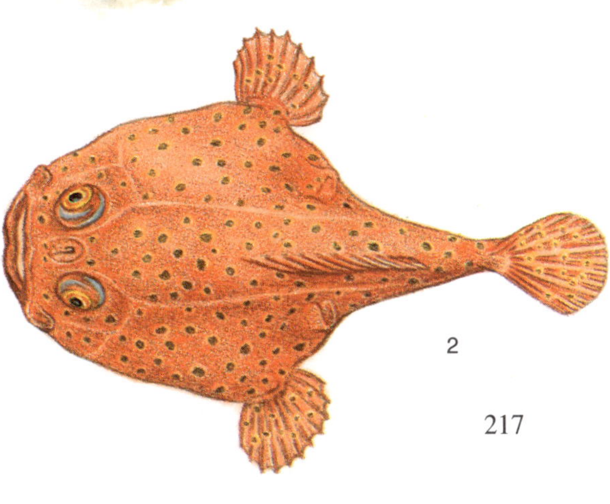

2

Der Viperfisch (1) ist in den Tiefen der tropischen und warmen Teilen der Ozeane verbreitet. Am häufigsten wird er im Atlantik an der nordamerikanischen und europäischen Küste im Flachwasser gefangen. Wie es scheint, ist er meist zwischen 1 000 und 1 800 m anzutreffen, doch hält er sich nachts hauptsächlich 50–800 m tief auf; gefischt wurde er sogar knapp unter dem Wasserspiegel.

Das Silberbeil (*Argyropelecus olfersi*, 2) aus der Familie Tiefsee-Beilfische oder Silberbeilfische (*Sternoptychidae*) hat eine große Anzahl von Leuchtorganen an Kopf, Körperseiten und Bauch und am Rücken einen verknöcherten Kamm, eine Rückenflosse und eine niedrige lange Fettflosse. Es wird etwa 12 cm lang und lebt pelagisch im Mittelmeer in einer Tiefe von 300 m. Die ähnliche Art *A. aculeatus* findet sich in den tropischen und subtropischen Regionen aller Ozeane. Sie weist lebend eine silbrige Färbung auf, auch wenn bei einigen Tieren das Silberpigment schwarz unterlegt ist. Stets gut zu erkennen sind die Reihen ovaler blaßgelber oder weißer Organe auf der Bauchseite, die Licht produzieren. Diese Art ist in mittleren Tiefen von 200–550 m am Bodengrund anzutreffen, wandert nachts aber zur Oberfläche. Gefunden hat man sie auch im Magen vieler pelagischer Raubfische.

Der etwa 25 cm lange Spinnenfisch (*Bathypterois longifilis,* 3) aus der Familie Spinnenfische (*Bathypteroidae*) lebt auf der Südlichen Erdhalbkugel in einer Meerestiefe von 1 000–5 600 m und hat ganz kleine Augen. Die vorderen Strahlen seiner Brustflossen sind länger als der Körper und an den Enden verzweigt und dienen ihm als Tastorgane. Die Schwimmfunktion der Brustflossen übernehmen die vergrößerten Bauchflossen. Die Schwanzflosse ist sanft gegabelt. Die Art *B. dubius* aus dem östlichen Atlantik und dem Mittelmeer kennen wir aus einer Tiefe von 800–1 800 m. Sie hat eine große und tief gegabelte Schwanzflosse. Die sehr ähnliche Art *B. capensis* aus Südafrika kommt in einer Tiefe von 1 440–2 160 m vor.

4

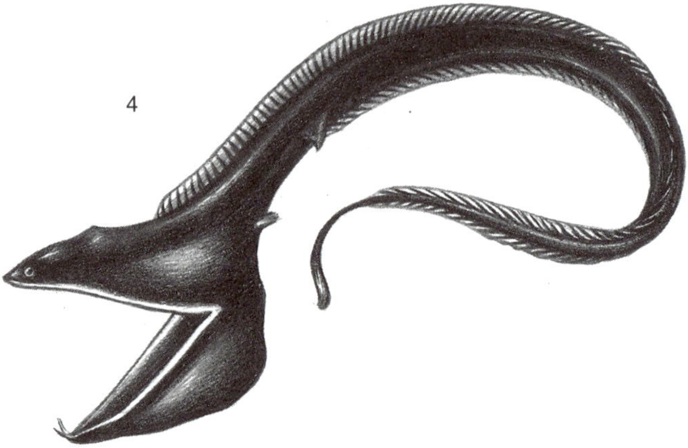

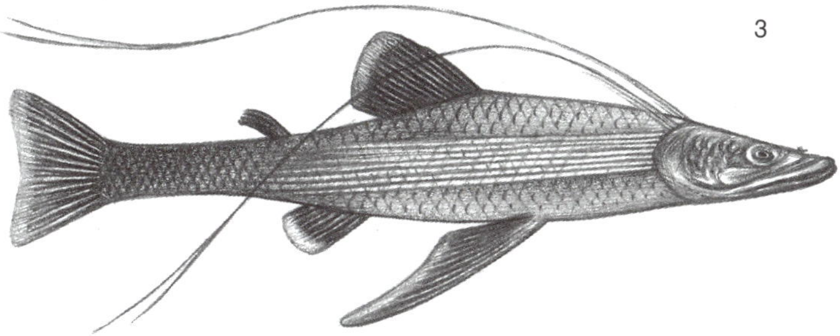

3

Das Großmaul (*Eurypharynx pelecanoides,* 4) aus der Familie *Eurypharyngidae* ist ein verbreiteter Tiefseefisch des Atlantischen Ozeans. Es wird etwa 60 cm lang, hat einen aalförmigen dünnen Körper und unendlich lange Kiefer und hält sich meist zwischen 1 400 und 1 800 m auf, ist aber auch aus einer Tiefe von 550–7 625 m bekannt. Es lebt nicht direkt am Grund, sondern in der freien Wassersäule. Die Rücken- und die Afterflosse haben eine lange Basis. Es vermag selbst ziemlich große Beutetiere zu fressen. Der Körper ist mit einer schwarzen schuppenlosen Haut bedeckt. Am Ende des dünnen Schwanzes hat es ein kleines Leuchtorgan, mit dem es vor dem Maul hin- und herwedeln kann, oder es dreht sich im Kreis um und lockt das Opfer so an.

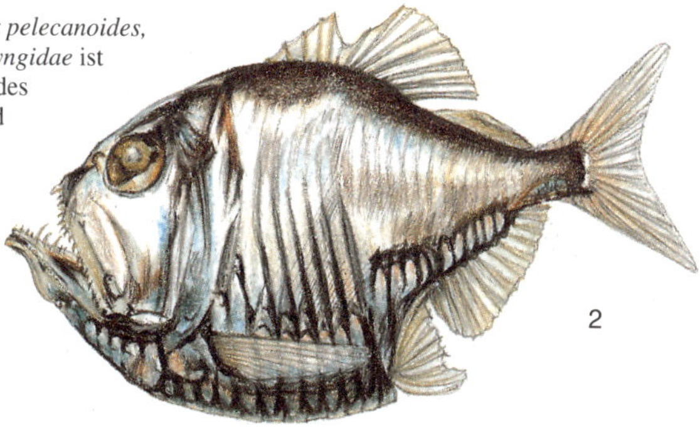

2

1

Register der deutschen Namen

Register der lateinischen Namen